本著作受国家社科基金重大招标项目“实现巩固拓展脱贫攻坚成果同乡村振兴有效衔接研究”（21ZDA062）、国家社科基金重点项目“建立解决相对贫困的制度体系与长效机制研究”（20AZD080）、国家社科基金青年项目“新发展阶段脱贫地区规模性返贫风险识别与分类防控机制研究”（22CJY037）联合资助

# 中国特色金融扶贫成效评价与制度创新研究

王汉杰　著



中国农业出版社
北　京

**图书在版编目（CIP）数据**

中国特色金融扶贫成效评价与制度创新研究 / 王汉杰著．—北京 ：中国农业出版社，2024.3
ISBN 978-7-109-31303-3

Ⅰ.①中… Ⅱ.①王… Ⅲ.①金融—扶贫—研究—中国 Ⅳ.①F832.3

中国国家版本馆 CIP 数据核字（2023）第 205306 号

中国农业出版社出版
地址：北京市朝阳区麦子店街 18 号楼
邮编：100125
责任编辑：贾　彬　　文字编辑：蔡雪青
版式设计：杨　婧　　责任校对：张雯婷
印刷：北京通州皇家印刷厂
版次：2024 年 3 月第 1 版
印次：2024 年 3 月北京第 1 次印刷
发行：新华书店北京发行所
开本：700mm×1000mm　1/16
印张：12.25
字数：233 千字
定价：68.00 元

# 前言

自党的十八大以来，在以习近平同志为核心的党中央引领下，经过八年持续奋斗，我国如期完成了新时代脱贫攻坚目标任务，现行标准下农村困难人群全部脱贫，贫困县全部摘帽，为全面建成小康社会做出了重大贡献，也为开启全面建设社会主义现代化国家新征程奠定了坚实基础。步入新发展阶段，在党中央高度重视巩固拓展脱贫攻坚成果同乡村振兴有效衔接的现实背景下，本研究从理论上深入厘清中国特色金融扶贫的实现机理，并客观评价中国特色金融扶贫的成效及基层实践偏差，进而有针对性地提出中国特色金融精准扶贫的制度创新与政策保障，以期为金融更好地支持巩固拓展脱贫攻坚成果、全面推动乡村振兴、努力促进农民农村共同富裕提供科学的理论依据与决策支持。

具体而言，本研究遵循“理论研究→实证研究→政策研究”的基本思路，形成了系统的研究框架。首先，在理论研究部分，综合运用文献分析法、辩证分析法以及数理经济学分析方法，剖析农村金融作用于农村贫困的内在路径，明晰机制传导过程中的约束条件，并构建了金融减贫效应的测度框架与方法体系，进而形成中国特色金融扶贫成效测度研究的理论基础。其次，在实证测度部分，由于信贷资源的有效配置是现阶段脱贫攻坚目标实现的关键所在，其余各类金融服务更多地表现为分担银行类金融机构的信贷服务风险、降低其信贷服务成本，从而提高贫困农户的信贷可得性，因此，本研究基于农村信贷视角评价金融扶贫的成效。具体而言，在收入贫困维度，以 IV-Probit 模型测度了农村金融的收入减贫效应，并运用工具变量分位数回归法、再中心化影响函数法分析了收入减贫效应偏差的根源所在；在多维贫困维度，以聚类-粗糙集方法构建了涵盖生活水平、健康、教育、资产以及社会权利五个维度的农户多维贫困指标体系，基于IV-Probit模型测度了农村金融的多维减贫效应，并运用零膨胀负二项回归法、中介效应模型等分析了多维减贫效应的内在传导机制；在政策协同维度，以工具变量分位数回归与面板门槛回归模型研究了农村金融减贫的政策协同效应。最后，基于理论与实证分析的基本结论，本研究提出了中国特色金融扶贫的制度创新与政策保障体系。

基于以上分析，主要研究结论如下：

（1）发展农村金融是减缓农村贫困的有效途径。欲实现农村金融的减贫功能，应加快夯实金融减贫功能发挥的基础性条件。

理论分析的结果表明，农村金融减缓农村贫困的传导机制主要包括间接减贫机制与直接减贫机制，但无论是何种减贫机制，农村金融扶贫功能的发挥有赖于合理的收入分配格局、扎实的经济产业发展基础以及困难人群自身的发展能力等。因此，欲实现农村金融的扶贫功能，应在夯实欠发达地区经济产业、完善农村金融体系的基础上，加快优化欠发达地区的收入分配格局、培育贫困农户的内生发展动力，从而实现欠发达地区农村金融与困难人群的协同发展。

（2）中国特色金融扶贫政策的适时调整保障了金融扶贫功能的有效发挥，但新时期欠发达地区金融扶贫政策的实施面临着供需主体不匹配的现实困境。

改革开放以来，我国农村贫困特征经历了“普遍贫困→区域贫困→边缘性贫困”的转变，在这一过程中，金融扶贫政策也经历了“扶贫贴息贷款政策→小额信贷扶贫政策→金融精准扶贫政策”的演变，这为金融扶贫政策的有效实施提供了有效的制度保障。然而，新时期金融扶贫面临以下困境：在需求主体方面，欠发达地区经济产业发展相对滞后、困难人群发展能力不足是制约金融扶贫功能发挥的主要因素；在供给主体方面，“精英俘获”“目标偏移”等现象依然存在于欠发达地区农村金融市场当中，这对金融扶贫功能的发挥形成了巨大的挑战。

（3）尽管农村正规金融能够有效地减缓农户的收入贫困，但表现出了更加明显的“益富”特征；农村非正规金融不仅无法有效减缓农户的收入贫困，反而扩大了农户内部的收入差距。

一方面，农村正规金融能够有效减缓农户的收入贫困，但这一增收效应十分有限，远远落后于“精英农户”的增收效应；另一方面，由于农村基层治理的不完善与农村非正规金融发展的不规范，农村非正规金融不仅加剧了农户收入贫困的发生，而且扩大了农户的非农业收入差距与财产性收入差距。

（4）农村正规金融能够有效减缓农户的多维贫困，而农村非正规金融则加剧了多维贫困的发生，而且这一作用存在明显的结构差异及群体异质性。进一步分析表明，农村金融对农户多维贫困的影响主要是通过收入增长这一路径传导的。

农村正规金融能够减缓农户的多维贫困状态，而农村非正规金融则显著加剧农户多维贫困的发生。在结构差异方面，农村正规金融缓解农户多维贫困状态的作用主要局限于教育维度以及社会权利维度，而农村非正规金融恶化了农户各个维度的贫困状态；在群体异质性方面，农村正规金融对“精英农户”家庭福利的改善作用远高于多维贫困户，而农村非正规金融的福利抑制效应集中表现在多维贫困户中。进一步研究表明，农村正规金融通过促进农户收入增长改善农户的多维贫困状况，而农村非正规金融则通过抑制农户收入增长恶化了农户的多维贫困状况。

（5）现阶段农村金融减贫尚未与财政投入、产业发展形成有效协同，这不利于欠发达地区农村金融扶贫功能的发挥。

在财政投入协同方面，由于存在地方政府财政支出结构不合理、财政扶贫项目的“精英俘获”等问题，导致财政、金融政策难以有效协同减贫。具体而言，贫困程度越深的贫困县域，财政投入对金融减贫效应的抑制作用越大。在产业发展协同方面，欠发达地区三次产业的发展均尚未与农村金融减贫实现有效协同，但随着第三产业的发展，农村金融减贫效应在逐渐显现。可见，农村金融减贫的政策协同效应有待进一步提升。

基于理论与实证研究结论，并立足于新时期中国金融扶贫的现实困境，本研究提出了有利于欠发达地区金融扶贫功能发挥的制度创新与政策保障体系。

本研究的可能创新主要有以下几方面：

首先，立足于我国欠发达地区的客观发展现实，初步构建了中国特色金融扶贫实现机理的理论分析框架。

已有部分研究从理论上探讨了农村金融减缓农村贫困的作用机制，然而，关于欠发达地区农村金融减缓农村贫困的理论分析相当匮乏。同时，既往研究过多地纠缠于如何增加欠发达地区的农村金融资源投入，而忽视了农村金融扶贫功能的发挥是依赖一定的基础性条件的，即目前我国欠发达地区及剩余极端困难人群的特殊性决定了现有的理论分析难以满足现实需求。因此，本研究首先基于整体化视角，借鉴已有的文献与理论研究，系统梳理了农村金融减缓农村贫困的作用路径，同时充分考虑欠发达地区及极端困难人群的客观发展现实，厘清了在欠发达地区农村金融减缓农村贫困的过程中可能面临的制约因素，从而为本研究奠定了扎实的理论基础。

其次，从宏观与微观、整体与局部、定量与定性等多维统一角度，探索了中国特色金融扶贫成效评价的综合方法应用体系及分析框架。

已有研究大多仅从某一视角或某一维度探讨农村金融减贫效应，缺乏立体化视角的整体考量。具体表现为：在微观层面，仅停留于农村金融对农户收入贫困的影响，忽视了非收入维度的“能力贫困”的重要性；在宏观层面，则过多地纠缠于如何增加欠发达地区金融资源要素的投入，忽视了要素的科学配置以及金融减贫效应发挥的基础性条件。因此，本研究基于立体化视角探索了中国特色金融扶贫成效测度综合方法应用体系及分析框架。从微观层面分析了欠发达地区农村金融对农户收入贫困及多维贫困的影响，并揭示减贫效应偏差产生的内在路径；从宏观层面分别探讨了财政投入与产业发展在欠发达地区农村金融减贫过程中的协同效应。从而能够更为全面地揭示中国特色金融扶贫的成效与基层实践偏差。

最后，基于具有代表性的欠发达地区农户调查数据，以系统的计量统计方法应用与指标体系创新，深入揭示了中国特色金融扶贫的成效与基层实践偏差，有针对性地提出了具备可操作性的中国特色金融精准扶贫政策体系建议。

已有研究大量探讨了农村地区的金融减贫增收效应，但关于欠发达地区的研究十分少见，且缺乏深入的分析。因此，本研究采用了具有代表性的欠发达地区农户调查数据，通过系统的计量统计方法应用与指标体系创新，深入揭示了中国特色金融扶贫的成效与基层实践偏差。一方面，在测度收入减贫效应的基础上，运用2SLS、IVQR以及再中心化影响函数方法分析了减贫效应偏差；另一方面，将社会政治权利纳入农户多维贫困指标体系中，运用模糊数学领域的聚类-粗糙集方法评价指标权重，创新了已有多维贫困指标体系，同时以零膨胀负二项回归法、中介效应模型等分析了多维减贫效应的内在传导机制。这使得本研究深化了欠发达地区农村金融减贫效应测度研究，并充分厘清了减贫效应偏差的根源所在，据此提出了具备可操作性的中国特色金融精准扶贫政策体系建议。

需要特别指出的是，本书是集体智慧的结晶。王汉杰设计了本书的基本框架。各章的执笔人如下：第一章，王汉杰；第二章，王汉杰、温涛；第三章，王汉杰、温涛；第四章，王汉杰、温涛、韩佳丽；第五章，王汉杰、温涛、韩佳丽；第六章，王汉杰、温涛、韩佳丽；第七章，王汉杰、温涛、王小华。同时，在研究过程中也得到了相关实务部门和研究机构的大力支持，在此深表谢意！

著　者

2023年6月

# 目录

前言

# 1

# 第一章 总　论

## 一、研究问题与意义

### （一）问题的提出

贫困是一个全球性的问题，消除贫困是人类发展的共同使命，也是中国特色社会主义的本质要求。改革开放后，中国经济快速增长，大量人口摆脱了贫困，这使中国成为首个实现“联合国千年发展目标”的国家。联合国发布的《千年发展目标 2015 年报告》中指出，全球极端贫困人群已从 1990 年的 19 亿人降至 2015 年的 8.36 亿人，其中中国的贡献率超过 70%。尤其是党的十八大以来，在以习近平同志为核心的党中央引领下，经过全党上下和全国人民的共同努力，我国于 2020 年如期完成了新时代脱贫攻坚目标任务，现行标准下农村贫困人群全部脱贫，国家扶贫开发工作重点县（以下简称贫困县）全部摘帽，消除了绝对贫困和区域性整体贫困。这为我国全面建成小康社会做出了重大贡献，也为开启全面建设社会主义现代化国家新征程奠定了坚实基础。金融是现代经济增长过程中的核心要素之一。中国特色减贫经验证实了有效的金融资源供给能够使贫困人群在经济上以积极的态度改善自身的物质生活，也为世界其他国家摆脱贫困贡献了中国智慧与中国方案。步入新发展阶段，党中央高度重视巩固拓展脱贫攻坚成果同乡村振兴有效衔接。在此现实背景下，本研究将从理论上深入厘清中国特色金融扶贫的实现机理，并客观评价中国特色金融扶贫的成效与基层实践偏差，进而有针对性地提出中国特色金融精准扶贫制度创新与政策保障体系，以期为金融更好地支持巩固拓展脱贫攻坚成果、全面推动乡村振兴、努力促进农民农村共同富裕提供科学的理论依据与决策支持。

### （二）研究意义

在当前中央和各级地方政府高度重视“三农”发展，将巩固拓展脱贫攻坚成果同乡村振兴有效衔接的现实背景下，本研究基于科学的测度框架与计量分析工具，科学评价中国特色金融扶贫成效，揭示其中存在的问题与障碍，有针对性地探索构建中国特色金融精准扶贫政策体系，旨在为金融更好地支持巩固拓展脱贫攻坚成果、全面推动乡村振兴、努力促进农民农村共同富裕提供科学的理论依据与决策支持。具体而言，本研究的研究价值和意义如下：

（1）科学评价中国特色金融扶贫成效，实现金融精准扶贫，既是推动农民农村共同富裕的重要基石，也是国家治理体系和治理能力现代化的内在要求。

金融作为现代经济增长过程中的核心要素，其发展与针对性的创新已被证明是减缓贫困的有效途径之一（Galor et al.，1993；Sehrawat et al.，2016）。相比“输血式”的扶贫，金融扶贫以生产能力提高和产业发展为基础，有效的金融扶贫方式能够更有效地帮助困难人群培育脱贫致富的能力，帮助困难人群实现其“造血”功能（Pitt et al.，1998；Khandker et al.，2016）。在政府主导下，大量金融资源注入欠发达地区，这为脱贫攻坚目标的实现提供了有效的资本来源。然而，新时期金融扶贫面临着供需主体不匹配的现实障碍，迫切需要政府通过有效的减贫效应测度对农村金融进行功能引导和补缺，进而培育金融精准扶贫机制，保障金融扶贫功能的有效发挥，助推巩固拓展脱贫攻坚成果同乡村振兴有效衔接目标的实现，最终服务于农民农村共同富裕。

（2）通过中国特色金融扶贫成效评价，真实揭示政策的实施成效及基层实践偏差，进而有针对性地进行调整优化，是保障金融扶贫资源分配精准性的关键。

新时期金融扶贫政策在实施过程中取得了显著成效，也遇到了诸多障碍与困境。在供需主体不匹配的现实背景下，“精英俘获”“目标偏移”“道德风险”等问题逐渐凸显，这导致金融扶贫资源难以精准投入，直接制约了金融扶贫功能的发挥。因此，只有通过欠发达地区农村金融减贫效应测度，真实地揭示金融扶贫政策实施过程中的成效与基层实践偏差，才能够为其路径优化提供现实依据，进而有针对性地进行调整优化，最终保障金融扶贫资源分配的精准性。

（3）以农村弱势群体利益为出发点，着眼于金融减贫效应的科学测度、精准施策与政策完善，有助于丰富具有中国特色的金融扶贫理论与实践研究成果。

在深刻而复杂的社会经济背景下，科学测度欠发达地区农村金融减贫效应，有效应对“精英俘获”“目标偏移”困境和政策基层实践偏差等问题，保障金融资源在乡村内部公平传递，促使分散、兼业的小农及困难人群获得带有国家层面“善意”的金融援助，进而推动农民增收、农业增产。这既是国家治理与发展中面临的迫切问题，也是本研究必须解决、极具挑战的难点问题，不仅涉及管理学、经济学，更涉及社会学、法学、政治学、历史学、哲学等多个学科领域，相应的研究将为国家治理现代化背景下人文社会科学跨学科研究提供素材与经验，并完善中国特色共同富裕理论体系。

## 二、文献综述

国内外理论与实践研究表明，金融扶贫是实现困难人群脱贫增收的重要手段和途径。打赢脱贫攻坚战、全面建成小康社会更是离不开金融的有效支持。如何解决欠发达地区长期存在的农户融资难、融资贵问题，将价格合理、方便快捷的信贷及金融服务扩展到欠发达地区，突破其资本约束，打破“贫困恶性循环”并实现金融的普惠性发展，一直是国内外学者、政府和非政府组织长期关注的热点问题。尽管金融对农村经济增长和反贫困的积极作用得到了大量理论与实证支持，但随着困难人群分化问题的逐渐凸显，传统的金融扶贫模式在脱贫攻坚战略实施中受到了严峻的考验。相关各方开始意识到金融扶贫实践模式的适时调整与政策创新是保障金融扶贫效率的关键所在，这也形成了本研究的逻辑起点与深化方向。鉴于研究的针对性和可借鉴性，本研究将国内外学者的相关研究动态综述为以下五个方面：

### （一）关于农村金融减贫功能与作用的研究

早在 1958 年，美国学者 R. Nurkes 就提出要打破“贫困恶性循环”，必须大规模地增加资金供给、扩大投资，以促进金融资本形成。作为农村的微观经济主体，农户可以通过获得金融支持改变初始禀赋约束，进行农业投资，扩大生产规模，增加收入（Feder et al.，1990；何广文等，2005）。同时，金融借贷不仅能够显著提高贷款农户的劳动生产率和收入水平，而且在一定程度上促进了农村社区的发展，形成对困难人群的有效带动（Binswanger et al.，1995；熊德平，2009）。此外，由于农业生产具有周期性，农户的收入并不稳定，农户在歉收的年份需要通过金融渠道来平滑消费、填补福利性支出缺口以及缓解经济困境（Duong et al.，2002；史清华，2009）。因此，包括小额信贷在内的金融服务对许多农户的产出具有决定性影响，并能显著改善贫困农户的福利（汤敏等，1996；Khandker et al，1998；Awojobi et al.，2011）。20 世纪 80 年代以前，农村金融理论界占主导地位的农业信贷补贴论认为：为增加农业生产和缓解农村贫困，有必要从农村外部注入政策性资金，并建立非营利性的专门金融机构来进行资金分配。20 世纪 80 年代以后，主流的农村金融市场论认为：政府的低息政策和政策性资金注入抑制了农村金融发展，低息贷款政策很难实现其促进农业生产和向贫困农户倾斜的收入再分配目标，低息贷款的主要受益人不是贫困农户，低息贷款的补贴可能被集中并转移到使用大笔贷款的较富裕的农户手中（Vogel，2010；张杰，2003，2004）。因此，部分学者主张依靠市场机制促进农村金融发展（Adams et al.，2000；张晓山等，2002）。此后，Odedokun（1992）、Stiglitz（1992）等基于有效需求理论和信息经济学工具分析，认为政府对金融部门的选择性干预有助于金融深化。与之相对应，一些学者则依据哈耶克（F. A. von Hayek）的局部知识理论，认为农村金融发展中的信息不对称问题不应是政府干预的理由，而应该依靠市场机制加以解决，政府必须找准自己的位置。在实证方面，Dollar 等（2001）、Khandker（2003）、Jeanneney 等（2005）、Clarke 等（2003）、Akhter 等（2009）、Imai 等（2010a，2010b）、Uddin 等（2014）的理论及跨国数据研究，以及张立军等（2006）、杨俊等（2008）、崔艳娟等（2012）、高远东等（2013）、王小华等（2014a）、刘贯春等（2016）对我国实践的经验验证均表明：在农村金融发展中，政府与市场有效结合，通过提高资本配置效率、放松信贷约束，既有利于农村整体收入的增长，也有利于收入不平等和贫困的减少。

### （二）关于金融门槛效应与资源错配对贫困减缓制约的研究

一方面，Greenwood 等（1990）指出，在经济发展的早期，人均收入和人均财富水平较低，人们无力支付固定的进入费，或者即使有能力支付也因为交易量太小、交易所负担的单位成本过高而缺乏激励去利用金融中介和金融市场，此时金融发展不利于贫困的减缓；当经济发展到一定程度时，人们才有能力和动力去积极参与金融市场的活动，金融发展才有利于贫困的减缓和收入的增长。此后，大量学者从不同视角出发的研究结论均表明金融减贫效应存在明显的"门槛效应"约束（Greenwood et al.，1997；Ram，1999；Townsend，2006；崔艳娟等，2012；苏静等，2013；张兵等，2015）。

另一方面，Galor 等（1993）、Levine（1997）、Rajan 等（1998）、温涛等（2005）、宋洪远等（2012）、马九杰等（2012）、张兵等（2012）、张龙耀等（2013）则论证了金融市场的缺陷与收入不平等之间的内在联动机制，凸显了缓解农村信贷配给、增强金融服务可得性在消除贫困和不平等方面的作用。同时，很多文献也提出金融资源配置失衡、金融波动对金融发展减贫效应的不利影响（Galor et al.，1993；Jeanneneyet al.，2005，2011；Shahbaz et al.，2011；崔艳娟等，2012；Henry，2015；温涛等，2016）。

### （三）关于贫困农户金融可得性与金融排斥的研究

欠发达地区农户的金融需求及其可得性一直是学者们关注的焦点问题。相关研究普遍认为，由于地区经济差异、较高的信息成本以及无法提供抵押等原因，贫困农户很难从正规金融得到金融支持，存在明显的金融抑制现象，其融资表现出更多的内源性特征（Deaton，1991；Udry，1994；何广文，1999；李锐等，2007；韩俊等，2007；王定祥等，2011；刘西川等，2014a）。在金融排斥理论兴起后，越来越多的经济和社会学家开始运用这一理论对贫困问题进行分析。Leyshon 等（1997）的研究发现，金融排斥会导致地区的非平衡发展。Pollard（1996）、Cebulla（1999）进一步对困难人群金融排斥及其影响因素进行了深入研究。Argent 等（2000）对澳大利亚的金融排斥现象进行了研究，发现金融排斥问题在经济发展滞后的乡村地区更为严重。Kempson 等（2005）的研究发现，金融机构提高对低收入人群的信贷服务排斥会导致贫困阶层陷入恶性循环的陷阱。Devlin（2005）的研究结果显示，金融排斥具有较为明显的地理空间倾向，金融机构在欠发达地区的网点开设率及关闭率都相当高。Beck 等（2007）的研究表明，金融准入机制存在缺陷是导致收入不平等和贫困陷阱的重要原因。D'Exelle 等（2008）实证研究了社区发展中的“精英俘获”和“社会排斥”（social exclusion），发现信息在资源配置和监管中极为重要，监管的无效性会导致社区的经济资源被精英所俘获。王修华（2009）则重点剖析了我国农村地区弱势群体面临的金融排斥现象。Beath 等（2014）发现，“精英农户”在扶贫项目的获取上起决定性作用，普通农户受到排斥的现象比较突出。相关研究表明，尽管金融机构在农村地区广泛存在，但是民间借贷仍然是弱势群体依赖的主要渠道，而需求方的因素是金融排斥的主因（谭燕芝等，2017）。

**（四）关于农村金融减贫效应测度方法的研究**

科学的统计分析方法有利于客观评价金融扶贫的成效，从而发现金融扶贫过程中存在的不足与障碍。国内外学者在金融效应的测度方法上做了诸多探索。在宏观层面，国内外学者主要以几个国家或某个国家为研究对象，综合运用了向量自回归模型（杨俊等，2008）、固定效应矢量分解（FEVD）面板数据模型、协整和误差修正的三元因果关系模型（Nicholas，2010）、广义矩估计（GMM）法（Jeanneney et al.，2011）、基于非线性关系的面板平滑转换（PSTR）模型（苏静等，2013）、空间面板回归模型（高远东等，2013）、面板门槛效应模型（张兵等，2015）、数据包络分析（DEA）法（钟少颖等，2016）以及工具变量分位数回归（IVQR）法（朱一鸣等，2017）。

而在微观层面的研究方法则相对欠缺，更多地运用案例研究法（李似鸿，2010；吴本健等，2014）、倾向得分匹配-双重差分（PSM－DID）法（帅传敏等，2016）、Heckman 两阶段样本选择模型（陈清华等，2017）、有序 Probit 模型（谭燕芝等，2017）、Logit 模型等。既有研究在金融减贫效应评估方法体系上能够给予本研究极为有益的启示。

**（五）关于金融扶贫机制与政策创新的研究**

有针对性的金融扶贫机制创新是确保金融扶贫成效的关键所在（温涛，2017）。目前，微型金融和普惠金融扶贫创新是国内外研究的主要方向。根据世界银行的定义，微型金融是指对低收入人口提供的小额金融服务。而普惠金融始于联合国 2005 年宣传小额信贷年时提出的理念，其实质是希望为没有充分享受金融服务的人提供全方位的金融服务。微型金融和普惠金融对完善农村金融制度体系、实现金融扶贫的功效及局限性被越来越多的理论研究所关注。印度尼西亚、孟加拉国、中国、玻利维亚、巴西等国的实践表明，作为“为穷人提供银行服务”的微型金融和小额信贷是可行的（Hussein et al.，2003；

Imai et al.，2010a；Addae-Korankye，2012；Ayuub，2013；杜晓山，2015；Gambhir，2017)，强调为低收入群体提供更广泛信贷服务的普惠金融发展模式得到广泛认可和关注（Imai et al.，2010b；曹凤岐，2010；Corrado et al.，2017)，但如何通过合理的制度设计、业务创新解决普惠金融的社会效益与经营绩效的冲突及“目标偏移”问题极为关键（Woller et al.，1999；Morduch，2000；温涛等，2017a)。与此相应，Ivatury 等（2006）的研究表明，新技术的运用和非银行类代理点的发展可有效降低信贷服务提供者的成本，使得更多的困难人群享受到更便捷的金融服务。德国技术合作机构对 10 个国家 35 种金融普惠政策进行评估显示，农村微型金融机构的渠道改善、客户保护和金融身份确定等方案有助于提升信贷服务的普惠程度。Hanning 等（2010）的研究表明，普惠金融的发展并不会影响金融体系的稳定，服务于贫困者的小微型金融机构在金融危机中仍能保持稳定发展。Kasekende（2014）对非洲 8 国的实证研究显示，金融监管部门对消费者隐私的恰当保护有助于普惠金融的发展。

此外，和普惠金融相关联的包容性金融成长机制也逐步受到学者的关注。既有研究表明，一方面，微型金融和普惠金融发展是重要的金融扶贫模式之一，既有利于提高资源配置效率与公平，又有利于降低贫困并提高整个社会的福利水平（Sarma et al.，2008；Chibba，2009；Sarma et al.，2011)，对减少社会排斥和收入不均、实现社会公正有着重要的积极作用（Sarma，2015；王曙光，2018)，因此得到了国内外学者和政策部门的广泛关注；另一方面，建立金融发展对困难人群的包容机制，可以通过提高家庭储蓄额（Ashraf et al.，2006)、增加健康保障投入和收入水平（Dupas et al.，2013)、扩大妇女参与权（Khandker，2003；Swamy，2014)、降低家庭的脆弱性（Swain et al.，2008；张栋浩等，2018）等途径实现减贫。崔艳娟等（2012）的研究表明，金融包容对贫困减缓有着积极的作用，而金融发展的稳定能够显著提高这一效果。此外，建立包含政策性、普惠性、合作性和商业性互补协作的金融体系，形成多层次、多结构的金融市场，全方位为社会各阶层和群体提供金融服务，能够降低贫困农户的金融门槛，有效地减缓贫困和改善收入分配（王宁等，2014)。

### （六）文献简要述评

总体而言，国内外这些极为丰富和深刻的理论与应用研究为本研究提供了很好的理论借鉴和逻辑起点。金融扶贫功能发挥的理论分析、金融减贫效应偏差的成因探讨以及金融扶贫的机制模式创新都为我国新时期金融助推脱贫攻坚奠定了扎实的理论基础。尤其是随着贫困状态发生改变，适时调整金融扶贫模式以保障金融扶贫成效的研究思路更是值得我们重点借鉴的。此外，这些研究所使用的较为成熟的实证研究方法、金融减贫效应评估的技术手段也值得学习。但是，中国特殊的宏观经济背景和金融环境，以及城乡经济和经营环境的特殊条件对其他国家的模式与经验应用构成了明显的约束。

国内研究在整体上找准了方向和明确了目标，对金融扶贫的功能、具体模式及实践成效等进行了有益的探索，并且近年来有关各方都开始关注欠发达地区小微金融、普惠金融扶贫机制和业务创新的作用。但是，在新时期中国脱贫攻坚战略中，“精准”是实现脱贫攻坚目标的关键所在，而农村金融领域的“精准扶贫”问题尚未找到有效的解决方案，金融精准扶贫机制仍处于探索阶段。由于缺乏顶层设计，在基层实际操作中还存在一些问题和困难，特别是贫困农户与金融服务体系之间尚未形成有效的识别关系，“精英俘获”“目标偏移”等问题广泛出现在我国农村金融市场当中，这导致金融精准扶贫并不能切实有效地展开。

尽管已有研究在金融扶贫领域呈现了大量有益观点和政策主张，但相关研究仍存在进一步突破的空间，具体表现在以下几个方面：

首先，在研究对象方面，已有研究更多地聚焦于我国普通农村地区，充分论证了农村地区金融的减贫增收效应，并得到了一系列极具借鉴意义的研究结论。然而，应当深刻意识到现阶段我国农村贫困分化问题凸显，对于欠发达地区及极端困难人群而言，其要素禀赋积累水平较为低下，金融扶贫功能的发挥必然也受到相应的制约，这使得既有的研究难以充分揭示新时期我国欠发达地区农村金融减贫的客观现实。

其次，在减贫效应测度方面，已有研究更多地仅从某一视角或某一维度探讨农村金融减贫效应，缺乏立体化视角的整体考量。具体表现为：在微观层面，仅停留于农村金融对农户收入贫困的影响，忽视了非收入维度的“能力贫困”的重要性，同时也缺乏减贫效应偏差的成因分析；在宏观层面，则过多地纠缠于如何增加欠发达地区金融资源要素的投入，忽视了要素的科学配置以及金融减贫效应发挥的基础性条件，进而无法全面揭示农村金融减贫效应。如何构建科学的农村金融减贫效应测度体系？如何选择合理的计量分析工具，从实证上揭示金融减贫效应及其偏差？这些既是本研究的重点，也是本研究的难点。

最后，在政策研究方面，既有关于金融扶贫模式与政策创新的探讨主要停留于微型金融、普惠金融等层面，对金融精准扶贫机制的建构研究尚处于起步阶段，在实践过程中依然面临着诸多困境。而金融精准扶贫的实施不仅能够帮助困难人群突破长期面临的资本约束，更直接关系到“精准扶贫”战略的全局。

科学测度欠发达地区农村金融减贫效应，揭示其中存在的问题与不足，实现农村金融自身可持续发展和服务农村弱势群体发展同步，进而推动金融精准扶贫政策体系的完善，既要对国外金融扶贫经验进行必要的扬弃和创新，又迫切需要针对中国的具体情况展开更为深入的研究。因此，本研究将利用全新的视野、思路、理论、方法和技术手段，通过理论整合、方法创新和全面的实证考察，重点对欠发达地区农村金融减贫效应测度及政策研究进行全新的探索。

## 三、研究目标与内容

### （一）研究目标

本研究是关于中国特色农村金融扶贫成效与制度创新研究，其基本定位是：在当前中央高度重视“三农”发展，致力于巩固拓展脱贫攻坚成果同乡村振兴有效衔接的现实背景下，基于欠发达地区农村金融减贫的理论基础，科学构建中国特色金融扶贫成效评价测度框架与方法体系，总结中国特色金融扶贫的成功经验与不足之处，并且有针对性地探索中国特色金融扶贫制度创新，旨在为金融更好地支持巩固脱贫攻坚成果、全面推动乡村振兴、有效促进农民农村共同富裕提供理论与实证支持。为达成这一总体研究目标，本研究必须先厘清以下几个具体问题：

（1）中国特色金融扶贫成效评价的理论基础是什么？

本研究构建了基于中国现实背景下欠发达地区农村金融减贫效应测度的理论分析框架，厘清农村金融减贫功能有效发挥的基础性条件，探究欠发达地区农村金融供需主体良性互动循环的实现机理，为农村金融促进困难人群脱贫增收提供科学的理论依据。

（2）如何科学地构建中国特色金融扶贫成效评价的测度框架与方法体系？

通过科学合理的中国特色金融扶贫成效评价测度框架与方法体系，全面揭示欠发达地区农村金融减贫效应及其偏差，是本研究的核心所在。因此，本研究将从宏观与微观两个层面全面测度农村金融减贫效应。在微观层面，首先，通过计量分析工具测度农村金融的收入减贫效应及其偏差；其次，在构建农户多维贫困指标体系的基础上，测度农村金融的多维减贫效应及其作用路径。在宏观层面，则以全景化视角测度农村金融扶贫的政策协同效应。由此全面测度欠发达地区农村金融减贫效应，以发现其中存在的问题与不足。

（3）怎样根据既有政策效应的测度分析纠正偏差，最终确立具有操作性、针对性的中国特色金融精准扶贫政策体系？

政策研究是本研究的最终归宿。因此，本研究将基于欠发达地区农村金融减贫效应测度发现的问题与障碍，从完善欠发达地区农村金融服务体系、培育农村金融减贫的基础性条件以及创新农村金融扶贫机制与模式的多维角度，为充分发挥金融在脱贫攻坚和全面建成小康社会中的引领作用提供可资借鉴的政策建议。

### （二）研究内容

本研究主要围绕着“中国特色金融扶贫成效评价与制度创新”这一科学问题，遵循“理论研究→实证研究→政策研究”这一基本研究思路，设计了以下研究内容：

**1. 中国特色金融扶贫成效评价的理论框架构建**

本部分主要包含农村金融减贫的基础理论归纳、相关核心概念界定、欠发达地区农村金融扶贫的作用机理分析以及减贫效应测度框架与方法体系的构建。首先，基于农村金融发展理论的演进脉络，厘清农村金融与农村贫困之间的内在关联，为后文的理论分析框架构建奠定基础；其次，科学界定研究所涉及核心概念的基本内涵，明确核心概念所涵盖的边界；再次，以农村金融发展理论、经济增长理论以及数理经济学理论为基础，对农村金融减贫的实现机理进行分析，并揭示欠发达地区农村金融扶贫功能发挥的制约因素；最后，基于上述理论基础，本研究将尝试性地构建欠发达地区农村金融减贫效应测度框架与方法体系，从而为本研究提供扎实的理论基础与方法论。

**2. 中国特色金融扶贫的现状分析与问题诊断**

本部分主要运用宏观统计数据（历年《中国农村贫困监测报告》）以及欠发达地区农户的微观调查数据，以描述性统计分析方法全面分析欠发达地区农村金融减贫的现状。首先，对我国金融扶贫政策的演变历程进行梳理，总结长期以来我国金融扶贫政策实施过程中的成效与不足；其次，为了充分反映欠发达地区金融减贫的内外部条件，从基础设施、市场条件、产业发展、自然环境以及公共服务等多个维度刻画欠发达地区农村金融减贫的外部环境条件，并从欠发达地区农户的家庭特征、人力资本、物质资本以及社会资本等多个维度来分析其经济社会特征，揭示欠发达地区农户的自身发展动能；最后，从欠发达地区农村金融的供需视角入手，着重分析其供给与需求之间是否相互匹配，从而综合反映欠发达地区农村金融的发展现状。在上述分析的基础之上，对可能制约欠发达地区农村金融减贫效应发挥的因素进行分析。

**3. 中国特色金融扶贫成效评价**

本部分将以经济增长理论为基础，在运用数理经济学进行理论模型推导的基础上，以欠发达地区农户调查数据为样本，从微观层面实证考察我国欠发达地区农村金融减贫的实际效应。

（1）欠发达地区农村金融与农户的收入贫困。

主要从多个视角全方位地探讨欠发达地区农村金融对农户收入贫困状态的影响，具体包括欠发达地区农村金融对农户收入贫困、不同类型农户（不同收入层次的农户）收入增长的作用分析。在此基础上，从收入分配效应视角揭示欠发达地区农村金融对农户收入贫困影响偏差的内在根源。

（2）欠发达地区农村金融与农户的多维贫困。

在从收入贫困视角进行分析的基础上，本研究将主要讨论欠发达地区农村金融在缓解农户多维贫困过程中所起的作用。首先，从总体层面分析欠发达地区农村金融的多维减贫效应；其次，重点分析欠发达地区农村金融对农户不同维度贫困的影响以及农户的群体异质性（即不同多维贫困状态的农户）；最后，为了探究欠发达地区农村金融影响农户多维贫困的内在传导机制，本研究进一步分析了其中介效应。

**4. 中国特色金融扶贫成效的政策协同效应测度**

本部分将在欠发达地区农村金融减贫效应研究结论的基础上，运用县域层面的面板数据，进一步从全景化的视角测度欠发达地区农村金融减贫效应发挥的政策协同效应。具体而言，本研究将重点着眼于财政投入与产业发展这两大类宏观政策。

（1）财政投入的协同效应。

财政投入作为政府的主要政策手段，对欠发达地区的经济社会发展具有十分重要的作用。因此，本部分主要从财政投入视角探讨欠发达地区农村金融扶贫的政策协同效应，即实证检验欠发达地区财政投入是否能够与金融政策有效协同，以利于农村贫困的减缓。在进行协同效应测度时，涵盖了总体效应、分层差异以及贫困县与非贫困县的比较分析，这有助于本研究更为深入地揭示其内在差异。

（2）产业发展的门槛效应。

毋庸置疑，欠发达地区农村金融减贫效应的发挥必须以扎实的产业为基础，由此展开的金融扶贫才能具备可持续性。因此，本部分主要从产业结构的视角探讨欠发达地区农村金融减贫的产业结构门槛效应，其中产业结构主要划分为三次产业，即第一产业、第二产业以及第三产业。这有助于本研究厘清欠发达地区不同产业类型的发展在金融减贫过程中的影响。类似地，该部分实证研究也比较分析了贫困县与非贫困县的差异。

**5. 中国特色金融扶贫成效的制度创新与政策保障**

本部分将在前述理论与实证分析基础上，从制度创新的视角提出欠发达地区农村金融减贫功效提升的基本方向，并完善相应的政策保障。首先，通过欠发达地区农村金融减贫效应测度发现的问题与偏差，并结合我国欠发达地区的客观现实，形成基本的目标和思路定位；其次，从完善欠发达地区农村金融体系以及培育农村金融发挥减贫效应基础性条件等层面，重点突出“普惠性、政策性金融的构建和完善”“欠发达地区农村金融的包容性成长”以及“欠发达地区经济以及农户的内生动能培育”的实现机制，形成农村金融减贫效应提升的政策体系，从政策上保障欠发达地区农村金融减贫效应的有效提升。

## 四、研究思路与方法

### （一）研究思路

本研究所遵循的是由“理论研究→实证研究→政策研究”的逻辑思路，具体的研究路径如图 1-1 所示。首先，在理论研究阶段，系统梳理既有文献与理论，广泛借鉴、吸收前人丰富的研究成果，厘清其理论演进的内在逻辑，同时结合我国欠发达地区农村金融减贫的客观现实，剖析欠发达地区农村金融作用于农村贫困的内在路径，明晰机制传导过程中的约束条件，并构建金融减贫效应的测度框架与方法体系，从而形成本研究的理论基础。其次，在实证研究阶段，为了科学全面地揭示欠发达地区农村金融减贫效应，本研究以立体化视角，从宏观与微观、整体与局部、定量与定性等多维统一角度测度了欠发达地区农村金融减贫效应。具体而言，在微观层面，主要着眼于欠发达地区农村金融对农户收入贫困及多维贫困的影响作用，并深入探析其内在作用机理；在宏观层面，则立足于“金融扶贫功能的发挥有赖于各类政策的协同并进”这一研究观点，从政策协同的视角考察了欠发达地区农村金融减贫过程中财政投入与产业发展的协同效应。最后，在政策研究阶段，基于理论研究与实证研究的基本结论，提出有利于欠发达地区农村金融减贫功能发挥的政策体系。

### （二）研究方法

（1）分析中国特色金融扶贫的实现机理时，以贫困分解及经济增长理论框架为基础，综合运用文献分析、辩证分析及数理经济学推演方法。

首先，本研究基于既有的理论与文献基础，以文献分析法及辩证分析法厘清本研究所涉及的核心概念范畴，并全面分析欠发达地区农村金融减贫的可能传导路径；其次，本研究整合 Kakwani 等（1990）的贫困变动分解框架以及 Greenwood 等（1990）的产出增长模型等理论，建立具有微观基础的、结构严谨且论证规范的数理模型；最后，本研究以系统分析法结合当前我国欠发达地区的客观发展现实，揭示欠发达地区农村金融扶贫功能发挥过程中可能面临的制约因素。

（2）分析中国特色金融扶贫的现状及问题时，以宏观统计数据、微观调研数据为基础，运用制度分析、历史分析以及描述性统计分析等方法。

首先，运用制度分析法及历史分析法，回顾 1986 年以来我国金融扶贫政策的演变，力求探讨政策演变的深层次原因；其次，本研究利用描述性统计分析方法全面分析欠发达地区农村金融减贫的要素需求与环境约束，揭示欠发达地区农村金融减贫面临的内外部环境激励和约束因素，重点考察欠发达地区的外部发展条件、农户发展动能以及金融资源供给现状及问题。

（3）在对中国特色金融扶贫成效及政策协同效应进行分析时，主要以经济

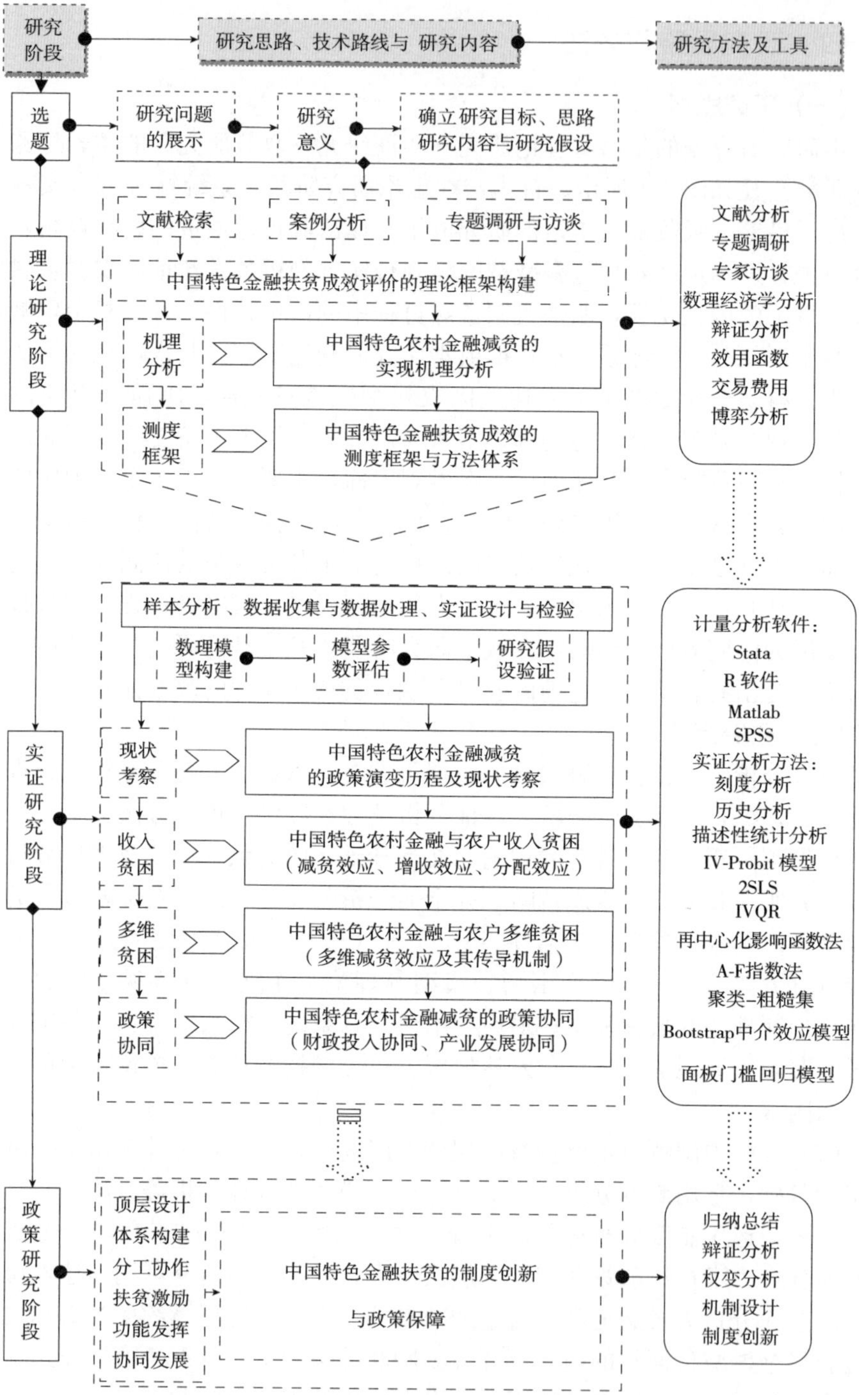


图 1-1　本研究的技术路线

增长理论为基础，运用数理经济学进行理论模型推导，并综合运用多种计量分析工具。

①收入贫困维度。收入贫困维度的减贫效应分析主要是以国家贫困线作为准绳来判断农户的收入贫困状态，进而通过构建 IV-Probit 模型对欠发达地区农村金融减贫效应进行分析。同时，通过两阶段最小二乘法（2SLS）以及工具变量分位数回归法（IVQR）对欠发达地区农村金融与农户收入增长的整体效应与分层效应进行评估，即分析农村金融对于欠发达地区不同收入水平农户的增收效应是否存在显著差异。在此基础之上，运用再中心化影响函数法（RIF）从收入分配效应视角探讨减贫效应偏差的内部成因。

②多维贫困维度。在多维减贫效应的研究中，基于 Sen（1999）的多维贫困理论，从欠发达地区农户的健康、教育、资产、社会保障、权利等多个维度入手，运用 A-F 指数构建欠发达地区农户的多维贫困指标。在构建指标的过程中，为了改进以往等权赋值的研究缺陷，本研究将聚类-粗糙集（rough sets）方法运用到多维贫困指标体系的权重评价中，进而运用 IV-Probit 模型对欠发达地区农村金融的多维减贫效应进行分析，并通过 2SLS 以及 IVQR 分析欠发达地区农村金融对农户剥夺得分影响的整体效应与分层差异。在此基础上，运用零膨胀负二项回归法、Bootstrap 法中介效应模型检验欠发达地区农村金融影响农户多维贫困的传导路径。

③财政投入协同效应。该部分研究从宏观层面入手，以交互项效应模型实证分析欠发达地区农村金融减贫过程中的财政协同效应。首先，以 2SLS 分析财政投入协同的整体效应；其次，运用 IVQR 分析财政投入协同的分层差异。

④产业发展协同效应。将基于 Hansen（1999）的面板门槛回归模型，分别以欠发达地区第一产业、第二产业以及第三产业结构作为门槛变量，从非线性的视角研究欠发达地区农村金融减贫的产业结构门槛效应。

（4）对中国特色金融扶贫的制度创新与政策体系设计时，主要采用以制度经济学中的制度创新理论为基础的制度主义演绎分析范式。

本研究在前述理论研究与实证研究的成果的基础上进行归纳总结、辩证分析、权变分析，然后进行机制设计和制度创新。基于我国欠发达地区金融扶贫的现实困境，结合本研究的理论与实证分析结论，本部分力求从顶层设计、体系构建、分工协作、扶贫激励、功能发挥、协同发展等多层面提出保障我国欠发达地区农村金融减贫效应充分发挥的政策体系。

## 五、研究数据与资料

### （一）研究数据

为了更为全面地反映中国特色金融扶贫成效，本研究的数据涵盖了宏观层面的国家统计数据以及微观层面的课题组实地调研数据。其中，宏观统计数据主要从欠发达地区经济社会发展状况以及宏观政策实施效果的维度探讨欠发达地区农村金融减贫效应，而微观调研数据则更加侧重欠发达地区农户的家庭禀赋条件和金融资源利用效率。具体而言，本研究所涉及的数据主要包括以下几个方面：

**1. 宏观统计数据**

本研究的宏观统计数据主要来自历年《中国农村贫困监测报告》、历年《中国县域统计年鉴》(县市卷)、历年《扶贫蓝皮书：中国扶贫开发报告》、历年《中国农村统计年鉴》、历年《中国农村金融服务报告》、历年《中国统计年鉴》，以及各省（自治区、直辖市）历年统计年鉴，各县、市历年政府工作报告，各县、市历年国民经济和社会发展统计公报，历年《全国农村固定观察点调查数据汇编》，《新中国五十年农业统计资料汇编》和《新中国六十年农业统计资料汇编》等。

**2. 微观调研数据**

本研究的微观调研数据主要依托国家自然科学基金面上项目“农村金融市场‘精英俘获’困境破解与包容性成长研究”。具体而言，微观实证分析数据来源于国家自然科学基金面上项目课题组于 2017 年底进行的欠发达地区农户入户调查，调研的样本区为 5 个连片特困地区，具体包括滇桂黔石漠化区、武陵山区、秦巴山区、乌蒙山区以及六盘山区。调查样本区所涵盖的 5 个连片贫困地区是当时（2017 年底）我国农村困难人群的主要分布地区，高达 61.39%的困难人群集中分布在这 5 个地区。研究调研样本区的选择依据如下：首先，将每个贫困片区的贫困发生率超过 18%的贫困县按人均地区生产总值大小排序，等距抽取 5 个县；其次，将每个乡镇按人均地区生产总值大小排序分为两组，随机抽取两个乡镇；最后，遵循这一抽样思路，在每个乡镇抽取两个样本村。在最终所选取的每个样本村中，根据农户花名册随机抽取 15 户农户。课题组共随机抽取了 1 500 个欠发达地区农户样本，最终收回有效问卷 1 363 份 ，问卷有效率为 90.9%。

**（二）研究资料**

本研究所涉及的研究资料主要来源于以下几个方面：

**1. 国内外权威学术期刊**

国内权威期刊主要包括《中国社会科学》《经济研究》《管理世界》《统计研究》《经济学季刊》《世界经济》《金融研究》《数量经济技术经济研究》《管理科学学报》《财经研究》《中国农村经济》《中国农村观察》《农业经济问题》等，国外权威期刊主要包括 *American Economic Review*、*Journal of Political Economy*、*Econometrica*、*Review of Economic Studies*、*American Journal of Agricultural*

*Economics*、*Food Policy*、*Agricultural Economics* 等。

**2. 国家各部委及各省（自治区、直辖市）职能部门的公开信息网站**

相关信息网络主要包括国家统计局门户网（http：//www. stats. gov. cn）、中国人民银行门户网（http：//www. pbc. gov. cn）、国家乡村振兴局门户网（https：//www. nrra. gov. cn/）、农业农村部门户网（http：//www. moa. gov. cn）以及各省（自治区、直辖市）相关职能部门的门户网站等。

**3. 政策文件及相关研究报告**

相关政策文件及研究报告主要包括党的十九大报告、十八大报告，历年发布的中央1号文件、中央农村经济工作会议文件、全国扶贫开发工作会议文件，以及各部委发布的与金融扶贫相关的政策文件，例如《关于金融支持深度贫困地区脱贫攻坚的意见》《关于金融助推脱贫攻坚的实施意见》《关于全面做好扶贫开发金融服务工作的指导意见》和《中国的减贫行动与人权进步》白皮书等。同时，本研究也参考了国内外金融扶贫领域专家的相关研究报告与学术著作。

## 六、可能的创新与不足

### （一）可能的创新

（1）立足于我国欠发达地区的客观发展现实，初步构建了中国特色金融扶贫的理论分析框架。

已有部分研究从理论上探讨了农村金融减缓农村贫困的作用机制，然而关于欠发达地区农村金融减贫效应的理论分析相当匮乏。同时，已有研究过多关注如何增加欠发达地区的农村金融资源投入，而忽视了农村金融扶贫功能的发挥是依赖一定的基础性条件的，即目前我国欠发达地区及极端困难人群的特殊性决定了现有的理论分析难以满足现实需求。因此，本研究基于整体化视角，借鉴已有的文献与理论研究，并运用数理经济学方法系统梳理了农村金融减缓农村贫困的作用路径。同时，充分考虑欠发达地区及极端困难人群的客观发展现实，厘清了欠发达地区农村金融减缓农村贫困过程中可能面临的制约因素，从而为本研究奠定了扎实的理论基础。

（2）从宏观与微观、整体与局部、定量与定性等多维统一角度，探索了中国特色金融扶贫成效评价的综合方法应用体系及分析框架。

已有研究更多地仅从某一视角或某一维度探讨农村金融减贫效应，在微观层面仅停留于农村金融对农户收入贫困的影响，在宏观层面则过多地纠缠于如何增加欠发达地区金融资源要素的投入。而本研究基于立体化视角探索了欠发达地区农村金融减贫效应测度综合方法应用体系及分析框架，从微观层面分析了欠发达地区农村金融对农户收入贫困及多维贫困的影响，并揭示减贫效应偏差产生的内在路径，从宏观层面分别探讨了财政投入与产业发展在欠发达地区农村金融减贫过程中的协同效应，从而能够更全面地揭示欠发达地区农村金融减贫效应。

（3）基于有代表性的欠发达地区农户调查数据，通过系统的计量统计方法应用与指标体系创新，深入揭示了中国特色金融扶贫的成效与基层实践偏差，有针对性地提出了具备可操作性的金融精准扶贫政策体系建议。

已有研究大量探讨了农村地区的金融减贫增收效应，但关于欠发达地区的研究十分少见，且缺乏深入的分析。因此，本研究采用了具有代表性的欠发达地区农户调查数据，通过系统的计量统计方法应用与指标体系创新，深入揭示了欠发达地区农村金融减贫效应及其偏差。首先，在测度收入减贫效应的基础上，运用 2SLS、IVQR 以及再中心化影响函数方法分析了减贫效应偏差；其次，将社会政治权利纳入农户多维贫困指标体系中，运用模糊数学领域的聚类-粗糙集方法评价指标权重，创新了已有多维贫困指标体系。同时，以零膨胀负二项回归法、中介效应模型等分析了多维减贫效应的内在传导机制。这使得本文深化了欠发达地区农村金融减贫效应测度研究，并充分厘清了减贫效应偏差的根源所在，据此提出了具备可操作性的金融精准扶贫政策体系建议。

### （二）存在的不足

（1）缺乏有效的跟踪评估。

受研究条件与研究能力所限，本研究在微观层面的实证分析仅停留于某一历史时期的截面数据，难以全面地揭示欠发达地区农村金融减贫效应。毋庸置疑，困难人群利用金融资源改善自身家庭福利水平往往存在一定的时滞，部分效应在短期之内可能难以显现。同时，随着困难人群资源禀赋的不断优化，他们通过金融资源实现脱贫增收的能力必然会发生相应的变化。因此，在后续的研究中，将重点着眼于欠发达地区农村金融减贫效应的跟踪评估，从而更为深入地揭示农村金融在扶贫过程中的内在传导机制。

（2）缺乏全面的系统分析。

由于农村金融所涵盖的范围较广，难以面面俱到，在本研究的实证分析当中，重点着眼于欠发达地区农村正规借贷与非正规借贷的减贫效应，而关于欠发达地区农村金融市场的保险、担保、基金等金融服务的减贫效应，更多地仅通过描述性统计或案例分析的方式进行考察。

（3）缺乏全面的异质性分析。

尽管本研究的实证分析考虑到现阶段欠发达地区农户群体分化的问题，并比较分析了不同农户群体在金融减贫增收过程中的异质性，但这种异质性更多是基于收入层面的考量，未充分涵盖不同农户群体在人力资本、物质资本以及社会资本等层面的异质性特征。

# 2

# 第二章 理论基础与研究框架

本章的重点在于厘清欠发达地区农村金融减缓农村贫困的内在作用机理以及农村金融减贫效应的测度框架与方法体系，从而为后文的实证分析提供理论依据与方法指导。基于此，本章的内容主要包括以下几部分：①理论借鉴；②基本概念界定；③欠发达地区农村金融减贫的可行性分析；④欠发达地区农村金融减贫的作用机理分析；⑤农村金融减贫效应的测度框架与方法体系。

## 一、中国特色金融扶贫的理论基础

农村金融作为现代金融的重要组成部分，其减贫测度的理论基础必然离不开现代金融发展理论的影响。总体而言，农村金融发展理论主要包含 4 个理论学派：农业信贷补贴论（subsidized credit paradigm）、农村金融市场论（rural financial market paradigm）、不完全竞争市场理论（imperfect market paradigm）以及普惠金融理论（inclusive finance paradigm）。在农村金融发展理论的演变过程中，不同的理论主张引导着不同发展中国家农村金融发展政策的制定，这对发展中国家农村贫困减缓产生了十分重要的影响。鉴于此，本研究将全面、系统地梳理农村金融发展理论，并厘清其与农村贫困减缓之间的内在联系，从而为本研究的金融减贫测度提供扎实的理论基础。

### （一）农业信贷补贴论与农村贫困减缓

在 20 世纪 80 年代以前，农村金融发展理论的主流观点是农业信贷补贴论。该理论的核心主张是，农村金融战略的实施应以信贷供给先行为导向。该理论的前提假设主要有两个方面：在农村居民个体方面，该理论认为农村居民尤其是困难人群缺乏储蓄能力，从而导致农村经济社会面临资金不足的难题；在农业生产方面，受制于农业生产的特殊性（如投资的长期性、收入的不确定性、经济回报的低收益性等），农业无法获得以利润为导向的商业银行的青睐。在这两方面因素的影响下，农村经济社会的资本存量不足、资金大量外流，这直接导致农村金融陷入困境。基于以上前提假设，农业信贷补贴论提出的解决途径是以政府为主导，从农村外部注入政策性资金，并通过建立非营利性的专业金融机构来分配资金。在资金使用价格方面，该理论认为，为了有效缩小农业与非农产业之间的结构性收入差距，农业信贷资金的使用利率应低于其他产业。但是农村地区的非正规金融资金主要来源于地主和商人，其放贷主要以高利率为特征，这将不利于发展农业生产，使得农户陷入贫困当中。因此，为了减少高利贷行为，政府应通过专门的金融机构（如农业信用合作组织、部分银行的农村支行）将大量低息贷款注入农村经济中。在这一时期，以困难人群为对象的专项贷款也十分盛行。

在农业信贷补贴论的理论主张下，许多发展中国家的政府向农村地区注入了大量的低息贷款，这在一定程度上为农村经济的发展提供了资本要素，有利于推动农村经济发展。尤其是在早期农村地区普遍贫困的状态下，农村经济的发展带动了大量低收入群体脱贫致富，然而到后期，大量的低息贷款所带来的经济社会效益未能持续，该理论存在的问题与矛盾逐渐显现。该理论的缺陷集中体现在以下3个方面：

①从信贷资金供给的角度来看，若农户能够持续地获得和使用价格低廉的信贷资金，那么农户必然会缺乏储蓄动机，这将直接导致农村地区的信贷机构无法有效动员储蓄，其资金来源也无法得到保障。最终，农业信贷只能演变为纯粹的财政投入行为。

②从信贷资金分配的角度来看，众所周知，农村金融服务的主要特征在于小农户的小规模贷款往往造成较高的交易成本，因此，当政府规定较低的利率上限时，将导致金融机构难以实现盈利，那么政府注入的低息信贷资金将会被大量分配到大农户手中，即低息贷款的主要受益人将不是贫困农户。

③从农村金融风险来看，通过政府设立的不以营利为目的的金融机构往往缺乏控制借贷风险的动机，这就导致借款者的资金使用及偿还行为无法受到有效约束，因而导致低息贷款的偿还率低、违约率高，甚至导致部分发展中国家农村金融体系的崩溃。

农业信贷补贴论的失败表明，农村金融减缓贫困的关键并非简单的信贷资金注入，更为重要的是建立起可持续性的农村金融发展体系，使其逐渐内生于农村经济的发展中，实现农村金融机构的金融扶贫功能可持续以及困难人群脱贫致富的协同发展。

### （二）农村金融市场论与农村贫困减缓

基于农业信贷补贴论的理论缺陷以及实际政策实施过程中的失败，农村金融市场论开始逐渐替代农业信贷补贴论。该理论的产生主要基于对农业信贷补贴论的批判，并且该理论更强调市场机制的作用，其理论前提与农业信贷补贴论存在本质的区别。

具体而言，农村金融市场论的理论前提主要包括以下几个方面：

①农村居民（包括贫困农户）都是具备储蓄能力的。这一前提假设与农业

信贷补贴论是完全相反的。针对发展中国家农村地区的大量研究表明，只要提供有效的存款服务，即使是欠发达地区的小农户也能够储蓄大量的存款，因而农村经济体本身是能够积累资金的，不需要从农村外部注入资金。

②政府主导的低息信贷资源注入阻碍了金融发展。这主要是由于低息贷款破坏了资本的价格形成机制，减弱了农村居民向金融机构存款的动机，不利于农村金融发展。

③农村地区信贷资金的外部依存度过高，是导致农村地区贷款违约率高、回收率低的主要原因。

④农村非正规金融的存在是具备合理性的。由于农村资金具有较多的机会成本，因而利率水平较高的农村非正规金融的出现是理所当然的。

可以发现，与强调政策性主导的农业信贷补贴论相反，农村金融市场论的立论基础完全依赖于市场机制，尤其强调利率的市场化。在利率市场化的条件下，一方面，农村金融机构能够弥补农村金融市场服务的经营成本，并获取相应的利润，从而使得农村金融机构的金融扶贫功能具备可持续性；另一方面，利率市场化将提升农村金融机构动员储蓄的动机，能够在农村内部积累一定的资金，降低对外部资金来源的依赖。

从理论上来看，市场化机制似乎能够有效弥补农业信贷补贴论的诸多缺陷，并形成具有可持续性的农村金融体系。然而，从现实经济情况来看，农村金融市场论的功效并不理想，尤其是在金融扶贫领域，这一理论往往难以有效指导农村金融扶贫政策的制定。具体表现为，利率市场化意味着较高的资金成本以及较高的项目收益率，这可能导致困难人群容易受到“金融排斥”。首先，绝大部分困难人群难以成功经营具有较高经济回报率的生产项目，这就决定了困难人群无法成为农村金融机构的优质客户；其次，一般而言，农村困难人群既缺乏有效的资产抵押，又无信贷担保，无法满足农村金融机构的放贷要求，信贷配给问题自然就广泛存在于农村金融市场当中。

越来越多的政策实践显示，囿于发展中国家农村经济的相对滞后以及制度法规体系的尚待健全，在短期内形成较为完善的农村金融市场是不现实的，基于农村金融市场论展开的金融扶贫也难以真正奏效。因而，对于物质经济基础匮乏的困难人群而言，政府的适当介入是必要的，政府能够通过制度上的设计保障困难人群的经济利益。

### （三）不完全竞争市场理论与农村贫困减缓

到20世纪90年代以后，有关各方逐渐意识到由于农村金融市场的特殊性，要培育具有效率的农村金融市场，仍然需要一些非市场的、社会性的要素参与其中。不完全竞争市场理论应运而生。其基本观点认为：发展中国家的农村金融市场并不是完全竞争市场，这主要表现为借贷双方的信息不对称，即贷款者（农村金融机构）无法充分掌握借款人（农户）的信息，在不完全信息的条件下，若仅依赖市场机制，难以培育出健全的农村金融市场，因此，为了有效弥补市场失灵的部分，政府有必要介入农村金融市场，或通过借款人的组织化来争取小组贷款。

可见，在农村金融发展理论的演进过程中，不完全竞争市场理论再次为政府介入农村金融市场提供了理论依据。但与农业信贷补贴论不同的是，不完全竞争市场理论认为，尽管由于农村金融市场固有的缺陷，需要政府介入以弥补市场失灵，但无论政府以何种形式介入，若要有效解决市场失灵所带来的一系列问题，必须要具备完善的体制结构。因此，在发展中国家政府对农村金融市场进行干预时，应以农村金融机构的改革与完善作为前提，逐步排除阻碍农村金融市场有效运行的相关问题，例如取消获得政府优惠贷款方面的垄断局面、使优惠贷款集中面向小农户、使农村金融机构能够实现金融扶贫功能可持续等。同时，政府提供的外部性资金应重点用于建设农村金融机构，如贷款人员、风险防控人员以及管理人员的培训，并用于建立完善的会计信息系统、审计信息系统，实现农村金融机构的自我完善。

除了政府的介入之外，不完全竞争市场理论还认为，借款人的组织化对于农村金融问题的解决至关重要。具体而言，借款人的组织化主要通过小组贷款的形式实现，Stiglitz（1992）的研究表明，农村金融机构难以掌握借款人的信息是农村金融市场面临的主要障碍。小组贷款的形式能够通过组员的监督降低借款人从事高风险活动的行为，这有助于解决借款过程中的道德风险问题。因而，小组贷款能够提高农村信贷市场的效率（Ghatak，2000）。

不完全竞争市场理论打破了既往理论单纯依赖政府主导（农业信贷补贴论）或市场机制（农村金融市场论）的局限，指出应从供需两个层面入手，着力弥补农村金融市场的缺陷，构建具备可持续性的农村金融体制。通过这一新的思路，发展中国家政府的金融扶贫政策制定得到了进一步改进。一方面，通过农村金融机构的不断完善，严格控制金融服务困难人群的借贷风险；另一方面，以小组贷款的形式有效解决了困难人群缺乏抵押、担保的问题，为困难人群获取有效的金融资源创造了可能。

### （四）普惠金融理论与农村贫困减缓

“普惠金融”（inclusive finance）这一概念是联合国于 2005 年提出的，联合国把 2005 年定为国际小额信贷年。区别于传统金融所推崇的“二八定律”①，普惠金融在理念上的重大突破表现为在一定程度上推翻了金融服务于富人的观念，并认为低收入群体等弱势客户也应享受到平等的金融权利。

① “二八定律”是指金融机构 80％的收益是来自 20％的客户。

具体而言，普惠金融也被称为包容性金融，其核心观点是有效地、全方位地为社会各个阶层和群体提供有效的金融服务，尤其是那些长期被传统金融排斥在外的群体，如农村地区、困难人群、小微企业等，这为弱势群体提供了享受公平的金融服务的权利。普惠金融的特征主要包含以下 4 个方面：首先，所有的社会阶层（主要包括家庭及企业）均能够以合理的价格获得各类金融服务，如存款、贷款、保险、支付、汇款、抵押等一系列金融服务；其次，具有组织健全的金融机构以及完善的组织管理体系、市场监督机制等；再次，金融机构的金融扶贫功能应具备可持续性，从而保障金融服务的稳定供给；最后，具备多样化的金融服务供给者，能够为客户提供诸多种类的金融服务，如公共金融服务、私营金融服务、非营利性金融服务等。

2006 年，世界银行扶贫协商小组（CGAP）进一步提出了多层次的普惠金融体系。这一框架体系的核心在于将包含服务贫困阶层在内的金融服务有机地融合到宏观、中观及微观三个层面的金融体系，从而使长期被金融排斥在外的大规模群体获益。该体系的最终目标是实现向发展中国家绝大部分社会群体开放金融市场，包括偏远的欠发达地区以及收入层次低的群体。具体而言，主要包含以下几个层面：

（1）客户层面。

普惠金融体系的中心群体是困难人群和低收入客户，这一中心群体对金融服务的需求决定了普惠金融体系其他层面的行动。

（2）微观层面。

普惠金融体系的金融资源供给者依然是零售金融服务的提供者，这包含了民间放贷者、合作组织、小额贷款公司、商业银行以及其余各种金融机构，这些供给者直接向困难群体和低收入群体提供金融服务。

（3）中观层面。

普惠金融理论主要包含建设基础性金融设施等能够有效降低金融机构的交易成本、提升金融服务深度和广度的一系列观点和要求，这些观点和要求涉及诸多的金融机构以及相关金融服务活动，如征信机构、审计机构、评级机构、网络技术、结算支付系统、技术咨询服务、技术培训等。同时，这些金融机构可以是跨区域的，甚至是全球性的。

（4）宏观层面。

若要使普惠金融体系得到可持续性的发展，必须辅之以健全的法律法规以及政策框架。在这一层面，参与者主要为相关政府职能部门，如中央银行、金融监管部门、财政部门及其余部分机构。

在普惠金融体系下，困难人群享受金融服务的权利被提升到了核心地位，这是普惠金融理论与其他理论的主要不同之处。通过改变金融资源的分配格局，使金融资源惠及社会各个阶层，不仅能够有效发挥具有可持续性的金融扶贫功能，也能够有利于改善一个经济体的收入分配格局。同时，普惠金融体系包含了一系列非金融服务，如技术培训等，这有助于困难人群发展能力的培育，提升其金融资源配置效率，最终形成金融机构的金融扶贫功能可持续以及困难人群脱贫增收的协同发展。

### （五）简要评述

从农村金融发展理论的演变脉络可以发现，其争论的核心主要有 3 个方面：政府的定位、金融机构的金融扶贫功能可持续以及困难人群的金融排斥问题。

（1）在政府的定位上，理论的演变经历了“政府主导→市场机制→政府干预＋市场机制”的基本逻辑，可见，如何处理好政府与市场之间的关系，是农村金融发展理论需要解决的核心问题。

从金融扶贫领域来看，受制于诸多内外部因素，仅仅依赖市场机制是不现实的，金融机构的营利性与扶贫的社会性之间的矛盾决定了政府应当在金融扶贫过程中有所作为。政府如何作为则决定了金融机构的金融扶贫功能的发挥及其可持续性。各发展中国家在农村金融扶贫的实践过程中都获得了很多经验和教训，早期以政府为主导的金融扶贫行为过多地强调了政府的主导作用，而忽视了金融资源运作的内在自然规律，从而导致金融扶贫效果的偏差以及金融机构的金融扶贫功能不可持续。近年来，随着农村金融发展理论的不断完善，政府在金融扶贫领域中的定位也在不断调整。

（2）在金融机构的金融扶贫功能可持续方面，金融扶贫的特征在于高风险、高成本、低收益，这与金融机构的营利性是互相冲突的，因而导致金融机构在扶贫过程中出现“目标偏移”“精英俘获”等问题。因此，如何降低金融服务贫困农户的交易成本成了各个理论学派争论的焦点。

在农业信贷补贴论中，主张通过政府设立专门的非营利机构来降低交易成本；在农村金融市场论中，则主张以市场化机制来实现金融机构的金融扶贫功能可持续性，但这容易导致困难人群被排斥在金融服务之外；在不完全竞争市场理论中，主张通过政府适当的干预完善农村金融体系，以此保证金融扶贫的可持续性；在普惠金融理论中，主张多层次、多维度地构建起金融服务困难农户的普惠金融体系，但这需要政府创造出良好的金融生态环境，如信用体系的建设、金融基础设施的投入、法律法规的完善以及政策体系的制定等。可见，对于如何降低金融扶贫的交易成本，各类农村金融发展理论的探讨日趋深入，但总体而言，发展中国家要真正构建完善的普惠金融体系，依然任重而道远。各国政府应实事求是，基于自身的经济社会背景展开普惠金融体系的构建，从而真正地服务于困难人群，使困难人群通过金融资源实现脱贫致富。

(3) 在困难人群的金融排斥问题方面，如何解决困难人群信贷资金的可获取性，是农村金融发展理论所关注的关键问题。

正如前文所言，在信息不对称的条件下，困难人群在经济物质上的匮乏决定了其往往被金融机构认定为劣质客户，从而导致金融排斥问题，这也成为发展中国家实施金融扶贫政策的难点。农业信贷补贴论主张以政府为主导进行信贷资金分配，然而在困难人群发生分化之后，低息的信贷资金往往被精英群体所俘获。与之相反，农村金融市场论则更加强调市场机制的作用，但在发展中国家农村金融体系较为落后的现实背景下，困难人群面临着更为严重的金融排斥问题。对此，不完全竞争市场理论提出通过借款人的组织化降低困难人群借贷过程中可能存在的道德风险，这一机制设计有效地改善了困难人群的金融排斥问题。例如，孟加拉国的格莱珉银行通过小组贷款的形式实现了金融服务贫困农户的可持续性。近年来，普惠金融理论更为全面地提出了解决困难人群金融排斥问题的体系框架，但该理论产生的时间较短，缺乏相关的理论与实践积累，要真正实现金融的包容性，依然有待实践的进一步检验。

## 二、基本概念界定

### (一) 欠发达地区

从我国的扶贫开发历程来看，在改革开放初期，囿于经济条件和物质基础的匮乏，我国农村贫困主要表现为普遍贫困。在这一时期并未对欠发达地区做出明确界定。在体制改革扶贫阶段（1978—1985 年），中央政府在土地、市场及就业等领域的改革推动了经济的快速发展，有效缓解了我国农村的普遍贫困状况。

我国对欠发达地区的划分主要是从 1986 年开始的。1986 年，国务院贫困地区经济开发领导小组①划定了第一批 258 个新时期国家扶贫开发工作重点县，一般简称为国家级贫困县。具体而言，我国分别于 1986 年、1994 年、2001 年和 2012 年对国家级贫困县进行了审批认定。1986 年，国家级贫困县是指 1985 年人均收入低于 150 元的县，对少数民族自治县标准有所放宽。1994 年基本上延续了这个标准，1992 年人均纯收入超过 700 元的，一律退出国家级贫困县；低于 400 元的县，全部纳入国家级贫困县。2001 年，国务院印发《中国农村扶贫开发纲要（2001—2010 年）》。2012 年国家级贫困县的数量采用“631 指数法”测定：困难人群（占全国总人口的比例）占 60%权重（其

① 国务院贫困地区经济开发领导小组于 1986 年 5 月 16 日成立，1993 年 12 月 28 日起改用“国务院扶贫开发领导小组办公室”的名称。2021 年 2 月 25 日，国务院扶贫开发领导小组办公室整体改组为国家乡村振兴局，并正式挂牌。2023 年 3 月 7 日，根据国务院关于提请审议国务院机构改革方案的议案，在农业农村部加挂国家乡村振兴局牌子，不再保留单设的国家乡村振兴局。

中，绝对困难人群与低收入人口分别占80%与20%的比例）；农民人均纯收入较低的县数（占全国总县数的比例）占30%权重；人均GDP低的县数、人均财政收入低的县数占10%权重。其中，人均纯收入低的标准为低于1 300元，革命老区、少数民族地区、边疆地区为低于1 500元；人均GDP低的标准为低于2 700元；人均财政收入低的标准为低于120元。根据以上原则和方法，在全国中西部21个省（自治区、直辖市）确定了592个县（旗、市）为国家级贫困县，其中大部分在少数民族地区、革命老区、边境地区和特困地区。2012年，国务院印发《中国农村扶贫开发纲要（2011—2020年）》。2012年3月19日，国务院扶贫开发领导小组办公室公布了592个国家级贫困县名单，总数和2001年、1994年一样，只是具体名单有些调整。

经过长期的扶贫开发，大量的农村困难人群摆脱了贫困，我国的农村贫困特征逐渐表现为区域贫困。因此，2011年发布的《中国农村扶贫开发纲要（2011—2020年）》中将集中连片特困地区作为脱贫攻坚的主战场，主要包括六盘山区、秦巴山区、武陵山区、乌蒙山区、滇桂黔石漠化区、滇西边境山区、大兴安岭南麓山区、燕山—太行山区、吕梁山区、大别山区、罗霄山区等区域的连片特困地区，以及已明确实施特殊政策的西藏自治区、四省（青海、四川、云南、甘肃）藏区和新疆维吾尔自治区南疆三地州（喀什地区、和田地区，克孜勒苏柯尔克孜自治州）。近年来，随着脱贫攻坚战役的不断推进，我国连片特困地区的经济发展与人民生活水平得到了大幅度的提升。但是，对于剩余的极端困难人群，如何带动其摆脱贫困，是我国决胜全面建成小康社会的关键。为了深入贯彻党的十九大精神，2017年底，国务院印发了《关于支持深度贫困地区脱贫攻坚的实施意见》，其中进一步将我国深度贫困地区界定为"三区三州"［西藏自治区、四省藏区、新疆维吾尔自治区南疆四地州（喀什地区、和田地区、阿克苏地区、克孜勒苏柯尔克孜自治州），四川省凉山彝族自治州、云南省怒江傈僳族自治州、甘肃省临夏回族自治州］以及贫困发生率较高的地区（贫困发生率超过18%的贫困县和贫困发生率超过20%的贫困村）。在党的十九大报告中，习近平总书记也明确提出，必须重点攻克深度贫困地区的脱贫任务，顺利实现2020年全面建成小康社会的目标。

为了客观评价中国特色金融扶贫成效金融减贫效应，发现其中存在的问题与不足，本研究在微观层面的效应测度中，主要将欠发达地区的概念界定为深度贫困地区；而在宏观层面的效应测度中，受宏观统计资料限制，将欠发达地区界定为国家级贫困县。

### （二）农村金融

如何准确定义农村金融是本研究的关键所在。从主流的金融观来看，金融被定义为货币资金的融通。基于这一基本定义，王绍仪（1996）将农村金融定义为农村货币资金的融通。然而，熊德平（2007）对这一定义进行了批判，他认为农村的货币资金融通仅仅是农村金融的外在表现形式，无法真正反映农村金融的本质属性。基于交易的视角，熊德平（2007）指出农村金融的本质是信用关系制度化的产物，是不同的产权主体在信任、制度、信息等方面因素约束的基础上，通过信用工具将分散的资金集中有偿使用，实现规模经济的交易活动。温涛（2014）则进一步深化了农村金融的定义，认为对农村金融理论范畴的界定必须基于动态性的考虑，不应仅人为地进行农民身份或农村地域的划分。具体而言，农村金融的演进过程大致可划分为以下 3 个阶段：

**1. 工业化前阶段**

这一阶段的农村金融属于农业金融的发展阶段，即以农业为服务对象（种植业、养殖业为主），农村金融活动也更多地仅局限于信贷活动当中，并具有较强的政府主导色彩。

**2. 工业化进程阶段**

在工业化快速发展进程中，城镇化也随之发展，因此农村与城市之间的区别更加明显。在这一时期，农村金融由初期仅服务于农业的金融需求逐渐转变为满足农村经济生活与经济发展的金融需求，并且随着经济的不断发展，农村金融的服务范围也在不断扩大，涵盖了银行和各类非银行机构的金融服务。但正如 Lewis（1954）所指出的，“二元结构”是发展中国家工业化进程中不可避免的现象，金融部门也不例外。在这一过程中，相比城市的金融部门，农村金融缺乏完善的制度体系，农村正规金融难以真正满足农村经济的发展需求，因而内生于农村经济社会的农村非正规金融广泛存在，成为农村金融的重要组成部分。

**3. 后工业化阶段**

从发达国家的演变历程可以发现，随着“二元结构”的不断减弱，城乡金融体系逐渐融合，考虑到农业生产的特殊性，农业金融是农业生产的金融支撑，但其模式由政府主导的信贷补贴模式向市场化机制的融资模式转变（Jensen et al.，2001）。可见在后工业化阶段，农村金融又重新回到了农业金融，但与工业化前阶段相比较，其金融体系、金融服务、金融工具等都更为丰富、完善。

由此可见，在不同的发展阶段，农村金融的表现形式存在各自的特征，若忽略了这一动态性，容易导致农业金融与农村金融的混淆。因此，本研究将基于温涛（2014）对农村金融的定义，明晰农村金融的理论范畴。具体而言，我国目前正处于工业化快速发展阶段，即处于农村金融发展阶段。此时的农村金融可定义为：包含一系列服务于农村经济社会的金融工具、金融业务、金融制度以及金融活动的总称。农村金融以农村货币资金流通和信用活动实现统一为标志，又以向保险、证券、信托等金融服务领域不断延伸为特征。同时，正如前文所言，在这一过程中，农村非正规金融是农村金融的重要组成部分。因此，在本研究中，进一步将农村金融划分为农村正规金融及农村非正规金融。其中，农村正规金融是指受国家金融法规监管的正规金融机构及其金融活动。农村非正规金融则涵盖未受国家金融法规监管的各类民间金融组织及其金融活动，如民间借贷、亲友借贷等。

需要特别指出的是，目前我国欠发达地区农村金融资源配置以信贷资源为主，关于保险、证券、期货等金融服务仍处于试点阶段，尚未全面铺开。同时，信贷机构的功能更多地表现为分担金融扶贫的信贷风险、降低金融扶贫的信贷成本，从而增强贫困农户的信贷可得性。因此，本研究在实证测度欠发达地区农村金融减贫效应的过程中，将主要着眼于欠发达地区农村信贷的减贫效应。

### （三）扶贫成效的内涵

如何有效实现欠发达地区农村金融减贫效应，是本研究的根本落脚点。因此，首先应厘清的便是扶贫成效的内涵，只有系统地剖析扶贫成效的具体含义，欠发达地区农村金融对贫困的影响作用才能得到全面揭示。而要科学界定扶贫成效的内涵，必须准确把握贫困的概念，即什么是贫困。

从贫困定义的演变来看，随着人类经济社会的不断发展，人类对贫困的认识也在不断深入。但总体而言，主要可以划分为两大类，即收入贫困与多维贫困。早期的绝大部分研究主要从经济条件和物质基础匮乏的视角来定义贫困。Rowntree（1901）首次提出贫困的确切定义：一个家庭的总收入不足以维持最基本的生存活动需求。该定义就是从收入的层面来定义贫困。该定义影响深远，许多学者的研究都沿用了这一定义（Orshansky，1963；Ravallion et al.，1991）。随后，Townsend（1979）从资源的层面，将贫困定义为缺乏资源而无法获得物质生活资料以及基本社交条件的个人、家庭和群体。可以发现，早期对贫困的定义局限于单一维度，主要侧重于物质维度。

随着对贫困认识的不断加深，贫困的多元性特质已成为共识。联合国开发计划署（United Nations Development Programme，UNDP）认为贫困并不仅仅表现为收入的缺乏，也表现为对人类发展权利（如健康的生活、良好的教育以及体面的物质生活等）的剥夺（Ravallion，1997）。事实上，学术界关于多维贫困的研究起步较早。例如，Morris（1979）提出了物质生活质量指数，Hagenaars（1987）则从收入和闲暇两个维度评价了个体的贫困状态，等等。其中最具有突破性的研究是阿马蒂亚·森（Amartya Sen）的多维贫困理论，该理论创新性地将“能力贫困”纳入贫困的分析框架中，奠定了多维贫困研究的理论基础（Sen，1999）。具体而言，Sen（1999）认为贫困不能仅采用收入进行衡量，需要从“基本可行能力”的多个维度进行考察，例如免受饥饿、疾病的能力，满足接受教育需求、营养需求的能力，以及参与社会活动的能力等。这些能力都与社会福利息息相关，而福利的综合性特征也表明贫困具有多维形式。

从人类对贫困认识的演变可以发现，收入贫困是困难人群最为直观的表现，这也是世界上各个国家尤其是发展中国家政府最为关注的贫困指标。然而，正如既有研究所指出的，要真正解决贫困问题，不仅在于困难人群收入水平的提升，更应注重困难人群脱贫能力的培育，即多维贫困的消除，从而真正解决困难人群的“能力贫困”问题，实现脱贫的可持续性。可见，无论是收入贫困还是多维贫困，既是我国剩余困难人群贫困状态的综合表现，也是政府扶贫政策制定的重要落脚点。有鉴于此，本研究将综合考虑欠发达地区的收入贫困与多维贫困，从这两个维度对欠发达地区农村金融减贫效应进行分析，从而更为全面地揭示欠发达地区农村金融减贫效应，为完善欠发达地区金融扶贫政策体系提供科学可靠的现实依据。

## 三、中国特色金融扶贫的可行性分析

### （一）农村金融扶贫的必要性分析

纳克斯（R. Nurkse）在《不发达国家的资本形成问题》中提出了“贫困恶性循环论”，指出贫困产生的根源在于资本形成的不足，即由于发展中国家人均收入水平较低，导致消费（需求）与储蓄（供给）的不足，这就制约了资本的形成，使得发展中国家长期陷于贫困当中。具体而言，在需求方面，发展中国家人均收入水平较低意味着消费能力较低，而低消费又将引致投资的不足，造成资本形成不足，资本形成的不足反过来又将导致生产规模难以扩展、生产效率难以提升，进而导致收入水平难以提升。因此，在需求方面的贫困恶性循环可表示为“低收入→低消费→低投资→资本形成不足→低生产率→低产出→低收入”。在供给层面，发展中国家人均收入水平较低，决定了社会个体的绝大部分收入将主要用于生活消费，能够用于储蓄的资金十分有限，储蓄的不足必然导致资本形成不足，进而抑制生产规模的扩大、生产效率的提升，在低产出的水平下，低收入自然就难以避免。因此，在供给方面的贫困恶性循环可表示为“低收入→低储蓄→资本形成不足→低生产率→低产出→低收入”。

由此可见，如何促进资本的形成，是打破贫困恶性循环的关键所在。既有的诸多理论与实践均表明，金融是促进资本形成的重要途径。就目前我国欠发达地区的现实经济背景而言，资本的匮乏是导致欠发达地区深陷于贫困陷阱的重要因素之一。尽管政府的财政投入也是欠发达地区资本形成的有效途径，但相比而言，财政投入主要用于改善欠发达地区的基础设施建设、农业生产条件以及收入再分配领域，在欠发达地区发展生产过程中的资金需求依然主要通过金融渠道来获取。此外，由于欠发达地区的地方政府财政实力十分有限，近年来在欠发达地区的基础设施建设、社会保障体系等公共服务领域，金融机构发挥着越来越重要的作用。

金融作为现代经济的核心要素，是“精准扶贫、精准脱贫”战略有效实施的重要保障。就目前而言，“五个一批”（发展生产脱贫一批、易地搬迁脱贫一批、生态补偿脱贫一批、发展教育脱贫一批、社会保障兜底一批）是确保欠发达地区剩余困难人群顺利实现脱贫目标的有效途径，而“五个一批”的实施离不开有效的金融支撑。因此，欠发达地区金融扶贫政策的有效实施事关“精准扶贫、精准脱贫”的战略全局，是决胜脱贫攻坚目标、全面实现小康社会的重要基础。

### （二）农村金融扶贫的可行性分析

自 1986 年以来，我国金融扶贫政策的实施已有 30 余载，在党中央的高度重视下，欠发达地区经济发展的资本束缚得到了一定的缓解。尤其是十八大以来，在“精准扶贫、精准脱贫”战略的实施过程中，政府引导金融机构向欠发达地区注入了大量金融资源，这为欠发达地区农村金融减贫政策的实施创造了扎实的基础。

#### 1. 在金融机构网点设立方面

为了有效改变长期以来欠发达地区农村居民难以获取金融服务的困境，近年来，各大银行不断加强欠发达地区农村金融机构网点的设立。一方面，积极巩固传统的助农取款服务乡村覆盖面；另一方面，依托“互联网＋”，探索利用手机移动支付、互联网支付等新兴电子支付方式，进一步开发欠发达地区支付服务市场。统计数据显示，截至 2015 年末，我国在欠发达地区设立的县级银行业金融机构已达到 5 185 个，服务网点 4.4 万个，共布放 ATM 机、POS 机具等自助设备 120.3 万台。欠发达地区金融机构网点覆盖率的大幅增加不仅提升了欠发达地区农村居民获取金融服务的便捷性，而且有效降低了他们使用金融服务的成本。

#### 2. 在金融知识传播方面

由于欠发达地区地理位置相对闭塞、偏远，加之欠发达地区农村居民自身受教育程度较低，因此欠发达地区农村居民金融素养的总体水平偏低，这不利于金融扶贫政策的有效推广。为此，中国人民银行高度重视欠发达地区农村居民金融知识的教育与传播。具体而言，为加大金融知识宣传培训力度，中国人民银行深入开展“金融消费者权益日”“金融知识普及月”“金融惠民工程”等活动，提高欠发达地区金融消费者的金融素养和风险识别能力，维护金融消费者的合法权益。通过金融知识的传播，使得欠发达地区农村居民能够真正意识到金融服务在帮助他们脱贫增收、抵抗风险方面的重要性，也进一步明晰了金融资源使用的责任与义务，这有助于培育欠发达地区农村居民的金融服务使用意识。

**3. 在金融扶贫政策实施方面**

（1）宏观货币政策。

近年来，为进一步激励金融机构向欠发达地区增加有效信贷投入，中国人民银行综合运用宏观审慎政策工具，多次实施“定向降准”政策。具体而言，2016年，在政策性金融机构方面，中国农业发展银行的法定存款准备金率比国有商业银行低8.5个百分点；在商业性金融机构方面，县域农村商业银行、农村合作银行、农村信用社以及村镇银行的法定存款准备金率比国有商业银行分别低5个、8个、8个、8个百分点，涉农贷款投放较多的中国农业银行“三农金融事业部”的法定存款准备金率比中国农业银行低2个百分点。另外，2016年3月，中国人民银行积极开展扶贫再贷款业务，业务实施范围集中在全国832个国家级贫困县以及省级扶贫开发重点县，明确扶贫再贷款发放标准，实行比支农再贷款更为优惠的利率，要求金融机构将扶贫再贷款优先和主要支持带动困难户就业发展的企业和建档立卡困难户。

（2）金融服务创新。

缺乏有效的抵押物是困难人群难以获得金融服务的主要根源之一，为解决这一困境，活化农村资产，2016年，中国人民银行以及相关管理部门联合印发了《农村承包土地的经营权抵押贷款试点暂行办法》和《农民住房财产权抵押贷款试点暂行办法》，文件中明确了抵押贷款条件、贷款管理、风险补偿、配套措施等政策，并逐步展开试点。在试点过程中，有效盘活67个欠发达地区试点县的农村资产，拓宽了贷款抵押担保物范围和融资渠道。除此之外，中国人民银行还创新开展农机具抵押、林权抵押、应收账款质押等信贷业务，适度延长贷款期限，简化贷款审批流程，并创新开展扶贫小额信贷业务，引导金融机构为符合条件的建档立卡困难户提供5万元以下、期限3年以内的信用贷款，支持困难户发展产业增收项目。

通过以上分析可以发现，近年来，在中央政府的高度重视下，欠发达地区的金融服务体系已然发生了巨大的变革。从宏观政策配套、区域金融网点铺设、微观农户金融教育等多个维度，全方位地改善了欠发达地区农村金融服务的供给，不仅能够有效地为欠发达地区经济发展、基础设施完善提供充足的资金支持，而且也打破了困难人群长期以来面临的资本束缚，进而为金融扶贫功能的发挥创造了现实基础。

## 四、中国特色金融扶贫的作用机理分析

理论研究与实践经验都表明，资本匮乏是制约欠发达地区困难人群摆脱贫

困的重要因素。在我国特有的二元经济结构的背景下，欠发达地区农村金融对减缓农村贫困、实现困难人群增收具有重要的战略意义。从理论上来看，农村金融对贫困减缓的影响机制包含了间接机制与直接机制。因此，本文接下来将从这两个维度探讨欠发达地区农村金融的减贫机制。

### （一）间接减贫机制

#### 1. 经济增长

总体而言，农村金融发展作用于贫困减缓的间接机制主要通过经济增长的渠道来实现，其前提基础是金融发展可以促进经济增长。早期的金融发展理论一致认为金融发展能够有效促进经济增长（Goldsmith，1969；McKinnon，1973；Shaw，1973）。随后发展的内生增长理论系统地论述了金融发展将从储蓄效应、投资效应以及资源配置效应等方面促进经济增长（Jappelli et al.，1999）。

（1）金融发展与经济增长。

为了便于分析农村金融对农村经济增长的作用，本文将以 Jappelli 等（1999）提出的内生增长模型（AK 模型）为基础，从理论上分析农村金融作用于农村经济增长的内在机制。

基于内生增长模型，本研究的基本前提假设为：农村经济为封闭的经济系统，农村的人口规模在一定时期内保持不变，整个农村经济社会仅生产某一种可用于投资或消费的产品，同时农村经济体的总产出为总资本存量的线性函数。农村经济体的总产出可表示为

$$O_t = AK_t \tag{2-1}$$

式中，$O_t$ 为 $t$ 时期农村经济体的总产出，$K_t$ 为 $t$ 时期农村经济体的总资本存量，$A$ 为资本的边际生产率。

假设 $d$ 为折旧率，则 $t$ 时期农村经济体的总投资 $I_t$ 可表示为

$$I_t = K_{t+1} - (1-d)K_t \tag{2-2}$$

在没有政府参与且只有储蓄和投资的封闭系统中，当市场达到均衡时，总储蓄 $S_t$ 必然等于总投资 $I_t$。但在现实经济体中，金融中介所吸收的储蓄往往难以完全转化为投资，假设这个转化过程存在损耗比率 $1-b$，即转化比率为 $b$，则有

$$I_t = bS_t \tag{2-3}$$

同时，为反映农村经济产出的增长，假设 $t+1$ 时期的经济增长率为 $e_{t+1}$，其计算方式为

$$e_{t+1} = \frac{O_{t+1}}{O_t} = \frac{K_{t+1}}{K_t} \tag{2-4}$$

综合以上各式可得，在农村经济体处于均衡状态时，经济增长率为

$$e_{t+1}=\frac{AbS_{t+1}}{O_t}-d \quad (2\text{-}5)$$

令储蓄率 $r_t=S_t/O_t$，则有

$$e_{t+1}=Abr_t-d \quad (2\text{-}6)$$

由式（2-6）可知，农村经济增长率主要取决于资本的边际生产率 $A$、储蓄转化为投资的比率 $b$ 及储蓄率 $r_t$，这表明农村金融主要通过资源配置效应、投资效应及储蓄效应共同作用于农村经济增长。

（2）经济增长与贫困减缓。

大量的理论与实证研究均表明经济增长效应能够解释绝大部分农村贫困减缓的原因（Datt et al.，1992；Kakwani，2000）。Fields（2001）以 20 年的跨国面板数据为样本，通过研究发现那些人均国内生产总值较高的国家的贫困发生率明显较低。具体而言，经济增长主要通过以下几个途径减缓贫困：

①经济产业发展。首先，经济增长促进了地区总产出的增加，从而为贫困减缓提供了物质基础。社会整体物质水平的提升会通过“涓滴效应”使经济增长的福利自发地流向困难人群，这将带来困难人群收入的增长以及生活福利水平的提升，进而有效地减缓贫困。其次，既有的理论与实践研究均表明，经济增长的过程必然伴随产业的发展，而产业的发展是减缓贫困的重要途径。在经济增长的早期，非农产业快速发展，在农业部门与非农业部门之间存在较大收入差距，因此在利益驱动下，农业部门的大量富余劳动力不断地向非农业部门转移，非农部门为农业富余劳动力提供了大量就业岗位，极大地拓宽了农村居民的收入来源（Lewis，1954）。事实上，我国作为一个“人多地少”的典型二元结构经济体，农村富余劳动力由农业向非农产业转移是我国农村贫困大规模减缓的重要基础（王志章等，2015；韩佳丽等，2017）。随着经济的进一步发展，农业生产规模的不断扩大以及农业科学技术的采用将有利于农业生产效率的提升。近年来，随着农村土地流转政策的实施以及新型农业经营主体的培育，农业的发展逐步由小农式自给自足的耕作转变为现代化农业生产，这必然有利于农村困难人群的脱贫增收。由此可见，经济产业的发展是减缓农村贫困的重要渠道。只有依赖于强大的经济产业基础，农村贫困的减缓才真正具备可持续性，这也是农村金融减贫功能得以发挥的基础性条件。

②农村基础设施的完善。首先，农村经济发展必然在一定程度上促进农村基础设施的发展，而在农村基础设施的建设过程中能够为农村困难人群提供一定数量的就业岗位，从而通过工资性收入的提升减缓其物质层面的贫困。其次，农村基础设施主要包含生产性基础设施以及非生产性基础设施，这两类农村基础设施的完善均对农村贫困的减缓起到了积极的作用。生产性基础设施主要包含了农田水利设施，以及农村道路交通、电力、通信设施等。生产性基础

设施的完善对农村地区农业生产及产品要素流动具有十分重要的影响。其中，农田水利设施的完善有利于困难人群的农业生产，降低自然灾害所导致的农业生产脆弱性；农村道路交通及电力、通信设施的完善不仅有助于农村地区所生产的农产品与市场实现对接，从而降低流通成本，提高地区之间的交易效率，而且加快了农村地区劳动力、生产技术、资本等要素的流动，促进农村地区生产要素的集聚，从而有助于改善困难人群的生产环境、提高困难人群的生产性收入。非生产性基础设施则主要包含了医疗、教育机构以及文化活动中心等。与生产性基础设施相比，非生产性基础设施对农村困难人群的影响主要集中体现在非物质层面，如农村困难人群的人力资本培育、精神文化需求等。从我国农村贫困的现实情况来看，困难人群受教育程度低、思想观念落后以及部分人因病致贫是导致他们长期无法摆脱贫困的内在根源。因此，通过农村非生产性基础设施的完善能够在一定程度上改善农村困难人群的“能力贫困”状况，并有利于降低其贫困脆弱性。

③政府财政投入的增加。从理论上看，经济的增长将有效促进财政收入的增加，政府将有更多的财政资源配置到社会发展领域。政府的财政投入主要包含政府的转移支付及购买性支出。其中，政府转移支付的增加将有效提升农村困难人群在社会保障方面的福利津贴，如医疗保障、教育补贴、贫困救助（低保户及五保户的补贴）等，不仅能够使困难人群提升其生活福利水平，而且有利于改善农村地区的收入分配格局；政府购买性支出的增加则有助于农村地区公共性基础设施的建设，主要包含生产性基础设施建设（如农田水利，农村道路、电力、通信设施等）和非生产性基础设施建设（如教育、医疗、文化设施等），这些公共设施的正外部性不仅能够提升困难人群的收入水平，也有利于改善其生活环境，从而有利于贫困的减缓。

**2. 收入分配**

从上文的分析可以发现，在农村金融作用于贫困减缓的间接传导机制中，经济增长是重要的传导路径。然而，经济增长并不能解决所有问题。经济增长减贫的有效性也取决于农村地区的不平等程度（Kanbur et al.，1999；Fields，2002）以及困难人群参与到经济增长过程中的物质财富基础等。因此，农村金融减贫的间接传导机制的作用不仅依赖于经济增长，更取决于合理的收入分配格局。

金融发展与收入分配之间的关系一直是国内外学者研究的焦点。20 世纪 90 年代，Greenwood 等（1990）的研究发现，金融发展与收入分配之间呈现出库兹涅茨（Kuznets）所说的倒“U”形曲线关系，即：在金融发展的早期，收入分配不平等的状况会不断恶化，而随着金融的进一步发展，收入差距将逐步降低。基于这一研究结论，大量学者对该理论模型进行了拓展与检验，但所得到的研究结论不尽相同（Townsend et al.，2006；Roe et al.，2011；Prete，2013；Jauch et al.，2016）。从我国的现实情况来看，现有研究主要从城乡收入差距的视角探讨金融发展与收入分配之间的关系。部分研究学者基于宏观层面的数据，通过实证分析发现我国金融发展显著地扩大了城乡收入差距。例如，孙永强（2012）运用向量误差修正模型分析发现，整体金融发展水平的提升将拉大城乡收入差距，但这一影响具有滞后性；刘玉光等（2013）基于省级面板数据的实证分析发现，中国金融发展显著地扩大了城乡之间的收入差距。此外，也有部分研究得出了不同的观点。例如，杨楠等（2014）使用面板非参数时变系数模型考察了两者之间的关系，但其结论表明中国金融发展与城乡收入差距之间呈现倒“U”形曲线关系；王修华等（2014）进一步考察了农村金融包容水平的收入分配效应，结果表明农村金融包容水平的提升有助于缩小城乡收入差距。近年来，随着农村内部收入不平等问题的凸显，少数学者探讨了农村金融对于农村内部收入差距的影响。张兵等（2013）运用面板门槛回归模型实证分析发现，农村金融发展对农户内部收入差距的影响存在显著的门槛效应，即两者之间表现为非线性关系；孙玉奎等（2014）的实证分析表明，农村正规金融发展与农村收入分配呈现正相关关系，而农村非正规金融的作用则不显著；张兵等（2015）基于微观农户数据的研究显示，农村非正规金融能够有效缓解农户内部收入差距，从而有助于缓解农村贫困；徐志刚等（2017）基于农业部固定观察点数据分析发现，我国农村内部收入差距在不断扩大，资本市场的改革显著地扩大了农户内部财产性收入差距。可见，关于金融发展与收入分配之间的关系尚未得到一致论断，但不可否认的是，金融发展是影响收入分配格局的重要因素之一。

而关于收入分配与贫困减缓之间的关系，Kuznets（1955）的研究表明，在经济增长的早期，由于收入差距不断扩大，富裕阶层往往能够获取更多的金融资源，从而得到早期工业化进程中的经济利益，而贫困阶层则容易被排斥在外，难以享受经济发展的成果。Fields 等（2001）的研究也表明，经济增长减缓农村贫困的作用不仅取决于经济增长的速度，还受到收入不平等程度的影响。Lustig 等（2002）进一步指出，经济增长减缓农村贫困的有效性在很大程度上取决于初始的收入分配格局。总体而言，在农村金融减缓农村贫困的过程中，收入分配主要通过以下两个方面影响金融减贫效应：一方面，金融资源天生具有“嫌贫爱富”的本性，在收入差距过大的经济条件下，金融资源往往更加青睐于收入水平较高的高收入群体，以获取更高的资金增值及降低金融风险，这将导致困难人群难以获取有效的金融资源，无法突破长期以来面临的资本束缚，仅能停留于较为初级的生产过程当中；另一方面，收入差距过大意味着富裕阶层垄断了更多的经济社会资源，贫困阶层难以拥有平等的机会参与到经济增长的过程中，即贫困阶层将逐步成为经济增长中的边缘化群体，难以逃离贫困陷阱。因此，合理的收入分配格局是农村金融减贫功能得以发挥的重要条件。

**3. 数理模型构建**

为了便于分析经济增长、收入分配对农村贫困的作用机理，本研究将借鉴Kakwani 等（1990）提出的贫困变动分解框架，构建数理分析模型。

首先，基于狭义的贫困定义，将农村贫困定义为贫困线、平均收入水平以及收入分配的连续函数，即 $t$ 时期的农村贫困水平可表示为

$$P_t = f(s_t,\ y_t,\ g_t) \tag{2-7}$$

式中，$P_t$ 为 $t$ 时期的农村贫困状态，$s_t$ 为 $t$ 时期的农村贫困线，$y_t$ 为 $t$ 时期的农村居民平均收入水平，$g_t$ 为以洛伦兹曲线表示的 $t$ 时期农村收入分配状况。

由于在一定时期内，农村贫困线 $s_t$ 是相对稳定的，即 $s_t$ 不随时间 $t$ 的变化而变化，因而可将式（2-7）简化为

$$P_t = f(y_t,\ g_t) \tag{2-8}$$

因此，贫困状态的变化取决于收入水平及收入分配的变动。当收入分配保持不变，仅由收入水平的变化所导致的贫困状态的变化称为收入效应；当收入水平保持不变，仅由收入分配发生变化所导致的贫困状态的变化称为分配效应。在此基础上，农村贫困的变化状态便可表示为

$$P_{t+n} - P_t = P_{t+n,\ t+n} - P_{t,\ t} \tag{2-9}$$

式中，$P_{t+n}$、$P_t$ 分别为 $t+n$ 时期和 $t$ 时期的农村贫困状态，$P_{t+n,t+n}$ 为 $t+n$ 时期的农村居民平均收入水平及收入分配状态下的农村贫困状态，$P_{t,t}$ 则为 $t$ 时期的农村居民平均收入水平及收入分配状态下的农村贫困状态。遵循 Kakwani 等（1990）的做法，为了能够进一步描述农村居民平均收入水平或收入分配的单一变化对农村贫困变化程度的影响，本文定义了两种中间贫困状态，即：

$$P_{t+n,\ t} = f(y_{t+n},\ g_t) \tag{2-10}$$

$$P_{t,\ t+n} = f(y_t,\ g_{t+n}) \tag{2-11}$$

式中，$P_{t+n,t}$ 为农村居民平均收入水平由 $y_t$ 变化为 $y_{t+n}$，且收入分配 $g_t$ 保持不变时的农村贫困状态；$P_{t,t+n}$ 则为收入水平 $y_t$ 保持不变，且收入分配由 $g_t$ 变化为 $g_{t+n}$ 时的农村贫困状态。基于这两种中间贫困状态，农村贫困状态的变化可进一步分解为如下两种形式：

$$P_{t+n} - P_t = (P_{t+n,\ t} - P_t) + (P_{t+n} - P_{t+n,\ t}) \tag{2-12}$$

$$P_{t+n} - P_t = (P_{t+n} - P_{t,\ t+n}) + (P_{t,\ t+n} - P_t) \tag{2-13}$$

在以上分解方程中，（$P_{t+n,t} - P_t$）与（$P_{t+n} - P_{t,t+n}$）为收入分配保持不变

时，平均收入水平变化对农村贫困状态的影响；（$P_{t+n}-P_{t+n,t}$）与（$P_{t,t+n}-P_t$）则为平均收入水平保持不变时，收入分配变化对农村贫困状态的影响。进一步地，Datt 等（1992）通过引入残差项 $U$ 提出了另外一种贫困分解思路：

$$P_{t+n}-P_t=(P_{t+n,\ t}-P_t)+(P_{t,\ t+n}-P_t)+U \tag{2-14}$$

式（2-14）虽然解决了基准期的选择问题，但同时也引入了与变化不相关的残差项 $U$，这导致以上贫困分解方程无法解释贫困的所有变动，即方程中包含了剩余项。针对以上不足之处，林伯强（2003）构建了一个新的贫困分解方程：

$$P_{t+n}-P_t=\frac{1}{2}[(P_{t+n,\ t}-P_t)+(P_{t+n}-P_{t,\ t+n})]+\frac{1}{2}[(P_{t+n}-P_{t+n,\ t})+(P_{t,\ t+n}-P_t)] \tag{2-15}$$

该分解方程的优势在于，贫困的分解是完全的，不受分解方法与顺序的影响，也不包括变化中未被解释的剩余项。

令

$$P=P_{t+n}-P_t \tag{2-16}$$

$$Y=\frac{1}{2}[(P_{t+n,\ t}-P_t)+(P_{t+n}-P_{t,\ t+n})] \tag{2-17}$$

$$G=\frac{1}{2}[(P_{t+n}-P_{t+n,\ t})+(P_{t,\ t+n}-P_t)] \tag{2-18}$$

可得

$$P=Y+G \tag{2-19}$$

式中，$P$ 为农村贫困状态，$Y$ 为农村居民平均收入水平，$G$ 为以洛伦兹曲线表示的农村收入分配状况。

为了反映收入增长是否能够有效缓解贫困，本文借鉴 Dallar 等（2001）的做法，即通过计算处于最为贫困状态的 1/5 人口的平均收入增长率 $\theta$ 来验证。因此，本文假设 $t$ 时期至 $t+n$ 时期存在正的收入增长率 $\theta$，贫困变化率 $\delta$ 可定义为

$$\delta=\frac{P}{\theta} \tag{2-20}$$

式（2-20）表示 1％平均收入的增长率所带来的贫困变化率。类似地，我们可以定义如下方程：

$$\delta_{\mathrm{Y}}=\frac{Y}{\theta} \tag{2-21}$$

$$\delta_{\mathrm{G}}=\frac{G}{\theta} \tag{2-22}$$

$$\delta = \delta_Y + \delta_G \quad (2\text{-}23)$$

式中，$\delta_Y$ 为平均收入增长1%的过程中，收入变动对农村贫困状态的影响；$\delta_G$ 为平均收入增长1%的过程中，收入分配变动对农村贫困状态的影响。因此，平均收入增长1%所引起的农村贫困状态的变动可表示为 $\delta_Y$ 与 $\delta_G$ 之和。其中，$\delta_Y$ 的值往往是负的，因为在收入分配状况不变的情况下，收入增长总是有利于贫困减缓的。而 $\delta_G$ 的取值则存在不确定性。具体而言，当 $\delta_G>0$ 时，收入增长所引起的收入分配格局更有利于富裕群体，这不利于农村贫困的减缓；当 $\delta_G=0$ 时，收入增长并未改变既有的收入分配格局，能够有利于每个社会群体，从而减少贫困；当 $\delta_G<0$ 时，收入增长所引起的收入分配格局更有利于困难人群，这显然有利于贫困的减缓。为了更直观地反映这一过程，借鉴 Kakwani 等（2000）的做法，本文进一步定义贫困农户受益指数 $w$：

$$\omega = \frac{\delta}{\delta_Y} = 1 + \frac{\delta_G}{\delta_Y} \quad (2\text{-}24)$$

由式（2-24）可知，当 $\delta_G<0$ 时，因为 $\delta_Y$ 往往为负值，所以 $w>1$，增长不仅提高了收入，而且改善了收入分配状况，是有利于贫困减缓的。当 $\delta_G=0$ 时，$w=1$，增长提高了所有人的收入，且未对收入分配产生影响，能在一定程度上减缓贫困。当 $\delta_G>0$ 时，若 $|\delta_Y|>|\delta_G|$，则 $0<w<1$，增长依然是有利于贫困减缓的；若 $|\delta_Y|<|\delta_G|$，则 $w<0$，增长将导致贫困状态的恶化。

### （二）直接减贫机制

农村金融发展的直接减贫机制主要是通过为困难人群提供有效的金融服务。从我国当前的农村金融服务来看，主要分为农村正规金融与农村非正规金融，两者之间既存在着一定的共性，又存在各自的个性。因此，本文将分别从农村正规金融服务与非正规金融服务两个维度探析农村金融发展的直接减贫机制。

#### 1. 农村正规金融的减贫机制

（1）信贷服务。

为困难人群提供有效的信贷服务是实现减贫的重要方式。信贷服务在减贫方面具有以下效应：

①增收效应。贫困农户可以通过获得金融支持改变自身初始禀赋约束，进行农业投资（例如原材料、设备、厂房等），扩大生产规模，这有助于困难人群从事利润回报率更高的行业，从而增加收入（Feder et al.，1990；何广文等，2005；温涛等，2005；Banerjee et al.，2017）。同时，由于农业生产具有周期性，且极易受自然风险与市场风险的影响，农户的农业生产收入并不稳定，农户在歉收的年份需要通过金融渠道来平滑消费、填补福利性支出缺口以

及缓解经济困境（Duong et al.，2002；史清华，2009），尤其是当贫困农户面临疾病、婚嫁等外部冲击时，信贷服务能够有效地帮助他抵抗外部风险、降低贫困脆弱性。此外，金融借贷也在一定程度上促进了农村社区的发展，形成对困难人群的有效带动（Binswanger et al.，1995；熊德平，2009；Qian et al.，2016）。

②赋能效应。正如阿马蒂亚·森所指出的，低水平收入只是贫困的表象，贫困的根源在于“基本可行能力”的剥夺。因此，如何解决“能力贫困”是保障困难人群可持续发展的关键。而农户借贷是改善贫困农户“能力贫困”的有效途径。具体而言，一方面，当农户遭受大病冲击或子女大额教育支出时，信贷服务能够帮助贫困农户有效地抵抗外部风险，降低贫困脆弱性，同时信贷资源的供给可以帮助贫困农户在教育、培训、科技等方面进行人力资本投资，提高其自身发展能力，促进未来的长期收入增长；另一方面，当贫困农户在运用信贷资源发展生产脱贫时，也能够在一定程度上认识到人力资本培育在脱贫增收过程中的重要性，从而使其逐步改变以往的“贫困思维”，加强对自身及子女的健康教育投入。总而言之，贫困农户能够通过借贷的形式培育自身的“基本可行能力”，从而改善“能力贫困”状态。因此，包括小额信贷在内的金融服务对许多农户的产出具有决定性影响，并能显著地降低贫困农户的贫困脆弱性，改善贫困农户的福利状态（汤敏等，1996；Khandker et al.，1998；Awojobi et al.，2011）。

③赋权效应。在城乡二元经济结构的背景下，农村地区社会福利保障制度供给不足是制约农村居民发展的主要因素之一。尤其是欠发达地区的地理位置更加偏远、经济发展更加滞后，大量困难人群在经济、政治、社会、文化权利等方面缺乏保障，从而形成了“权利贫困”状态，这使其难以公平共享经济社会的发展成果，缺乏应有的社会福利保障。而农户能够通过借贷满足他在社会保障、政治权利等方面的基本需求，从而倒逼社会改革，发挥赋权效应（王曙光，2018）。正如前文所言，借贷资金的供给能够有助于提高农户在教育、医疗、养老等领域的投入，刺激社会保障领域的需求，进而从需求方面倒逼社会体制改革，使欠发达地区拥有更为完善的社会保障体系，提高困难人群的社会权利享有程度。同时，困难人群通过信贷资金投入参与到更加广泛的经济生产过程时，能够促进其社会阶层流动，打破长期处于社会边缘的排斥状态。随着社会参与程度的不断加强，其自身的政治权利意识也将逐步形成，从而主动地参与到村庄事务当中，而非自觉地远离村庄公共事务。因此，赋权效应是农户借贷改善“权利贫困”的有效作用路径。

（2）储蓄服务。

长期以来，储蓄服务的缺位是导致欠发达地区深陷于贫困恶性循环的主要根源之一（Alamgir，1974）。储蓄服务作为农村正规金融机构提供的基本金融服务之一，对农村贫困的减缓有着非常重要的影响（Moav et al.，2012）。首先，储蓄服务为困难人群提供了便捷的资金储存渠道，改变了以往的现金储存方式，一方面，有利于保障困难人群的财产安全，同时也能使其获得一定水平的利息收入，降低了闲置资金的机会成本，实现了金融资源的增值；另一方面，困难人群的储蓄行为也能够在一定程度上改变其随意消费的行为，使其逐步形成理性消费的观念，能够有计划、有目的地进行投资储蓄、教育储蓄、养老储蓄等，这有助于困难人群实现再生产投入、人力资本投入的资本积累，从而改善其生活福利状态、减缓贫困（Martin et al.，2015）。其次，储蓄服务具有较强的抵抗风险功能，当困难人群面临教育、婚嫁以及灾害等冲击时，储蓄服务所形成的资金积累能够在一定程度上有效抵消突如其来的外部冲击，避免外部冲击所带来的困难人群生活福利的急剧下降，从而降低困难人群的脆弱性（Ginn，2003）。此外，储蓄服务是农村正规金融机构吸收社会闲散资金的重要渠道，通过动员储蓄能够扩大农村金融机构的信贷资源供给，从而更好地满足困难人群的借贷需求（Bakhtiari，2006）。

（3）保险服务。

相比信贷及储蓄服务而言，保险服务更多地体现为保障功能，这有利于降低困难人群的贫困脆弱性。具体而言，保险服务主要通过提供以下几类金融产品实现其保障功能：

①农业生产保险。众所周知，农业生产面临着自然灾害与市场波动的双重风险，农业生产的高风险性直接导致困难人群的脆弱性，因此，在目前的农业生产保险体系中，既包含了应对自然风险的一般农业保险及特色农业保险，也包含了应对市场波动的农产品目标价格保险。农业生产保险服务的供给为农业生产建立了有效的风险屏障，能够大幅度地降低困难人群进行农业生产的不确定性。

②人身保险。对于困难人群而言，最主要的保险主要包括基本医疗保险及大病保险。疾病是困难人群长期陷于贫困的重要原因之一，而大病保险能够在一定程度上补贴治病所需的高昂医疗费用，这极大地缓解了困难人群所面临的资金压力，有助于其生活福利状态的改善（梁晓敏等，2015；沈冰清等，2018）。

因此，通过农业保险、基本医疗保险、大病保险等服务，能够减少困难人群在生产生活中因意外事件所带来的损失，这有利于降低农户的贫困脆弱性（陈传波，2005；张川川等，2014）。

**2. 农村非正规金融的减贫机制**

根据“金融发展与企业家精神”理论，金融会影响困难人群的经济机会。

然而，由于发展中国家农村正规金融市场的不完善，信贷配给现象较为严重，尤其是对低收入农户而言（马九杰等，2012；张兵等，2012），这使得拥有生产意愿的困难人群无法获得有效的资金支持。当农村正规金融无法有效满足困难人群的借贷需求时，农村非正规金融应运而生，在一定程度上满足了困难人群的资金需求。相比农村正规金融而言，农村非正规金融更多是基于地缘、血缘以及农村社会网络关系等，主要通过亲友借贷与民间小额贷款的形式提供信贷服务，这有效解决了困难人群无抵押、无担保以及信息不对称等问题，为资源禀赋较低的贫困农户提供了信贷资源，使他们具备一定的发展能力，从而影响困难人群的生产可能性边界（苏静，2013），使困难人群的生产经营以及生活福利得到改善，这有助于贫困的减缓。

可见，农村非正规金融服务降低了困难人群获得金融服务的门槛，提升了金融服务的可获取性。但农村非正规金融对贫困农户家庭福利状态的影响主要取决于利率水平及其借贷用途。当贫困农户将非正规金融信贷资源用于扩大再生产时，非正规金融信贷资源的使用成本一般高于农村正规金融，这就要求贫困农户从事生产投资的回报率处于相对较高的水平，以获得较高的经济收益，改善收入贫困状态；当贫困农户主要将非正规金融借贷资源用于平滑消费（如医疗、教育、住房改善等方面）时，这有利于改善贫困农户的“能力贫困”问题，尤其是当农村非正规金融借贷源于供给者的道义小农属性时，这种友情借贷有效地减轻了贫困农户的经济压力，而当农村非正规金融信贷源于供给者的理性小农属性时，这种借贷对贫困农户福利状态的影响就取决于其利率水平的高低。

值得注意的是，农村金融直接减贫机制的发挥有赖于农村金融服务的可获取性，即困难人群能否获取有效的金融资源。若困难人群被排斥在金融服务之外，那么金融减贫便无从谈起。除此之外，农村金融直接减贫机制也取决于困难人群自身的发展能力以及产业发展基础等外部条件，即农村金融直接减贫机制的核心在于困难人群的金融资源配置能力。

**3. 数理模型构建**

理论研究与实践经验均表明，资本的匮乏是制约欠发达地区困难人群摆脱贫困的一个重要因素。在我国特有的二元经济结构的背景下，农村金融资源的注入对减缓农村贫困、实现困难人群脱贫增收具有重要的战略意义。为了便于分析当前欠发达地区农村金融资源投入对农户贫困状态的作用机理，本文以 Greenwood 等（1990）的产出增长模型以及 Odedokun（1992）的经济效率模型为基础，构建了理论分析框架。

首先，在 Odedokun（1992）认为经济增长主要取决于资本量的增加以及经济效率的提高，即

$$\frac{\Delta O}{O}=E\left(\frac{\Delta K}{O}\right) \tag{2-25}$$

式中，$O$ 表示总产出，$\Delta O$ 则为增加的产出，$E$ 为经济效率，$\Delta K$ 为增加的资本要素投入。根据这一模型，金融资源对产出的影响必须通过资源的利用效率（$E$）以及可投资资源的变化（$\Delta K/O$）来实现。

在这一理论分析框架的基础之上，本研究着眼于微观视角，假设欠发达地区农户的家庭福利函数为

$$O=y=f(K,\ L) \tag{2-26}$$

式中，$y$ 为农户的家庭福利水平（主要是收入，此外还包括物质、能力、权利等维度的福利）①，$K$ 和 $L$ 分别表示农户的资本投入及劳动力投入。为了便于分析，本文借鉴 Parente（1995）的做法，对劳动力的投入量施加一个容量限制 $\bar{L}$，即短期内农户家庭劳动力的数量处于稳定状态。从而可以得出：

$$y=K_{\min}(L,\ \bar{L})^{\theta},\ \theta>0 \tag{2-27}$$

式中，$\theta$ 代表劳动力投入在每单位资本条件下的产出弹性。

由于农户当期的资本要素积累（$K_t$）取决于前一期的资本存量（$K_{t-1}$）以及当期的资本投入转化量，同时，考虑到当前欠发达地区农户的资本要素主要来源于政府主导的农村正规信贷资源注入及农户通过农村非正规金融渠道获取的信贷资源，因此，农户的资本可表示为

$$K_t=(1-d)K_{t-1}+E(F_t,\ IF_t) \tag{2-28}$$

式中，$d$ 表示折旧率，$F_t$ 表示当期农村正规信贷资源的注入规模，$IF_t$ 表示当期农村非正规信贷资源，$E$ 则表示资金要素的利用效率。

在式（2-27）中，令$\hat{L}=(\bar{L})^{\theta}$，表示农户的最大有效劳动力。因此，当$y_t=\hat{L}\mathrm{K_t}$ 时，农户就面临着恒定的收益规模，即农户家庭福利水平的增长率就等于其资本要素存量的增长率。结合式（2-28），可表示为

$$y_t=\hat{L}(1-d)K_{t-1}+\hat{L}\mathrm{E}(\mathrm{F_t},\ \mathrm{IF_t}) \tag{2-29}$$

$E$ 的一阶泰勒（Taylor）展开式为

$$E(F_t,\ IF_t)\approx E(0,\ 0)+E'_{F_t}(0,\ 0)F_t+E'_{IF_t}(0,\ 0)IF_t \tag{2-30}$$

将式（2-30）代入式（2-29），可得

$$y_t=\hat{L}(1-d)K_{t-1}+\hat{L}\left[E(0,\ 0)+E'_{F_t}(0,\ 0)F_t+E'_{IF_t}(0,\ 0)IF_t\right] \tag{2-31}$$

① 通过前文的分析可以发现，农户的资本投入及劳动力投入主要用于改善农户家庭的福利状态，即改善自身的物质状态、能力状态以及权利状态等，而非仅仅作用于收入增长。因此，本研究将式（2-26）中的产出 $O$ 定义为农户的综合福利水平 $y$。

从式（2-31）可知，农户的家庭福利增长水平不仅依赖于农村正规信贷及非正规信贷资源的注入，同时也取决于农村正规信贷资源的利用效率 $E'_{F_t}$（0，0）及非正规信贷资源的利用效率 $E'_{IF_t}$（0，0）。从理论上看，在当前我国欠发达地区政府主导的农村金融资源注入下，若农户的金融资源配置是有效的，那么变量的系数将显著为正，从而有利于其家庭福利水平的增长。

进一步地，由于本文所考察的对象为农户的贫困状态，根据本研究的贫困定义标准，农户的贫困状态取决于其家庭福利水平与贫困门槛之间的关系，因此，本文将农户的贫困状态定义为家庭福利水平的函数：

$$pov = f(y_t) = \begin{cases} 1, & y_t < s_t \\ 0, & y_t \geqslant s_t \end{cases} \tag{2-32}$$

式中，$pov$ 为农户的贫困状态，$y_t$ 为农户的家庭福利水平，$s_t$ 为农村贫困线。可见，当农户的家庭福利水平低于贫困线时，则处于贫困状态；反之亦然。综合式（2-31）和式（2-32）可知，若欠发达地区农户能够有效配置金融资源，并使其家庭福利水平的增长达到贫困线以上，则农村金融资源注入能够有效减缓贫困；若欠发达地区农户无法有效运用金融资源实现家庭福利改善，其家庭福利水平难以跨越贫困线时，农村金融资源注入将会加剧农村贫困的发生。

### （三）农村金融减贫传导机制的制约因素分析

#### 1. 贫困农户难以获得金融服务

逆向选择问题是商业金融机构放贷时所面临的主要问题。尤其是农村地区的地理位置相对偏远、居民分布极为分散，这进一步加大了金融机构与农户之间的信息不对称问题。因此，为了有效避免逆向选择问题所带来的借贷资金损失，金融机构往往会要求借贷者提供足值的抵押物，以减少信息不对称导致的风险问题。

然而，从农村地区的现实来看，农村居民普遍缺乏有效的资产抵押物。设 $m$ 为资产抵押物的价值比率，一般而言，仅有富裕农户能够提供足值的抵押物，$m_t \geqslant 1$；一般农户只能提供抵押物，$m_t \in$（0，1）；贫困农户基本无法提供有效的抵押物，即 $m_t$ 趋近于 0。借鉴温涛（2014）的理论分析框架，假设金融机构在处置抵押物时，处置成本为 0，那么欠发达地区金融服务供给者与金融服务需求者的收益矩阵见表 2-1。

**表 2-1　收益矩阵**

| 项目 | 金融服务供给者收益 | 金融服务需求者收益 |
|---|---|---|
| 成功 | $i_t - SC_t$ | $R - i_t - DC_t$ |
| 失败 | $m_t - SC_t$ | $m_t - SC_t$ |

在表 2-1 中，$i_t$ 为农村金融市场的利率水平；$SC_t$ 为金融服务供给者在向欠发达地区提供贷款服务时每单位资金所需付出的经营成本及监督成本；$R$ 为金融服务需求者将借贷资金投入生产过程中时每单位资金所产生的收益；$DC_t$ 为金融服务需求者在生产经营过程中获得每单位资金所需付出的成本。则金融服务供给者的经营目标可表达为

$$\max_{i_t,\ SC_t} p(i_t,\ SC_t \mid n)(i_t - m_t) - SC_t + m_t \tag{2-33}$$

$$\text{s. t.} \begin{cases} p(i_t,\ SC_t \mid n)(i_t - m_t) - SC_t + m_t > \gamma \\ p(i_t,\ SC_t \mid n)(R - i_t + m_t) - DC_t - m_t > w \end{cases}$$

即

$$\frac{SC_t^* + [1 - p(i_t, SC_t \mid n)]m_t}{p(i_t, SC_t \mid n)} < i_t^* < \frac{\bar{R}p(i_t, SC_t \mid n) - DC_s - w - [1 - p(i_t, SC_t \mid n)]m_t}{p(i_t, SC_t \mid n)} \tag{2-34}$$

式中，$SC_t^*$ 表示根据式（2－3）求解出的金融服务供给者的最优成本；$i_t^*$ 表示农村金融市场的最优利率水平；$\gamma$ 为借贷资金的无风险收益，即金融服务供给者不将其资金投入农村金融市场中，而是投向其他无风险资本市场中（如国债）所获取的收益；$w$ 为金融服务需求者的机会成本，即金融服务需求者将贷款投入生产经营过程中的机会成本；$n$ 为自然条件（如天气、病虫害等）和一些不确定因素，即 $n$ 是不可预先观测的；$p$ 为还款概率。

一方面，从金融服务供者的角度看，由于抵押物的引入在一定程度上缓解了逆向选择风险，农村商业金融可接受的利率水平有所降低，当和农户可接受的最高利率处于相同利率水平时，抵押物的出现有利于提升农村金融机构的放贷意愿，提高农村金融资源的供给；另一方面，从金融服务需求者的角度看，抵押物的出现将导致富裕农户的可接受贷款利率降低，但对于贫困农户而言，可接受的最高利率并未发生变化。因此，当抵押贷款是必要条件时，贫困农户的金融服务需求无法满足贷款条件，将自动退出农村商业金融（温涛，2014）。尽管近年来政府开始不断推进农村产权抵押贷款、贫困农户信用评级体系等政策，这有助于在一定程度上缓解金融机构为困难人群提供借贷时所面临的信息不对称及其风险问题，但是受欠发达地区农村产权处置收益低、信用评价体系建设成本高等因素制约，加之金融扶贫政策实施过程中出现的“精英俘获”“目标偏移”等问题，贫困农户难以获取有效金融资源的痼疾仍未得到解决。

**2. 农村内部收入差距较大**

改革开放后，我国的经济总量由 1978 年的 3 678.7 亿元上升至 2017 年的 827 122 亿元，按不变价计算年均增长率达 9.5%，造就了经济增长史中的“中国奇迹”。然而，在多年经济快速增长的过程中，“发展不平衡、不充分”

的痼疾尚待整治，这直接制约了我国农村经济社会发展质量与发展效益。目前，我国经济社会发展的短板主要在农村地区，小农户的收入与城镇居民差距较大（韩长赋，2018），而难点则在欠发达地区尤其是深度贫困地区。国家统计局数据显示，2017 年我国的基尼系数高达 0.467①，城乡居民收入差距的绝对值为 22 964 元，城乡居民收入比达 2.71∶1，若将城镇地区的社会福利保障包含在内，则城乡收入差距更加突出。从农村地区的内部来看，如图 2-1 所示，高收入农户的收入水平快速增长，而低收入农户的收入水平则基本趋于平稳，农村地区内部的收入差距加大。

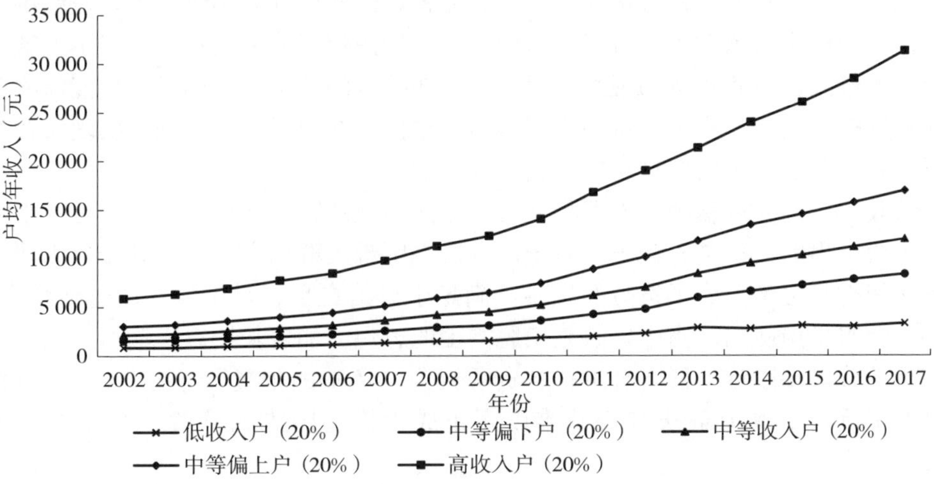


图 2-1　2002—2017 年我国农户收入分组的户均年收入趋势

课题组的调研数据显示，欠发达地区农村内部的基尼系数高达 0.428，超过了国际基尼系数的警戒线（0.4），这表明目前我国欠发达地区的农户内部收入差距巨大，即极端困难人群与富裕农户之间的收入差距悬殊。然而，正如前文所揭示，农村金融减缓贫困的重要基础性条件是合理的收入分配格局，当农户内部收入差距过大时，极端困难人群不仅难以获得有效的金融资源，而且也很难公平地参与到经济增长的过程中。尽管目前在政府的高度重视下，各类扶贫资源能够相对精准地投入极端困难人群中，但既有的大量研究均表明“精英俘获”问题依然普遍存在（邢成举等，2013；胡联等，2017；温涛等，2018）。毋庸置疑，欠发达地区农村金融扶贫功能的发挥有赖于合理的收入分配格局。正所谓“不患寡而患不均”，贫富差距的扩大必然会制约欠发达地区农村金融的减贫效果，这不利于欠发达地区脱贫攻坚目标的顺利实现。

① 基尼系数的值越低，则社会的财富分配越均匀。而当基尼系数值超过 0.4 时，则表明贫富差距较大。2017 年，我国的基尼系数已超过国际警戒线 0.4，贫富差距的扩大已成为制约我国经济发展的主要因素。

**3. 困难人群的自我发展能力十分有限**

历经大规模的开发式扶贫，我国的困难人群数量大幅减少。贫困程度较深是剩余困难人群的主要特征，而贫困程度较深不仅是指物质上的匮乏，还集中体现为极端困难人群的自我发展意识弱、人力资本存量低、有效劳动力不足、卫生健康状态差以及易受社会排斥等诸多方面。这导致这类人群长期处于贫困状态，难以逃离贫困陷阱。

首先，部分极端困难人群缺乏有效劳动力，因病致贫人群在剩余困难人群中所占的比例由2013年的42%上升至目前的44%。虽然目前新型农村合作医疗保险、大病救助等社会保障体系不断完善，但费用补贴不足，加之极端困难人群中慢性疾病患者十分普遍，这使得既有的医疗保障体系难以从根本上解决极端困难人群因病致贫的现状。而农村金融扶贫的关键在于困难人群能够将金融资源投入生产过程中，从而实现资本的增值。在缺乏有效劳动力的现实背景下，农村金融资源的扶贫功能受到了极大的制约。

其次，部分极端困难人群具备劳动力能力但缺乏脱贫思想。正如习近平总书记所指出的：扶贫先扶志。对于部分极端困难人群而言，长期处于贫困状态中，使得其逐步形成了贫穷的思维，满足于自给自足、自由自在的生活状态，陷入低水平均衡陷阱当中，缺乏摆脱贫困的思想。加之长期以来输血式的扶贫使得部分极端困难人群将金融扶贫资源视为“免费的午餐”，这违背了金融扶贫的宗旨，导致金融扶贫资源难以真正成为极端困难人群脱贫增收的生产要素。

最后，还有部分极端困难人群具备劳动能力，也有脱贫意愿，但缺乏一技之长，即能力制约型的贫困。导致这一现象的主要根源在于欠发达地区的教育条件较差，加之教育观念的不足，受教育程度低、缺乏有效的生产技能成了深度贫困劳动力的一大特征。与此同时，我国经济供给侧结构性改革正不断推进、产业结构正不断升级。极端困难人群缺乏有竞争力的人力资本条件，难以在竞争性的市场活动中获取经济收益，难以有效运用金融资源从事较高收益的生产活动，这不利于其可持续发展。因此，“扶贫先扶志，扶贫必扶智”，在此基础上展开的金融扶贫才能够真正带动极端困难人群脱贫致富。

**4. 欠发达地区的经济产业发展条件滞后**

资源匮乏是制约我国欠发达地区经济产业发展的重要因素，部分具备劳动能力的极端困难人群深受资源匮乏的制约。生态环境脆弱、地理位置偏僻、基础设施薄弱、资源禀赋不足是欠发达地区的主要特征，而这直接导致生产要素难以有效流动，生产风险也大大增加。同时，十分闭塞的地理环境也导致极端困难人群的生产无法实现市场对接、产品及再生产投入物资的运输成本高。尽管部分欠发达地区在地方政府的帮扶下，逐步开发地区优势资源，形成产业扶贫，但近年来欠发达地区产业扶贫的同质性较高，当面临市场波动的冲击时，部分极端困难人群容易返贫。正如温涛等（2018）的研究所指出的，仅单方面强调增加货币供给，并不必然导致资本的积累。金融扶贫必须以当地的产业发展为基础，若本末倒置，只会适得其反。因此，金融扶贫必须以当地的产业发展为基础，活化金融资源，使其能够切实地为欠发达地区的实体经济发展提供服务，形成资本的有效积累，从而真正打破欠发达地区的“贫困恶性循环”。可见，在目前欠发达地区经济产业基础发展较为滞后的条件下，金融扶贫依然任重而道远。在未来我国金融扶贫政策的实施过程中，应注重与欠发达地区产业发展之间的协同作用，从而真正形成欠发达地区脱贫致富的内生动力。

## 五、中国特色金融扶贫成效的测度框架与方法体系

合理的测度框架与方法体系是科学评价欠发达地区农村金融减贫效应的关键所在。因此，本部分将系统阐述本研究在后文实证评价中国特色金融扶贫成效所采用的测度思路与计量分析方法体系。具体而言，本研究将从宏观与微观两个层面测度欠发达地区农村金融减贫效应。微观层面的测度主要涵盖收入减贫效应与多维减贫效应，分别反映了农户在“经济层面”与“能力层面”的贫困状态，能够更为全面地评价欠发达地区农村金融对微观主体的减贫效应；宏观层面的测度则主要立足于“金融扶贫功能的发挥有赖于各类政策的协同并进”这一研究观点，从政策协同的视角分别考察了欠发达地区农村金融减贫过程中财政投入与产业发展的协同效应。基于所构建的农村金融减贫效应测度框架，本节将进一步介绍各部分实证研究采用的计量方法。

### （一）农村金融的收入减贫效应测度框架与方法体系

本研究将农户的收入贫困状态定义为以国家官方贫困线为基准的 0-1 变量形式，同时考虑到计量模型可能存在的内生性问题，采用 IV-Probit 模型测度欠发达地区农村金融的收入减贫效应。然而，由于 Probit 模型仅能考察农村金融对农户收入贫困“质变”的影响，无法充分揭示其减贫效应，因此本研究进一步运用两阶段最小二乘法、工具变量分位数回归法测度了农村金融对农户收入水平影响的群体异质性，从而全面地测度农村金融的收入减贫效应。在此基础上，为了探究农村金融的收入减贫效应偏差根源，本研究以最新发展的再中心化影响函数回归法分析了欠发达地区农村金融对农户内部收入格局的影响。具体采用的计量分析方法如下：

#### 1. IV-Probit 模型

在本研究的实证分析中，考虑到农村金融与农村贫困之间可能互为因果关系，即计量模型存在内生性问题。若仍使用普通 Probit 模型，将得无法得到参数的一致估计，因此本研究将使用工具变量 Probit（instrumental variable probit，IV-Probit）模型进行估计。模型设定如下：

$$\begin{cases} y_{1i}^{*}=x_{i}^{'}\alpha+\beta y_{2i}+\mu_{i} & (2\text{-}35)\\ y_{2i}=x_{i}^{'}\gamma_{1}+z_{i}^{'}\gamma_{2}+\upsilon_{i} & (2\text{-}36)\\ y_{1i}=\boldsymbol{I}(y_{1i}^{*}>0) & (2\text{-}37)\end{cases}$$

式中，$y_{1i}$为可以观测的虚拟变量，$y_{1i}^{*}$为不可观察的潜变量，$y_{2i}$是模型中唯一的内生解释变量，$x_i$为其他解释变量，$z_i$为工具变量，$\mu_i$、$\upsilon_i$为扰动项，$\alpha$、$\beta$、$\gamma_1$、$\gamma_2$均为待估计参数。$\boldsymbol{I}$ 为示性函数，当括号中的表达式为真时，示性函数的取值为 1；当括号中的表达式为假时，示性函数的取值为 0。式（2-35）右边含有内生解释变量 $y_{2i}$，被称为“结构方程”；式（2-36）右边不含内生解释变量，被称为“第一阶段方程”（first-stage equation）或“简化式方程”（reduced-form equation）。假设扰动项（$\mu_i$，$\upsilon_i$）服从期望值为 0 的二维正态分布，即

$$\begin{pmatrix}\mu_i\\ \upsilon_i\end{pmatrix}\sim N\left[\begin{pmatrix}0\\0\end{pmatrix}+\begin{pmatrix}1 & \rho\sigma_\upsilon\\ \rho\sigma_\upsilon & \sigma_\upsilon^2\end{pmatrix}\right] \quad (2\text{-}38)$$

式中，$u_i$ 的方差被标准化为 1，而 $\rho$ 为（$u_i$，$v_i$）的相关系数。显然，由于 $v_i$ 服从正态分布，因此 $y_{2i}$ 也服从正态分布，因而 $y_{2i}$ 也为连续变量。进一步地，假设（$u_i$，$v_i$）独立于 $x_i$ 与 $z_i$，因此在式（2-35）中，$x_i$ 为外生解释变量。由于 $z_i$ 与内生解释变量 $y_{2i}$ 相关且与残差项 $u_i$ 无关（满足工具变量的相关性与外生性），因此 $z_i$ 可以作为方程中内生解释变量 $y_{2i}$ 的工具变量。该模型中 $y_{2i}$ 的内生性完全来自 $u_i$ 与 $v_i$ 的相关性。如果（$u_i$，$v_i$）的相关系数 $\rho=0$，那么 $y_{2i}$ 为外生变量，内生性检验可通过检验“$H_0$：$\rho=0$”来进行。

在给定 $x_i$ 与 $z_i$ 的条件下，（$y_{1i}$，$y_{2i}$）的条件概率分布是完全确定的。将联合概率密度 $f$（$y_{1i}$，$y_{2i}$ | $x_i$，$z_i$）分解为 $f$（$y_{1i}$ | $y_{2i}$，$x_i$，$z_i$）$f$（$y_{2i}$ | $x_i$，$z_i$），则可写出样本数据（$y_{1i}$，$y_{2i}$）的似然函数，进行极大似然估计。

尽管极大似然估计最为有效率，但在某些数值计算中可能出现不收敛的情况，尤其是存在多个内生变量的情况下。为了解决这个问题，可采用 Newey（1987）与 Rivers 等（1988）提出的“两步法”（two-step method）进行估计。

由于（$u_i$，$v_i$）服从二维正态分布，故 $u_i$ 对于 $v_i$ 的总体回归方程可记为

$$u_i=\lambda v_i+\varepsilon_i \quad (2\text{-}39)$$

式中，$\lambda\equiv\dfrac{\text{Cov}(u_i, v_i)}{\text{Var}(v_i)}$，扰动项 $\varepsilon_i$ 独立于 $v_i$ 且独立于 $y_{2i}$。$\varepsilon_i$ 服从正态分布，期望 $E(\varepsilon_i)=0$。方差为

$$\text{Var}(\varepsilon_i)=\text{Var}(u_i-\lambda v_i)=1-\frac{\text{Cov}^2(u_i, v_i)}{\text{Var}^2(v_i)}\cdot\text{Var}(v_i)$$

$$=1\frac{\mathrm{Cov}^2(u_i,\ v_i)}{\mathrm{Var}(v_i)}=1-\rho^2 \tag{2-40}$$

将式（2-39）代入式（2-35），便有

$$y_{1i}^*=x_i^{'}\alpha+\beta y_{2i}+\lambda v_i+\varepsilon_i \tag{2-41}$$

式中，$\varepsilon_i \sim N$（0，$1-\rho^2$），且独立于 $x_i$、$y_{2i}$ 与 $v_i$。为了把 $\varepsilon_i$ 的方差标准化为1，将式（2-41）两边同时除以$\sqrt{1-\rho^2}$，可得

$$\frac{y_{1j}^*}{\sqrt{1-\rho^2}}=x_i^{'}\frac{\alpha}{\sqrt{1-\rho^2}}+\frac{\beta}{\sqrt{1-\rho^2}}y_{2i}+\frac{\lambda}{\sqrt{1-\rho^2}}v_i+\frac{\varepsilon_i}{\sqrt{1-\rho^2}} \tag{2-42}$$

由于 $v_i$ 不可观察，可使用两步法进行估计。

第一步，对简化方程进行 OLS 回归，得到残差 $v_i$。

第二步，以残差 $v_i$ 替代方程中的 $v_i$ 进行 Probit 估计，得到对变换后系数（$\frac{\alpha}{\sqrt{1-\rho^2}}$，$\frac{\beta}{\sqrt{1-\rho^2}}$，$\frac{\lambda}{\sqrt{1-\rho^2}}$）的估计。此外，本文采用两步法估计得出的系数与极大似然估计系数并不直接可比，二者相差$\sqrt{1-\rho^2}$倍。由于 $0\leqslant\sqrt{1-\rho^2}\leqslant 1$，因此，两步法估计系数的绝对值一般比极大似然估计系数的绝对值更大。

**2. 两阶段最小二乘法**

在传统的 OLS 估计中，一个重要的前提假设是解释变量与扰动项之间不相关，在此基础上的参数估计才是一致的。然而，在本研究的实证分析中，由于农村金融与农村贫困之间往往存在较强的反向因果关系，这将导致计量模型的内生性问题，OLS 估计量无法收敛到真实的总体参数。因此，本研究将采用两阶段最小二乘法（2SLS）进行估计。

第一阶段：分离出内生变量的外生部分。将每个解释变量 $x_1$，$x_2$，…，$x_k$ 分别对 $m$ 个工具变量 $z_1$，$z_2$，…，$z_m$ 作 OLS 回归，从而得到拟合值：

$$\hat{x}_1=\boldsymbol{P}x_1,\ \hat{x}_2=\boldsymbol{P}x_2,\ \cdots,\ \hat{x}_k=\boldsymbol{P}x_k \tag{2-43}$$

式中，$\boldsymbol{P}=\boldsymbol{Z}(\boldsymbol{Z}'\boldsymbol{Z})^{-1}\boldsymbol{Z}'$。

将解释变量 $x_1$，$x_2$，…，$x_k$ 记为矩阵形式 $\boldsymbol{X}$，可得

$$\hat{\boldsymbol{X}}=(\hat{x}_1,\ \hat{x}_2,\ \cdots,\ \hat{x}_k)=\boldsymbol{PX}=\boldsymbol{Z}[(\boldsymbol{Z}'\boldsymbol{Z})^{-1}\boldsymbol{Z}']\boldsymbol{X} \tag{2-44}$$

第二阶段：使用外生部分进行回归。由于 $\hat{\boldsymbol{X}}$ 是工具变量的线性组合，使用 $\hat{\boldsymbol{X}}$ 为工具变量，对原始模型 $y=\boldsymbol{X}\beta+\varepsilon$ 便可进行工具变量法估计，由于

$$\hat{\boldsymbol{X}}'\hat{\boldsymbol{X}}=(\boldsymbol{PX})'\boldsymbol{PX}=\boldsymbol{X}'\boldsymbol{P}'\boldsymbol{PX}=\boldsymbol{X}'\boldsymbol{P}'\hat{\boldsymbol{X}}=\hat{\boldsymbol{X}}'\hat{\boldsymbol{X}} \tag{2-45}$$

$$\hat{\boldsymbol{\beta}}_{\mathrm{IV}}=(\hat{\boldsymbol{X}}'\boldsymbol{X})^{-1}\hat{\boldsymbol{X}}'y=(\hat{\boldsymbol{X}}'\hat{\boldsymbol{X}})^{-1}\hat{\boldsymbol{X}}'y \tag{2-46}$$

因此，可将 $\hat{\boldsymbol{\beta}}_{\mathrm{IV}}$视为 $y$ 对 $\hat{\boldsymbol{X}}$ 进行 OLS 回归所得到的估计参数。

**3. 工具变量分位数回归法**

在以往的经典回归模型中，其研究的重点在于解释变量 $x$ 对于被解释变量 $y$ 的条件期望值 $E$（$y \mid x$）的影响，即均值回归（$OLS$）。而很多时候，我们更为关注的是 $x$ 对于整个条件分布的整体影响状况，而条件期望值 $E$（$y \mid x$）所描述的仅仅是条件分布的集中趋势，而且当条件分布不是对称分布时，该条件期望值难以全面反映出整个条件分布。因此，如果能够实现对条件分布中的不同分位点进行估计，那么我们就能够对整个条件分布有更深入的认识。此外，在运用古典的均值回归（$OLS$）时，其目标函数为残差平方和的最小化，这也使得估计结果容易受到极端值的影响。

由于均值回归存在诸多缺陷与不足，Koenker 等于 1978 年提出了分位数回归法（quantile regression），将目标函数转化为残差绝对值加权平均的最小化，这样就避免了古典均值回归中，估计结果容易受到极端值的影响。更具研究意义的是，该方法能够提供条件分布在所有分位点上的信息，这是在古典均值回归（$OLS$）上的一个重要拓展。

分位数回归法的基本推导过程如下：

首先，假设条件分布（$y \mid x$）的总体 $q$ 分位数 $y_q$（$x_i$）为 $x_i$ 的线性函数：

$$y_q(x_i)=x_i^{'}\beta_q \tag{2-47}$$

式中，$\beta_q$ 表示在 $q$ 分位数下的回归系数。其估计量 $\hat{\beta}_q$ 可由残差绝对值加权平均的最小化来进行估计，即

$$\min_{\beta_q}\sum_{i:y_i\geqslant x_i'\beta_q}^{n} q\mid y_i - x'_i\beta_q \mid + \sum_{i:y_i<x'_i\beta_q}^{n}(1-q)\mid y_i - x'_i\beta_q \mid \tag{2-48}$$

当式（2-48）中的 $q$ 取值为 0.5 时，所表示的则为中位数回归，其目标函数则可表示为

$$\min_{\beta_q}\sum_{i=1}^{n}\mid y_i - x'_i\beta_q \mid \tag{2-49}$$

从式（2-49）中可以看出，该目标函数即为最小绝对离差估计量，因此中位数回归也被称为最小绝对偏差（least absolute deviation，LAD）估计。该估计结果相较于均值回归（OLS）更不易受到极端值的影响，从而也使得估计结果更为稳健、可靠。然而，当核心解释变量为内生变量时，普通的分位数回归法无法得到准确的参数估计结果。因此，基于本研究在实证分析过程中可能存在的内生性问题，本文采用了 Chernozhukov 等（2008）提出的工具变量分位数回归法（instrumental variable quantile regression），该模型的具体形式如下：

$$P[Y \leqslant Q_\tau(D, X) \mid X, Z] = \tau \tag{2-50}$$

式中，$Y$ 为被解释变量，$D$ 为计量模型的内生解释变量，$X$ 为外生变量，$Z$ 为工具变量，$\tau$ 为条件分位数。遵循 Chernozhukov 和 Hansen（2008）的做法，以线性形式将上式转换为矩阵形式：

$$\boldsymbol{Y} = \boldsymbol{D}'\alpha(U) + \boldsymbol{X}'\beta(U) \tag{2-51}$$

式中，$\boldsymbol{D} = f$（$\boldsymbol{X}$，$\boldsymbol{Z}$，$\boldsymbol{V}$），$\boldsymbol{U} \sim \underset{\boldsymbol{X},\boldsymbol{Z}}{Uniform}$（$0$，$1$），这表明内生解释变量 $\boldsymbol{D}$ 为外生解释变量 $\mathbf{X}$、工具变量 $\mathbf{Z}$ 以及误差项 $\mathbf{V}$ 的函数；$\boldsymbol{U}$ 则表示其他不可观测变量，即其他不可观测变量通过 $\boldsymbol{U}$ 来影响 $\mathbf{Y}$。

令最小目标函数为

$$Q_n(\tau, \alpha, \beta, \gamma) = \frac{1}{2}\sum_{i=1}^{n}\rho\tau(\boldsymbol{Y}_i - \boldsymbol{D}'_i\alpha - \mathbf{X}'_i\beta - \boldsymbol{Z}'_i\gamma) \tag{2-52}$$

式中，$\rho_t$ 为 $\tau$ 分位点的检验函数。在给定分位点 $\tau$ 及其所对应的 $\alpha$（$\tau$）条件下，上述最小化目标函数即为

$$[\hat{\beta}(\alpha, \tau), \hat{\gamma}(\alpha, \tau)] = \arg\min_{\beta, \gamma} Q_n(\tau, \alpha, \beta, \gamma) \tag{2-53}$$

通过式（2-53）可求得 $\alpha$（$\tau$）的估计值：

$$\hat{\alpha}(\tau) = \arg\ inf[Wald_n(\alpha)] \tag{2-54}$$

$$Wald_n(\alpha) = n[\hat{\gamma}(\alpha, \tau)']\hat{\mathbf{A}}(\alpha)[\hat{\gamma}(\alpha, \tau)] \tag{2-55}$$

式中，$\hat{\mathbf{A}}$（$\alpha$）为 $\hat{\gamma}$（$\alpha$，$\tau$）$'$协方差矩阵的逆矩阵，运用迭代法使 $\hat{\gamma}$（$\alpha$，$\tau$）$'$趋近于 $0$，可求得 $\hat{\alpha}$（$\tau$），并以 $Wald$ 统计量进行统计检验，最终可得到 $\tau$ 分位点处 $\alpha$ 及 $\beta$ 的估计值。

**4. 再中心化影响函数法**

由于基尼系数是刻画收入不平等的重要指标，这一衡量方法也是目前学术界的主流做法。因此，本研究在实证分析欠发达地区农村金融的收入分配效应时，将基于基尼系数构建再中心化影响函数（recentered influence function，RIF）。

RIF 方程可以表示为

$$RIF\{Y_i; v(F_y)\} = IF\{y_i; v(F_y)\} + v(F_y) \tag{2-56}$$

其中，

$$IF\{Y_i; v(F_y)\} = \lim_{\varepsilon \to 0}\frac{v(F_{y_i} + \varepsilon) - v(F_{y_i})}{\varepsilon} \tag{2-57}$$

式中，$F_y$ 是农村居民收入水平 $y$ 的原始分布；$y_i$ 表示第 $i$ 个样本农户的收入水平；$v$（$F_y$）为相应的统计量，在此处是指基尼系数；$IF$ {$y_i$；$v$（$F_y$）} 是中心化影响函数（influence function，IF），是用来分析数据中微小扰动的统计工具（Firpo et al.，2007）。

式（2-57）就是中心化影响函数的计算式。该函数能够反映当 $y_i$ 发生极小的变动后，统计量 $v$（$Fy$）所发生的改变。$RIF$ {$Y_i$；$v$（$F_y$）} 是在 $IF$ {$y_i$；$v$（$F_y$）} 的基础上加上了在原分布中的相应统计量，即考虑了 $y_i$ 发生变动的影响，从而衡量出统计量的近似值。

### （二）农村金融的多维减贫效应测度框架与方法体系

正如前文所述，相比收入贫困，农户的多维贫困是一种“基本可行能力”缺失的表现，反映了农户的多维度特征，需要通过指标体系的形式衡量农户的多维贫困状态。已有研究指出，人类福利指标是难以通过线性组合的方式来体现的，即不同指标之间的关系往往为复杂的非线性关系（Nardo et al.，2008）。因此，为了弥补现有多维贫困指标体系指标权重评价方法的不足，本研究将聚类-粗糙集方法运用到指标权重评价当中。相比而言，粗糙集（rough set）理论能够有效处理不完整、不确定性等各类不完备信息，从中发现隐含的知识，揭示其潜在规律。该理论的优势在于不需提供处理数据集合之外的任何先验信息，仅通过观测数据剔除冗余信息，并分析系统中各属性之间的依赖性与重要性，因而也成了人工智能领域的研究热点。

基于以上分析，在农村金融的多维减贫效应测度中，本研究首先运用聚类-粗糙集方法，从生活水平、健康、教育、资产以及社会权利 5 个维度构建了农户的多维贫困指标体系，并以联合国设立的多维贫困标准识别农户的多维贫困状态，运用 IV-Probit 模型测度农村金融的多维减贫效应。类似地，该部分测度中也采用了两阶段最小二乘法、工具变量分位数回归法测度农村金融对农户剥夺得分影响的群体异质性，从而全面地测度农村金融的多维减贫效应。在此基础上，本研究进一步运用零膨胀负二项回归法、中介效应模型等分析农村金融多维减贫效应的内在传导机制，从而厘清其存在的问题与不足①。

#### 1. 聚类-粗糙集方法

定义 1：在粗糙集中，可将信息系统定义为 $\boldsymbol{S}=$（$\boldsymbol{U}$，$\boldsymbol{C}$，$\boldsymbol{D}$，$\boldsymbol{V}$，$f$）。其中，论域 $\boldsymbol{U}$ 为研究对象的有限集合，即全体样本集；$\boldsymbol{C}$、$\boldsymbol{D}$ 为属性的有限集合，$\boldsymbol{C}$ 为条件属性集，$\boldsymbol{D}$ 为决策属性集；$\boldsymbol{V}$ 是属性值的集合，即属性 $\boldsymbol{C}$、$\boldsymbol{D}$ 的取值集合；$f$ 为信息函数，该函数为 $\boldsymbol{U}$ 中的每一个对象赋予信息值，即 $f$（$x_i$，$a$）$\in V_a, a\in \boldsymbol{A}$，$x_i\in \boldsymbol{U}$。

定义 2：假设信息系统 $\boldsymbol{S}=$（$\boldsymbol{U}$，$\boldsymbol{C}$，$\boldsymbol{D}$，$\boldsymbol{V}$，$f$），$\boldsymbol{R}$ 为论域 $\boldsymbol{U}$ 上的一组等价关系，且 $r\in \boldsymbol{R}$。若 $IND$（$\boldsymbol{R}$）$=IND$（$\boldsymbol{R}-\{r\}$）成立，则称 $r$ 在 $\boldsymbol{R}$ 中是不必要的，否则为必要的。若 $\boldsymbol{R}$ 中的每一个 $r$ 均为必要的，则称 $\boldsymbol{R}$ 是独立的。若论域 $\boldsymbol{U}$ 有两个等价关系 $\boldsymbol{P}$ 和 $\boldsymbol{Q}$，当 $\boldsymbol{Q}\in \boldsymbol{P}$，$\boldsymbol{Q}$ 是独立的，且满足 $IND$

① 该部分涉及的部分计量分析方法在前文已做详细介绍，本文在此不再赘述。

($\boldsymbol{Q}$) $=IND$ ($\boldsymbol{P}$)，则称 $\boldsymbol{Q}$ 是属性集 $\boldsymbol{P}$ 上的一个约简。

给定决策表 $\boldsymbol{DT}=$ ($\boldsymbol{U}$，$\boldsymbol{C}\cup\boldsymbol{D}$，$\boldsymbol{V}$，$f$)，$\forall\boldsymbol{B}\in\boldsymbol{C}$，若属性 $\boldsymbol{a}\in\boldsymbol{C}$ 且 $\boldsymbol{a}\notin\boldsymbol{B}$，则可定义重要度公式为

$$sig(a,\boldsymbol{B},\boldsymbol{D})=\gamma_{\boldsymbol{B}\cup\{a\}}(\boldsymbol{D})-\gamma_{\boldsymbol{B}}(\boldsymbol{D})=\frac{pos_{\boldsymbol{B}}\cup\{a\}(\boldsymbol{D})-pos_{\boldsymbol{B}}(\boldsymbol{D})}{|\boldsymbol{U}|} \tag{2-58}$$

$sig$ ($a$，$\boldsymbol{B}$，$\boldsymbol{D}$) 为条件属性 $a$ 对条件属性集 $\boldsymbol{B}$ 相对于决策属性 $\boldsymbol{D}$ 的重要度，根据式 (2-58) 可计算出所有属性对应的重要度，若 $sig$ ($a$，$\boldsymbol{B}$，$\boldsymbol{D}$) $=0$，则意味着该指标的重要性极低，应删除该指标。对于约简之后的指标 $\boldsymbol{A}=(a_1,a_2,\cdots,a_i)$，计算各指标的重要度，并对其做归一化处理，最终得到权重指标 $W_i$：

$$\omega_i=\frac{sig(a_i)}{\sum sig(a_i)} \tag{2-59}$$

在此基础上，运用动态聚类方法将样本农户按贫困状态进行分类，并以此作为粗糙集多维贫困指标筛选的决策属性。

**2. 零膨胀负二项回归法**

当计数数据中含有大量零值时，可使用零膨胀负二项 (zero-inflated negative binomial，ZINB) 回归法。零膨胀负二项随机变量 $y_i$ 的概率分布可以表示为

$$Pr(y_i=j)=\begin{cases}\pi+(1-\pi)\left(\dfrac{k}{k+\mu}\right)^k，若\ j=0\\(1+\pi)\dfrac{\Gamma(y+k)}{\Gamma(y+1)\Gamma(k)}\left(\dfrac{k}{k+u}\right)^k\left(\dfrac{\mu}{k+\mu}\right)^y，若\ j>0\end{cases} \tag{2-60}$$

式中，$\pi$ 为膨胀系数，表示 $y$ 取值为 0 的数据所占比例；$k$ 为散度参数的倒数；$\mu$ 为负二项分布的均值；$\Gamma$ 为伽马函数。

进一步地，可让 $\pi_i$ 依赖于解释变量 $z_i$，运用 Logit 连接函数估计此二值问题，最后以极大似然估计 (maximum likelihood estimation) 来估计以上模型，便可得到参数估计结果。

**3. 中介效应检验模型**

在本研究的实证分析中，当考虑解释变量 $X$ (农村金融) 通过影响变量 $M$ 作用于被解释变量 $Y$ (农村贫困) 时，则 $M$ 称为中介变量。为了揭示计量分析中的中介传导效应，可定义如下方程：

$$Y=cX+e_1 \tag{2-61}$$

$$M=aX+e_2 \tag{2-62}$$

$$Y = c'X + bM + e_3 \tag{2-63}$$

式中，系数 $c$ 为解释变量 $X$ 影响被解释变量 $Y$ 的总体效应；系数 $a$ 为解释变量 $X$ 影响中介变量 $M$ 的效应；系数 $b$ 为控制了解释变量 $X$ 的影响之后，中介变量 $M$ 对被解释变量 $Y$ 的影响效应；系数 $c'$ 为控制了中介变量 $M$ 的影响之后，解释变量 $X$ 对被解释变量 $Y$ 的影响效应（直接效应）；$e_1$、$e_2$、$e_3$ 为残差项。

在中介模型中，中介效应等于间接效应，即系数 $a$ 与系数 $b$ 的乘积 $a \times b$。因此，各效应之间的关系可表示为

$$c = c' + a \times b \tag{2-64}$$

因此，中介效应模型的核心便在于检验相应系数的显著性。早期主流的检验方法主要是基于 Sobel（1982）提出的检验方法，该方法直接针对假设 $H_0: a \times b = 0$。但该假设方法需要假定每个系数均为正态分布，诸多学者对此提出了质疑（MacKinnon et al.，2007；MacKinnon et al.，2008；Hayes，2009）。因此，本研究主要采用温忠麟等（2004）所提出的新的中介效应检验流程，该方法以自助重复抽样（Bootstrap）法取代了 Sobel 法，具体检验步骤如下：

第一步：检验式（2-61）的系数 $c$。若该系数显著，则按中介效应立论；若该系数不显著，则按遮掩效应立论。但无论系数 $c$ 是否显著，均继续后续的检验步骤。

第二步：依次检验式（2-62）的系数 $a$ 以及式（2-63）的系数 $b$。若两个系数均显著，则间接效应显著，可直接进入第四步检验；若两个系数中有至少一个系数不显著，则进行第三步检验。

第三步：运用 Bootstrap 法检验 $H_0: a \times b = 0$。若检验结果显著，则间接效应显著，进入第四步检验；若检验结果不显著，则间接效应不显著，即不存在中介效应，停止分析。

第四步：检验式（2-64）的系数 $c'$。若系数 $c'$ 显著，则存在直接效应，进入第五步检验；若系数 $c'$ 不显著，则仅存在间接效应，检验结束。

第五步：比较系数 $a \times b$ 与系数 $c'$ 的正负性。若两者符号相同，则属于部分中介效应，$a \times b / c'$ 即为中介效应（即间接效应）占总效应的比重；若两者符号相反，则属于遮掩效应，$|a \times b / c'|$ 即为中介效应占总效应的比重。

### （三）农村金融减贫的政策协同效应测度框架与方法体系

在诸多扶贫政策当中，财政政策与产业政策是促进欠发达地区经济发展、困难人群增收能力提升的关键所在，这也是金融减贫功能有效发挥的基础性条件。有鉴于此，本研究从全景视角重点测度财政投入与产业发展对欠发达地区农村金融减贫的协同效应。

**1. 财政投入协同效应测度方法体系**

在测度财政投入协同效应时，本研究将以交互项效应为基础，综合运用两阶段最小二乘法与工具变量分位数回归法进行实证检验。

$$Pov = \beta_0 + \beta_1 Finan + \beta_2 Fisc \times Finan + \theta T + \mu \qquad (2\text{-}65)$$

在式（2-65）中，交互项 $Fisc \times Finan$ 的作用主要用于反映欠发达地区财政、金融政策减贫的协同效应，这一点可以通过对欠发达地区金融资源注入求一阶偏导得出，即

$$\frac{\partial Pov}{\partial Finan} = \beta_1 + \beta_2 \times Fisc \qquad (2\text{-}66)$$

在式（2-66）中，系数 $\beta_1$ 用于反映欠发达地区金融资源注入对农村贫困的影响，系数 $\beta_2$ 用于反映欠发达地区财政、金融政策减贫的协同效应。当系数 $\beta_2$ 显著为正时，则表明欠发达地区财政、金融政策在减贫过程中实现了协同效应；相反，当系数 $\beta_2$ 显著为负时，则意味着欠发达地区财政政策不仅未与金融政策实现有效协同，反而抑制了欠发达地区金融减贫功能的发挥。

基于式（2-65）计量模型，为避免内生性问题的影响，本研究采用了两阶段最小二乘法与工具变量分位数回归法进行参数估计。

**2. 产业发展协同效应测度方法体系**

单方面强调增加货币供给，并不必然导致资本的积累，金融扶贫必须以其产业发展为基础（温涛等，2018）。要保证金融减贫功能的可持续性，应实现产业发展协同。因此，本研究将运用门槛回归模型测度农村金融减贫的产业发展协同效应。具体而言，门槛回归方法如下：

假设实证分析的数据样本为（$y_i$，$x_i$，$q_i$）。其中，$y_i$ 为被解释变量；$x_i$ 为解释变量；$q_i$ 为用来划分样本的“门槛变量”（threshold variable）；$q_i$ 也可为解释变量 $x_i$ 中的某个变量；$i=1$，2，…，$n$。由此，可得门槛回归的基本模型为

$$\begin{cases} y_i = \beta_1' x_i + \varepsilon_i, & q \leqslant \gamma \\ y_i = \beta_2' x_i + \varepsilon_i, & q > \gamma \end{cases} \qquad (2\text{-}67)$$

式中，$\gamma$ 为待估计的门槛值，$x_i$ 为外生解释变量，即与扰动项 $\varepsilon_i$ 不相关。为了便于分析，可将上式改写为以下方程：

$$y_i = \beta_1' x_i \cdot \boldsymbol{I}(q_i \leqslant \gamma) + \beta_2' x_i \cdot \boldsymbol{I}(q_i > \gamma) + \varepsilon_i \qquad (2\text{-}68)$$

在式（2-68）中，$\boldsymbol{I}$ 为示性函数。当括号中的表达式为真时，示性函数的取值为 1；当括号中的表达式为假时，示性函数的取值为 0。可见，该方程为非线性回归，可使用非线性最小二乘法（NLS）进行估计，即将残差平方和最小化。若门槛值 $\gamma$ 已知，则可令 $z_{i1} = x_i \cdot l$（$q_i \leqslant \gamma$），$z_{i2} = x_i \cdot l$（$q_i > \gamma$），以上非线性回归方程可进一步转化为线性回归模型，估计参数为（$\beta_1$，$\beta_2$）：

$$y_i = \beta_1' z_{i1} + \beta_2' z_{i2} + \varepsilon_i \qquad (2\text{-}69)$$

在估计参数的过程中，一般采用两步法来最小化残差平方和。首先，在给定门槛值 $\gamma$ 时，使用 OLS 来估计 $\hat{\beta}_1$（$\gamma$）及 $\hat{\beta}_2$（$\gamma$），并计算出残差平方和 $SSR$（$\gamma$）；其次，选择门槛值 $\gamma$，使得残差平方和 $SSR$（$\gamma$）最小化。由于 $SSR$（$\gamma$）是门槛值 $\gamma$ 的阶梯函数，因此，最多只需考虑门槛值 $\gamma$ 的 $n$ 个取值，最后得到的参数估计量即为［$\hat{\beta}_1$（$\hat{\gamma}$），$\hat{\beta}_2$（$\hat{\gamma}$），$\hat{\gamma}$］。

以上的基本模型为仅考虑单重门槛时的门槛回归。当存在多个门槛值时，如门槛值为 $\gamma_1$，$\gamma_2$，且 $\gamma_1<\gamma_2$，则多重门槛模型可表示为

$$y_i=\beta_1'x_i\cdot \boldsymbol{I}(q_i\leqslant\gamma_1)+\beta_2'x_i\cdot \boldsymbol{I}(\gamma_1<q_i\leqslant\gamma_2)+\beta_3'x_i\cdot \boldsymbol{I}(q_i>\gamma_2)+\varepsilon_i \tag{2-70}$$

## 六、本章小结

为了深层次分析欠发达地区农村金融减贫效应，本章从理论上厘清了欠发达地区农村金融减缓农村贫困的作用机理，这为后文的实证分析提供了扎实的逻辑起点及理论基础。首先，本章以农村金融理论的演进脉络为架构，深入分析农村金融理论演进的内在逻辑，通过对既有理论的分析发现，农村金融理论的发展与农村贫困形态的转变存在较强的内在关联，即随着农村贫困的不断分化，农村金融理论也在不断逐步完善，从而保障金融扶贫功能的有效发挥，这能够为金融扶贫实践提供科学的理论指导。其次，本章清晰地界定了欠发达地区、农村金融以及减贫效应的科学内涵，这为欠发达地区农村金融减缓农村贫困的作用机理分析奠定了基础，同时也为后文的实证分析提供了理论依据。在此基础上，理论分析的结果表明，欠发达地区农村金融减缓农村贫困的传导机制主要包括直接减贫机制与间接减贫机制，无论是何种减贫机制，农村金融扶贫功能的发挥有赖于合理的收入分配格局、扎实的经济产业发展基础以及困难人群自身的发展能力等。但从目前我国欠发达地区的现实情况来看，金融扶贫功能的发挥面临多方面的制约，例如困难人群难以获取有效的金融服务、欠发达地区内部收入差距较大、困难人群自我发展能力十分有限以及欠发达地区经济产业发展基础滞后等。因此，欠发达地区农村金融减贫效应究竟如何依然有待后文的实证检验。此外，欠发达地区农村金融减贫效应的科学测度有赖于合理的计量分析工具，因此本章系统梳理了本研究实证分析过程中所涉及的主要计量分析方法，从而形成农村金融减贫效应测度的方法体系。具体而言，在第四章的收入减贫效应测度中，将主要运用 IV-Probit 模型、2SLS、IVQR、再中心化影响函数回归等计量方法；在第五章的多维减贫效应测度中，将主要运用 IV-Probit 模型、聚类-粗糙集方法、零膨胀负二项回归法、中介效应模型等计量方法；在第六章的政策协同效应测度中，将主要运用交互项效应模型以及面板门槛回归模型等计量方法。

3

# 第三章 中国特色金融扶贫的现实障碍与问题诊断

上一章从理论上分析了欠发达地区农村金融减贫的传导机制及其可能面临的约束条件，这为本研究提供了扎实的理论基础。在已有理论逻辑基础上，本章接下来将基于宏观统计数据及微观农户调查数据，运用描述性统计方法分析深入揭示中国特色金融扶贫的现实状况，从而有助于厘清金融减贫的问题与障碍。

## 一、中国特色金融扶贫政策的演变历程

资本是带动困难人群脱贫增收、打破“贫困恶性循环”的关键要素，而金融资源的合理注入能够有效促进欠发达地区的资本形成。因此，在我国的扶贫政策体系中，金融扶贫是扶贫政策实施当中的关键环节，这对我国扶贫事业的发展起到了至关重要的作用。本节将回顾1986—2016年中国金融扶贫政策的演进历程，总结金融扶贫政策演变的内在逻辑，从而把握我国金融扶贫政策实施的客观规律。总体而言，我国金融扶贫政策的制定和实施是随着社会经济的发展而不断完善的，大致经历了扶贫贴息贷款政策、小额信贷扶贫政策以及金融精准扶贫政策的演变。

### （一）扶贫贴息贷款政策的演变

扶贫贴息贷款始于1986年，是我国政府主导的金融扶贫政策，也是扶贫开发的重要组成部分。扶贫贴息贷款政策是中国最重要、规模最大、持续时间最长且至今仍在使用的金融扶贫工具。

事实上，在1986年实施扶贫贴息贷款之前，我国的扶贫政策主要以救济的形式展开，即为遭受自然灾害以及外部环境冲击，造成生活难以维持的贫困农户，提供临时性的生活救助。但该政策属于“输血式”扶贫方式，容易导致贫困农户的自我发展能力不足，并形成经济上的依赖，这显然难以持续。自1986年起，依托开发性扶贫战略，国家通过注入优惠性的扶贫贴息贷款，缓解贫困农户资金短缺的状况，为其发展生产活动提供资金支持，从而促进欠发达地区的经济发展、困难人群的脱贫增收。可见，早期的扶贫贴息贷款主要停留于微观层面，采取贷款到户的形式。官方调查数据显示，1987年，92%的扶贫贴息

贷款发放到了农户当中。1986—1996年，到户扶贫贴息贷款规模由1986年的10.5亿元增加到1996年的55亿元。在这10年中，扶贫贴息贷款的发放经历了从以农户为主到以企业为主，后来又重新回到以农户为主的转变。这主要是由于早期贷款直接发放到户之后，困难人群缺乏必要的生产技能与管理能力，难以有效利用贷款实现增收。因此，1989年，相关政策规定，若企业中的职工有一半以上为贫困户，那么，企业便可获得扶贫贴息贷款。汪三贵等（1999）的数据显示，1989年之后，有70%以上的扶贫贴息贷款流入了企业。然而，由于“委托-代理”问题，困难人群难以从中获得经济利益，甚至出现了由于企业项目经营不当，导致大量的扶贫贴息贷款无法收回的问题。最终导致1996年之后，扶贫贴息贷款又重新转为支持贫困农户发展种植、养殖业。2001年，国务院发布了《中国农村扶贫开发纲要（2001—2010年）》，中央层面开始重新强调了产业发展对减缓农村贫困的重要性，因此，这一时期的扶贫贴息贷款发放实现了宏观与微观并重：一方面，延续发放到户的扶贫小额信贷，帮助贫困农户发展生产；另一方面，主要将扶贫贴息贷款运用于农业龙头企业、劳动密集型企业以及欠发达地区基础设施建设项目等。

在大量扶贫贴息贷款的注入以及一系列扶贫配套政策的实施下，欠发达地区发展了一大批以当地资源为基础的产业，并带动了一大批贫困户脱贫增收，但在这一过程中，也出现了许多问题。首先，困难人群越来越难以获得扶贫贴息贷款。正如吴国宝（1997）所指出的，在市场机制的作用下，价格补贴必然会导致寻租现象的发生，由于困难人群难以在通过支付租金获取价格补贴的竞争中占据优势，这将使得价格补贴的利益更多地流向能够支付更高租金的高收入群体。因此，随着困难人群的不断分化，部分扶贫贴息贷款的经济利益流向了非困难人群，这显然会降低扶贫贴息贷款的减贫效率。其次，扶贫贴息贷款的到期还款率低。这主要是由于扶贫贴息贷款的项目管理不完善、地方政府的行为冲突（吴国宝，1996）、商业银行固有的经济利益最大化与扶贫贴息贷款的政策目标之间的冲突所导致的，统计数据显示，1998年扶贫贴息贷款中的不良贷款所占比例高达70%。

此外，从扶贫贴息贷款的运营主体来看，早期的扶贫贴息贷款主要由中央指定某个银行来承担。1986—2007年，扶贫贴息贷款的实施主体经历了由中国农业银行到中国农业发展银行，再重新回到中国农业银行的转变①。在这一

① 1986—1993年，扶贫贴息贷款由中国农业银行负责运营；1993年之后，随着中国农业银行的商业化改革，其商业目标与扶贫政策目标之间的冲突导致扶贫贴息贷款的扶贫效果被弱化，因此，政府于1994年将扶贫贴息贷款的运营职能转到当年新成立的中国农业发展银行。但由于中国农业发展银行在成立之初缺乏基层营运网点，扶贫贴息贷款的实际运作依然由中国农业银行承担，这反而增加了管理成本，最终导致扶贫贴息贷款的效果以及贷款发放质量恶化。

过程中，由于管理体制过于僵化、缺乏灵活性，导致扶贫贴息贷款的运行效益与减贫效果十分低下。为了建立起符合市场经济要求的信贷扶贫管理体制，国务院于2008年出台了《关于全面改革扶贫贴息贷款管理体制的通知》，在新的制度框架下，扶贫贴息贷款的管理、使用以及收益统一由各地根据自身实际情况负责，同时引入市场竞争机制，各大商业银行均按商业化原则自愿参与扶贫工作，即扶贫贴息贷款的发放主体由中国农业银行拓展到各个金融机构。在2011年之后，扶贫贴息贷款政策不断完善，融入了财税政策、保险服务、金融监管等多方面的政策体系，从而初步形成了综合政策体系。

### （二）小额信贷扶贫政策的发展

鉴于困难人群难以进入正规借贷市场的现实以及政府直接发放扶贫贴息贷款的诸多缺陷，同时，在国际小额信贷扶贫模式的成功经验的影响下，自20世纪90年代中期开始，我国开始逐步实施小额信贷扶贫政策。

从小额信贷扶贫政策实施的轨迹来看，1997年，中国人民银行颁布了《农村信用社改进和加强支农服务十条意见》，其中要求农村信用社采用信用贷款的形式办理农户的小额贷款①。1998年发布的《中共中央关于农业和农村工作若干重大问题的决定》中指出，要总结推广小额贷款等扶贫资金到户的有效做法。1999年召开的中央扶贫开发工作会议进一步指出，各地应将小额贷款作为保障扶贫信贷资金到户的重要手段，并在总结经验的基础上逐步推广。2000年，中国人民银行颁布了《农村信用合作社农户联保贷款管理指导意见》，要求农村信用社向农户提供联保贷款。紧接着，2001年，中国人民银行印发了《农村信用合作社农户小额贷款管理指导意见》，要求按照“一次核定、随用随贷、余额控制、周转使用”的基本原则发放农户小额信用贷款。自2004年起，中央每年发布的1号文件都提出要支持小额信贷的发展。在中央发布的大量关于小额信贷政策的基础上，各地区基于社区参与式发展理论，在部分贫困村实施了村级互助资金项目。2006年5月，基于各地试验的总结，国务院扶贫开发领导小组办公室和财政部联合印发了《关于开展建立“贫困村村级发展互助资金”试点工作的通知》，决定在14个省（自治区、直辖市）开展“贫困村村级发展互助资金”试点。2014年12月，国务院扶贫开发领导小组办公室等五部委联合印发了《关于创新发展扶贫小额信贷的指导意见》，其中提出：将全国扶贫信息网络与银行贷款管理系统进行对接，从而建立困难户的个人信用档案，并引导金融机构扩大对建档立卡困难户的信贷投放；在风险监管方面，支持推广扶贫小额信贷保险、建立风险补偿以及分担机制；规定困

① 刘文璞（1999）估计，到1997年底，全国共有10多个省份开展了小额信贷试验，所扶持的贫困农户超过30万户。例如，1997年，陕西省的商洛地区接受小额信贷扶贫的贫困农户达7万余户，占该地区困难人群的70%。

难户只能将扶贫小额信贷精准地用于发展生产，不得用于建房、理财等非生产性支出。在2016年6月17日召开的全国金融扶贫电视电话会议上，时任国家扶贫开发领导小组办公室主任刘永富指出要着力落实扶贫小额信贷，“五万以下、三年以内，免抵押免担保，基准利率放贷、财政资金贴息、县建风险补偿金，支持建档立卡贫困户发展产业增收脱贫”①。

在以上政策实施及试点的基础上，我国形成了类型丰富多样的小额信贷形式，如小组联保型、个人贷款型、循环贷款型等（吴国宝，1998）。我国的小额信贷扶贫主要有以下两个特征：首先，充分利用了政府的组织资源。与国外小额信贷的非政府组织不同，我国绝大部分的小额信贷试验都直接或间接地不同程度依赖于政府组织。其次，主要局限于信贷服务。尽管许多小额信贷试验项目包含了部分非信贷服务内容，但在实际操作当中更多地局限于信贷服务，这在一定程度上制约了小额信贷扶贫功能的发挥。总体而言，小额信贷扶贫政策取得了一定的成效：一方面，由于贷款对象实行了严格的筛选制度，能够提高困难人群的瞄准率，使小额信贷资源能够真正服务于困难人群；另一方面，相比扶贫贴息贷款发放，小额贷款大大提高了还款率，多数项目的还款率甚至高达90%以上（吴国宝，1998）。

### （三）金融精准扶贫政策的形成

自2011年以来，我国的金融扶贫政策逐渐发展完善，实现宏观与微观并重，着力突破制约困难人群发展的经济、社会与自然环境约束。具体表现为，在2011年发布的《中国农村扶贫开发纲要（2011—2020年）》中，明确提出在继续实施扶贫贴息贷款的基础上，加快完善欠发达地区的农村金融服务，包括金融服务方式与金融产品创新、欠发达地区金融机构空白乡镇的网点覆盖、农业特色保险的发展、欠发达地区农村信用体系的建设等。在此基础上，2013年11月召开的十八届三中全会提出了普惠金融的发展目标。2013年12月，国务院印发了《关于创新机制扎实推进农村扶贫开发工作的意见》，其中指出要完善农村金融服务机制，支持欠发达地区的产业发展与基础设施建设。具体而言，在组织机构方面，增强农村信用社的服务功能，并规范小额贷款公司、村镇银行以及贫困村资金互助组织等新型农村金融机构；在信贷方面，完善扶贫贴息贷款的政策体制，并逐步扩大贷款规模；在金融基础设施方面，要加快推动金融机构网点向欠发达地区延伸、改善支付环境，同时加快打造信用户、信用村、信用乡；在配套金融服务方面，加快发展农业担保机构、扩大农业保险覆盖面。2014年，中国人民银行等7部委联合发布了《关于全面做好扶贫

---

① 刘永富，2016. 扶贫办主任：落实中央决策部署 做好金融扶贫工作［EB/OL］.（2016-06-21）. http://www.gov.cn/xinwen/2016-06/21/content_5084066.htm.

开发金融服务工作的指导意见》，该意见着眼于欠发达地区，致力于打造多层次、可持续的欠发达地区农村金融服务体系，并指出到2020年初步建成全方位覆盖欠发达地区各阶层及弱势群体的普惠金融体系。以上金融扶贫政策的实施全方位地改善了欠发达地区农村金融生态环境，改变了以往仅局限于信贷资源注入的初始格局，为金融精准扶贫政策的形成奠定了客观基础。

随着我国区域化扶贫效益的不断递减，精准扶贫战略成为适应新时期贫困的重要举措（韩佳丽等，2017）。而金融作为现代经济发展的核心要素，金融扶贫的精准实施直接关系到战略全局。因此，2015年11月发布的《中共中央　国务院关于打赢脱贫攻坚战的决定》中提出，将金融扶贫作为打赢脱贫攻坚战的重要支撑。为了有效提升金融支持脱贫攻坚的精准性，2016年3月，中国人民银行等7部委联合印发了《关于金融助推脱贫攻坚的实施意见》，该意见紧紧围绕“精准扶贫、精准脱贫”的基本方略，全面提升扶贫金融服务的有效性和精准性，包括精准对接欠发达地区发展规划、精准对接特色产业金融服务需求、精准对接困难人群就业就学金融服务需求、精准对接易地扶贫搬迁金融服务需求、精准对接重点项目和重点地区等领域金融服务需求，并大力推进欠发达地区普惠金融发展、充分发挥各类金融机构在助推脱贫攻坚中的主体作用，在此基础上，通过设立扶贫再贷款[①]、财税政策协调配合以及差异化监管等政策，保障金融精准扶贫的可持续运行。在精准脱贫攻坚战的推动下，我国的困难人群大幅减少，深度贫困地区的困难人群成了决胜全面建成小康社会的难点。为贯彻落实党的十九大精神，2017年11月，国务院印发了《关于支持深度贫困地区脱贫攻坚的实施意见》。随后，中国人民银行等4个部门于2017年底联合印发了《关于金融支持深度贫困地区脱贫攻坚的意见》，要求金融机构新增资金、新增服务优先满足深度贫困地区的金融服务需求，使各项金融服务政策向深度贫困地区倾斜，力争2020年以前深度贫困地区的贷款增速高于所在省（自治区、直辖市）的贷款平均增速。

通过金融精准扶贫政策的实施，有效地提高了困难人群金融服务的可获取性，截至2017年6月末，金融机构发放给建档立卡困难户的贷款余额2 884亿元，同比增长59.4%，有679.8万建档立卡困难户获得贷款；发放给企业单位带动建档立卡困难户增收的产业精准扶贫贷款余额6 928亿元，同比增长37.1%，通过创业就业、吸收入股、签订购买或帮扶协议等方式带动建档立卡困难户增收[②]。至此，中国的金融扶贫政策体系逐步成形，组织体系日益完

① 为了有效引导地方法人金融机构切实降低欠发达地区涉农贷款利率水平，扶贫再贷款的利率在正常支农再贷款利率基础上下调1个百分点。

② 资料来源：潘功胜，2017. 聚焦深度贫困地区脱贫攻坚 做好新时期金融精准扶贫工作［N］. 金融时报，08-25（001）.

善，扶贫金融服务日益丰富，金融生态环境日益提升，这为打赢脱贫攻坚战役、顺利实现决胜全面建成小康社会的宏伟目标提供了重要支撑。

### (四) 总结与启示

通过对我国金融扶贫政策演变历程的总结可以发现，我国金融扶贫政策的实施是实事求是、与时俱进的。早期，在农村地区普遍贫困的现实背景下，政府向欠发达地区注入的大量扶贫贴息贷款在一定程度上促进了欠发达地区的资本形成，发展了一大批以当地资源为基础的产业，并带动了一大批贫困户脱贫增收。然而，随着困难人群的不断分化，“精英俘获”问题大量出现于农村信贷市场当中，同时扶贫贴息贷款的质量不断降低使得金融扶贫难以长期持续发展。因此，小额信贷扶贫政策应运而生，这在一定程度上缓解了扶贫贴息贷款的诸多问题。2015 年后，在新时期下，我国的贫困问题呈现出新的态势，精准扶贫是应对新时期贫困问题的有效举措，金融扶贫政策也随之演变为金融精准扶贫。在金融精准扶贫政策的有效实施下，能够实现对欠发达地区、贫困人口的金融精准识别与金融精准帮扶。然而，应当注意的是，尽管金融精准扶贫能够实现与精准扶贫战略的有机结合，但目前我国金融精准扶贫机制仍处于探索阶段，还存在着诸多问题、难题，这也是本研究所要解决的重要问题。

## 二、农村贫困与农村金融服务状况

### (一) 困难人群规模及分布

#### 1. 全国农村贫困变化

改革开放以来，历经 5 个扶贫阶段①，我国困难人群规模大幅减少。从表 3-1可以发现，随着经济的不断增长，我国的国家贫困线标准也经历了阶段性调整，主要分别设立了 1978 年、2008 年以及 2010 年贫困标准②。显然，贫困标准的提升导致困难人群规模以及贫困发生率的提高，但总体而言，无论在何种贫困标准下，我国农村困难人群规模以及贫困发生率都处于不断下降的态势，在这一期间，欠发达地区的经济得到了快速发展，困难人群的物质精神生

① 第一阶段（1978—1985 年）为体制改革扶贫阶段。该阶段主要从土地、市场以及就业制度改革入手，有效缓解了普遍贫困问题。第二阶段（1986—1993 年）为大规模开发式扶贫阶段。该阶段的主要特征表现为由救济式扶贫向开发式扶贫转变，有组织、有规模地促进欠发达地区经济发展。第三阶段（1994—2000 年）为脱贫攻坚阶段。在该阶段，我国发布了历史上第一个具有明确战略目标的扶贫纲领性文件《国家八七扶贫计划（1994—2000 年）》。在此期间，我国农村困难人群的温饱问题基本解决。第四阶段（2001—2010 年），我国发布了《中国农村扶贫开发纲要（2001—2010 年）》。该阶段对我国新时期的扶贫工作做出了重要部署，目标在于巩固温饱成果，并逐步提升困难人群的自我发展能力。第五阶段（2011—2020 年），我国发布了《中国农村扶贫开发纲要（2011—2020 年）》。该阶段是我国实现全面脱贫目标的重要阶段，在习近平总书记的领导下，“精准扶贫、精准脱贫”战略是这一时期的扶贫导向，这为 2020 年全面建成小康社会提供了正确的道路方向。

② 2017 年，我国实行的是 2010 年贫困标准，即：农村居民人均纯收入 2 300 元（2010 年不变价）以下。

活水平也显著提升。自 1978 年以来，我国的困难人群由 7.7 亿人大幅下降至 2016 年的 4 335 万人，贫困发生率也由 97.5%下降至 4.5%，为全世界的反贫困事业做出了十分重要的贡献，我国也成为首个完成联合国千年发展目标的国家。然而，随着贫困规模的不断下降，我国的扶贫事业也进入了瓶颈期，这主要是由于历经长期的扶贫开发，剩余的困难人群大多所处地理位置偏远、自我发展能力不足，成了我国 2020 年决胜脱贫攻坚目标的“深水区、硬骨头”。在这一阶段，得益于“精准扶贫、精准脱贫”战略的有效牵引，2013—2016 年，我国农村困难人群年均减少 1 391 万人，累计脱贫总数为 5 564 万人。2017—2019 年，我国正处于全面建成小康社会决胜阶段，如何有效带动剩余极端困难人群脱贫致富是这个阶段各界高度关注的重点、难点。

**表 3-1　1978—2016 年全国农村贫困变化情况**

| 年份 | 1978 年贫困标准 | | 2008 年贫困标准 | | 2010 年贫困标准 | |
|---|---|---|---|---|---|---|
| | 困难人群（万人） | 贫困发生率（%） | 困难人群（万人） | 贫困发生率（%） | 困难人群（万人） | 贫困发生率（%） |
| 1978 | 25 000 | 30.7 | | | 77 039 | 97.5 |
| 1980 | 22 000 | 26.8 | | | 76 542 | 96.2 |
| 1981 | 15 200 | 18.5 | | | | |
| 1982 | 14 500 | 17.5 | | | | |
| 1983 | 13 500 | 16.2 | | | | |
| 1984 | 12 800 | 15.1 | | | | |
| 1985 | 12 500 | 14.8 | | | 66 101 | 78.3 |
| 1986 | 13 100 | 15.5 | | | | |
| 1987 | 12 200 | 14.3 | | | | |
| 1988 | 9 600 | 11.1 | | | | |
| 1989 | 10 200 | 11.6 | | | | |
| 1990 | 8 500 | 9.4 | | | 65 849 | 73.5 |
| 1991 | 9 400 | 10.4 | | | | |
| 1992 | 8 000 | 8.8 | | | | |
| 1994 | 7 000 | 7.7 | | | | |
| 1995 | 6 540 | 7.1 | | | 55 463 | 60.5 |
| 1997 | 4 962 | 5.4 | | | | |
| 1998 | 4 210 | 4.6 | | | | |
| 1999 | 3 412 | 3.7 | | | 46 224 | 49.8 |
| 2000 | 3 209 | 3.5 | 9 422 | 10.2 | | |
| 2001 | 2 927 | 3.2 | 9 029 | 9.8 | | |
| 2002 | 2 820 | 3.0 | 8 645 | 9.2 | | |
| 2003 | 2 900 | 3.1 | 8 517 | 9.1 | | |

（续）

| 年份 | 1978年贫困标准 | | 2008年贫困标准 | | 2010年贫困标准 | |
|---|---|---|---|---|---|---|
| | 困难人群（万人） | 贫困发生率（%） | 困难人群（万人） | 贫困发生率（%） | 困难人群（万人） | 贫困发生率（%） |
| 2004 | 2 610 | 2.8 | 7 587 | 8.1 | | |
| 2005 | 2 365 | 2.5 | 6 432 | 6.8 | 28 662 | 30.2 |
| 2006 | 2 148 | 2.3 | 5 698 | 6.0 | | |
| 2007 | 1 479 | 1.6 | 4 320 | 4.6 | | |
| 2008 | | | 4 007 | 4.2 | | |
| 2009 | | | 3 597 | 3.8 | | |
| 2010 | | | 2 688 | 2.8 | 16 567 | 17.2 |
| 2011 | | | | | 12 238 | 12.7 |
| 2012 | | | | | 9 899 | 10.2 |
| 2013 | | | | | 8 249 | 8.5 |
| 2014 | | | | | 7 017 | 7.2 |
| 2015 | | | | | 5 575 | 5.7 |
| 2016 | | | | | 4 335 | 4.5 |

资料来源：国家统计局住户调查办公室，2017. 中国农村贫困监测报告2017［M］. 北京：中国统计出版社.

**2. 欠发达地区农村贫困变化**

上文从全国层面归纳总结了我国农村贫困的演变历程，而正如数据所揭示，目前我国农村贫困的矛盾主要集中在欠发达地区①。鉴于此，本文接下来将从地域性差异视角进一步分析我国欠发达地区农村贫困的现状。

如表3-2所示，2012—2016年，我国欠发达地区农村困难人群由6 039万人下降至2 654万人，贫困发生率也由23.2%下降至10.1%。然而，这一特征存在明显的区域差异。具体而言，我国欠发达地区的农村困难人群主要集中分布在中西部欠发达地区，尤其是西部欠发达地区。2016年的统计数据显示，我国东部欠发达地区的农村困难人群仅为156万人，所占比重为5.88%，而中部欠发达地区以及西部欠发达地区的农村困难人群规模则分别高达931万人和1 567万人，所占比重分别为35.08%和59.04%，这意味着高达94%的困难人群主要集中分布在中西部欠发达地区。

① 欠发达地区包括连片特困地区和连片特困地区外的国家扶贫开发工作重点县，共832个县。其中，连片特困地区包含680个县，国家扶贫开发工作重点县共计592个。两者有交叉，集中连片特困地区包含440个国家扶贫开发工作重点县。

**表 3-2　2012—2016 年我国欠发达地区农村贫困变化情况**

| 欠发达地区所在区域 | 欠发达地区农村困难人群（万人） | | | | | 欠发达地区农村贫困发生率（%） | | | | |
|---|---|---|---|---|---|---|---|---|---|---|
| | 2012 年 | 2013 年 | 2014 年 | 2015 年 | 2016 年 | 2012 年 | 2013 年 | 2014 年 | 2015 年 | 2016 年 |
| 全国 | 6 039 | 5 070 | 4 317 | 3 490 | 2 654 | 23.2 | 19.3 | 16.6 | 13.3 | 10.1 |
| 东部 | 364 | 313 | 277 | 208 | 156 | 23.2 | 20.0 | 18.9 | 14.2 | 10.6 |
| 中部 | 2 096 | 1 755 | 1 482 | 1 227 | 931 | 20.6 | 16.9 | 14.3 | 11.6 | 8.8 |
| 西部 | 3 579 | 3 002 | 2 558 | 2 054 | 1 567 | 25.0 | 21.0 | 18.0 | 14.6 | 11.1 |

资料来源：国家统计局住户调查办公室，2017. 中国农村贫困监测报告 2017［M］. 北京：中国统计出版社.

注：东部欠发达地区主要分布于河北、海南。中部欠发达地区主要分布于山西、吉林、黑龙江、安徽、江西、河南、湖北、湖南。西部欠发达地区主要分布于内蒙古、广西、重庆、四川、贵州、云南、西藏、陕西、甘肃、青海、宁夏、新疆。

正如《中国农村扶贫开发纲要（2011—2020 年）》所指出，我国 14 个连片特困地区①作为新时期脱贫攻坚的主战场。连片特困地区的特征主要表现为，该地区涵盖了我国绝大部分欠发达地区以及极端困难人群，既往扶贫开发所带来的经济增长的“涓滴效应”难以惠及这些地区。2011—2016 年，我国连片特困地区的困难人群规模由 2011 年的 6 035 万人下降至 2016 年的 2 182 万人，贫困发生率由 2011 年的 29.0%下降至 2016 年的 10.5%。2016 年我国欠发达地区的困难人群规模为 2 654 万人，这表明 82.2%的欠发达地区的困难人群集中分布在 14 个连片特困地区。

从连片特困地区的内部差异来看，14 个连片特困地区困难人群的分布也存在较大差异。连片特困地区的困难人群主要集中分布在滇桂黔石漠化区、武陵山区、乌蒙山区、秦巴山区、大别山区以及六盘山区这 6 个连片特困地区，其困难人群规模分别达 312 万、285 万、272 万、256 万、252 万、215 万人，共 1 592 万人，占连片特困地区总困难人群的 72.96%，可见，除“三区三州”之外②，这 6 个连片特困地区涵盖了绝大部分欠发达地区及极端困难人群。

通过以上多个层面的分析，本研究厘清了我国农村困难人群的历史演变以及现实特征。现状考察的结果表明，新时期我国脱贫攻坚战役的重点在中西部地区，难点在集中连片特困地区，难中之难则在于深度贫困地区。打赢脱贫攻

① 《中国农村扶贫开发纲要（2011—2020 年）》的第十条明确指出，将“六盘山区、秦巴山区、武陵山区、乌蒙山区、滇桂黔石漠化区、滇西边境山区、大兴安岭南麓山区、燕山—太行山区、吕梁山区、大别山区、罗霄山区”等区域的连片特困地区和已明确实施特殊政策的“西藏、四省藏区、新疆南疆三地州”，共 14 个连片特困地区作为我国脱贫攻坚的主战场。

② 2017 年，中共中央办公厅、国务院办公厅印发的《关于支持深度贫困地区脱贫攻坚的实施意见》中，将我国深度贫困地区界定为“三区三州”（西藏、四省藏区、南疆四地州和四川凉山州、云南怒江州、甘肃临夏州）以及其他贫困发生率较高的地区（贫困发生率超过 18%的贫困县和贫困发生率超过 20%的贫困村）。

坚战是党中央确定的国家重大战略。深度贫困地区是脱贫攻坚的坚中之坚，如何实现深度贫困地区的脱贫攻坚目标成为我国决胜全面建成小康社会的关键所在。鉴于此，在后文的实证分析过程中，本研究将基于我国深度贫困地区的微观农户调查数据，揭示欠发达地区农村金融减贫效应，从而为决胜脱贫攻坚目标的实现提供可靠的现实依据。

### （二）经济社会发展情况

金融减贫效应的发挥基于一定的基础性条件，即金融扶贫并非简单地表现为金融资源的注入，还受到诸多外部因素的影响。在诸多外部因素中，产业发展以及财政政策是影响金融减贫效应发挥的重要因素。首先，金融资源的本质在于其增值性，这是金融机构的营利本性所决定的。因此，金融扶贫必须立足于产业基础，只有通过有效的产业基础，才能够实现金融资源的可持续循环，活化欠发达地区的经济发展。其次，欠发达地区及贫困农户落后的物质条件基础决定了其必然难以成为金融机构的“优质”客户，这导致长期以来欠发达地区及困难人群的“金融排斥现象”。因此，现阶段我国金融资源的注入离不开政府的引导，财政政策作为政府重要的宏观调控手段，不仅是降低金融扶贫风险、稳定金融机构收益预期的有效保障，也是改善欠发达地区经济发展、降低困难人群脆弱性的重要途径。基于此，本研究将主要从欠发达地区的产业发展及财政收支状况两个维度，分析当前我国欠发达地区的社会经济发展现状。

#### 1. 产业发展

表 3-3 为 2011—2015 年我国欠发达地区的产业发展状况，2011—2015 年，欠发达地区的地区生产总值由 2011 年的 36 639 亿元增长至 2015 年的 55 608 亿元，年均增长速度达 11%，这一增幅明显高于全国平均水平。可见，在《中国农村扶贫开发纲要（2011—2020 年）》的科学指导思想下，尤其是在“精准扶贫、精准脱贫”战略的牵引下，欠发达地区滞后的经济发展状况得到了不断的改善。在三次产业的发展方面，第一产业增加值由 2011 年的 8 979 亿元提高到 2015 年的 12 668 亿元，第二产业增加值由 2011 年的 16 019 亿元提高到 2015 年的 22 463 亿元，第三产业增加值也由 2011 年的 11 641 亿元提高到 2015 年的 20 477 亿元，三次产业的增加值总量处于不断上升的态势，尤其是第三产业增加值。2011—2015 年，欠发达地区第三产业的增加值几乎翻了一番。然而，产业的发展不仅在于总量上的提升，更体现为结构上的优化。从欠发达地区的发展现状来看，尽管总体趋势表明欠发达地区第一产业及第二产业增加值的占比有所下降，第三产业增加值的占比不断上升，但这一变化是微乎其微的。具体而言，欠发达地区第一产业增加值占地区生产总值的比重仅由 2011 年的 24.5%下降至 2015 年的 22.8%，下降了 1.7 个百分点；而第三

产业增加值的占比由2011年的31.8%上升至2015年的36.8%，仅上升了5个百分点。与此同时，国家统计数据显示，2015年全国第一产业增加值占比仅为8.8%，第三产业增加值占比高达50.2%。由此可见，欠发达地区的产业结构依然处于相对滞后状态。这意味着长期以来，欠发达地区的产业结构并未得到根本性的转变，这可能是以下原因所导致：一方面，欠发达地区所处地理位置偏远、交通设施落后，难以有效实现市场对接；另一方面，欠发达地区的各方面要素禀赋（如资本、劳动力等）长期处于低水平状态，仅依赖于地方政府的单一推动，难以有效带动欠发达地区的产业发展。

**表3-3　2011—2015年我国欠发达地区产业发展状况**

| 指标 | 2011年 | | 2012年 | | 2013年 | | 2014年 | | 2015年 | |
|---|---|---|---|---|---|---|---|---|---|---|
| | 金额（亿元） | 占地区生产总值的比重（%） | 金额（亿元） | 占地区生产总值的比重（%） | 金额（亿元） | 占地区生产总值的比重（%） | 金额（亿元） | 占地区生产总值的比重（%） | 金额（亿元） | 占地区生产总值的比重（%） |
| 地区生产总值 | 36 639 | 100 | 42 491 | 100 | 47 773 | 100 | 52 357 | 100 | 55 608 | 100 |
| 第一产业增加值 | 8 979 | 24.5 | 10 197 | 24.0 | 11 108 | 23.3 | 11 910 | 22.7 | 12 668 | 22.8 |
| 第二产业增加值 | 16 019 | 43.7 | 18 804 | 44.3 | 21 082 | 44.1 | 22 560 | 43.1 | 22 463 | 40.4 |
| 第三产业增加值 | 11 641 | 31.8 | 13 490 | 31.7 | 15 583 | 32.6 | 17 887 | 34.2 | 20 477 | 36.8 |

资料来源：国家统计局住户调查办公室，2017. 中国农村贫困监测报告2017［M］. 北京：中国统计出版社.

**2. 财政收支**

从欠发达地区的公共财政收支状况来看（表3-4），2011—2015年，公共财政收入的规模由2011年的1 833亿元上升至2015年的3 561亿元，占全国公共财政收入的比重仅由2011年的1.7%上升至2015年的2.3%。在公共财政支出方面，近年来，欠发达地区的公共财政支出大幅上升，支出规模由2011年的10 427亿元上升至2015年的18 811亿元，占全国公共财政支出总额的比重也由2011年的9.5%上升至2015年的10.7%。财政支出作为实现欠发达地区转移支付以及农村基础设施投入的重要手段，大规模的财政投入为欠发达地区的经济社会发展注入了强有力的资本要素。

但是，通过对比欠发达地区的公共财政收入状况可以发现，由于欠发达地区经济发展基础的相对滞后，其公共财政收入规模远不及公共财政支出规模。以2015年为例。2015年欠发达地区公共财政支出与公共财政收入之间的绝对差额高达15 250亿元（表3-4）。可见，目前欠发达地区的财政支出更多地仍依赖于中央及上级财政拨付。

**表 3-4 2011—2015 年我国欠发达地区公共财政收支状况**

| 指标 | 2011 年 | | 2012 年 | | 2013 年 | | 2014 年 | | 2015 年 | |
|---|---|---|---|---|---|---|---|---|---|---|
| | 规模（亿元） | 占全国公共财政收入（或支出）的比重（%） | 规模（亿元） | 占全国公共财政收入（或支出）的比重（%） | 规模（亿元） | 占全国公共财政收入（或支出）的比重（%） | 规模（亿元） | 占全国公共财政收入（或支出）的比重（%） | 规模（亿元） | 占全国公共财政收入（或支出）的比重（%） |
| 公共财政收入 | 1 833 | 1.7 | 2 345 | 1.9 | 2 987 | 2.3 | 3 348 | 2.3 | 3 561 | 2.3 |
| 公共财政支出 | 10 427 | 9.5 | 13 023 | 10.3 | 14 612 | 10.4 | 16 172 | 10.6 | 18 811 | 10.7 |

资料来源：国家统计局住户调查办公室，2017. 中国农村贫困监测报告 2017［M］. 北京：中国统计出版社.

## （三）居民生产生活情况

### 1. 农村居民收入

从 2016 年欠发达地区农村居民的总体收入情况（表 3-5）来看，欠发达地区人均可支配收入为 8 451 元，较 2015 年增长 10.4%，而同期全国农村的人均可支配收入为 12 364 元，但较 2015 年增速仅为 8.2%。由此可见，尽管欠发达地区农村居民的人均可支配收入依然远落后于全国农村居民的平均水平，但它正处于快速增长的过程中。这也充分体现出，近年来在党中央的高度重视下，欠发达地区农村居民的物质生活水平得到了极大的改善。

从收入结构来看，欠发达地区农村居民的收入主要来源于经营净收入（40.7%，其中 31.9%来源于第一产业，8.8%来源于第二、第三产业）、工资性收入（34.1%）、转移净收入（23.9%）以及财产净收入（1.3%）。除工资性收入之外，第一产业依然是欠发达地区农村居民的主要收入来源，同时，转移收入也成为其主要的收入来源，但其财产净收入所占比重十分有限。相比之下，同期全国农村居民的收入来源由高到低分别为工资性收入（40.6%）、经营净收入（38.3%，其中 26.4%来源于第一产业，11.9%来源于第二、第三产业）、转移净收入（18.8%）以及财产净收入（18.8%）。通过两者的对比可以直观地发现，与全国农村地区相比，欠发达地区农村居民的收入更多地来源于第一产业以及政府的财政转移支付，即欠发达地区农村居民的增收渠道依然十分有限。此外，需要指出的是，在财产性收入方面，无论是欠发达地区还是全国农村地区，财产性收入占总收入的比重均极为低下。如何有效拓宽财产性收入来源，是未来我国农村居民收入可持续增长的重要突破点。

**表 3-5 2016 年我国欠发达地区农村居民收入的整体状况**

| 指标 | 欠发达地区农村 | | | 全国农村 | | |
|---|---|---|---|---|---|---|
| | 金额（元） | 占比（%） | 较 2015 年增速（%） | 金额（元） | 占比（%） | 较 2015 年增速（%） |
| 人均可支配收入 | 8 451 | 100.0 | 10.4 | 12 364 | 100.0 | 8.2 |

（续）

| 指标 | 欠发达地区农村 | | | 全国农村 | | |
|---|---|---|---|---|---|---|
| | 金额（元） | 占比（%） | 较2015年增速（%） | 金额（元） | 占比（%） | 较2015年增速（%） |
| 一、工资性收入 | 2 880 | 34.1 | 12.7 | 5 022 | 40.6 | 9.2 |
| 二、经营净收入 | 3 443 | 40.7 | 4.9 | 4 742 | 38.3 | 5.3 |
| （一）第一产业 | 2 696 | 31.9 | 2.7 | 3 270 | 26.4 | 3.7 |
| 种植业 | 1 931 | 22.8 | 2.1 | 2 440 | 19.7 | 1.1 |
| 牧业 | 571 | 6.8 | 6.9 | 574 | 4.6 | 17.4 |
| （二）第二、第三产业 | 747 | 8.8 | 13.9 | 1 472 | 11.9 | 9.0 |
| 三、财产净收入 | 107 | 1.3 | 14.3 | 272 | 2.2 | 8.2 |
| 四、转移净收入 | 2 021 | 23.9 | 17.4 | 2 328 | 18.8 | 12.7 |

资料来源：国家统计局住户调查办公室，2017. 中国农村贫困监测报告 2017［M］. 北京：中国统计出版社.

在上文分析的基础上，本研究从农户异质性视角进一步分析欠发达地区农村居民收入的内部差异，具体如表 3-6 所示。通过将欠发达地区农户划分为低收入组、中低收入组、中等收入组、中高收入组以及高收入组五个群体，对比其人均可支配收入及结构性差异可以发现：欠发达地区农村居民的内部收入差距悬殊。2016 年，欠发达地区低收入农户的人均可支配收入仅为 2 392 元，而高收入农户的人均可支配收入则高达 17 295 元，为前者的 7.23 倍。贫富差距的扩大必然不利于极端困难人群的发展。由此可见，要有效带动极端困难人群脱贫致富，不仅应保障扶贫政策的精准实施，也应注重构建合理的收入分配格局。

在收入结构差异方面，欠发达地区低收入农户的绝大部分收入主要来源于工资性收入以及转移净收入，而经营净收入所占比重相对较低，尤其是财产净收入对低收入农户的贡献微乎其微。这可能是由于欠发达地区经济产业发展滞后，大部分农业生产主要停留于小农式生产，非农产业的发展也明显滞后，加之低收入群体自身发展能力不足，导致其自身经营能力十分有限。同时，低收入农户的固定资产也十分匮乏，其财产净收入仅能依赖于土地流转这一路径。由此可见，现阶段我国欠发达地区的极端困难人群增收更多地依赖于外出务工与政府财政转移支付这两大途径。相比而言，欠发达地区高收入农户的绝大部分收入则来源于经营净收入、工资性收入以及转移净收入，其中经营净收入是其收入增长的最主要组成部分，占比高达 40.7%。通过进一步对比可以发现，高收入农户的经营净收入不仅远高于低收入农户，而且明显高于中等收入及中高收入农户，可见，这并非仅仅由于农户自身经营能力差异所导致，其内在根源可能更多地来源于“精英俘获”现象。既有的诸多研究表明，财政扶贫项目、扶贫贴息贷款、精准扶贫建档立卡等扶贫政策实施领域均存在明显的“精英俘获”(邢成举等，2013；温涛等，2016；胡联等，2015)。此外，转移净收入作为再分配的重要手段，也成为欠发达地区高收入农户的重要收入来源。高收入农户的转移净收入远高于低收入农户，这显然不利于缩小欠发达地区的内部收入差距。

**表 3-6 2016 年我国欠发达地区农村居民收入的分组差异**

| 指标 | 合计（元） | 低收入组 | 中低收入组 | 中等收入组 | 中高收入组 | 高收入组 |
|---|---|---|---|---|---|---|
| 人均可支配收入 | 8 451 | 2 392 | 5 328 | 7 335 | 9 907 | 17 295 |
| 一、工资性收入 | 2 880 | 1 021 | 1 992 | 2 765 | 3 615 | 5 006 |
| 二、经营净收入 | 3 443 | 505 | 1 985 | 2 750 | 3 940 | 8 037 |
| 三、财产净收入 | 107 | 42 | 54 | 71 | 98 | 269 |
| 四、转移净收入 | 2 021 | 824 | 1297 | 1 749 | 2 254 | 3 983 |

资料来源：国家统计局住户调查办公室，2017. 中国农村贫困监测报告 2017［M］. 北京：中国统计出版社.

## 2. 农村居民消费

上文从收入视角分析了欠发达地区农户的收入状况，现状分析表明，一方面，欠发达地区极端困难人群的收入增长动力不足；而另一方面，消费作为农村居民生活福利水平的重要体现，是提升欠发达地区农村居民生活质量的重要途径。因此，本研究接下来将从消费的视角入手，分析欠发达地区农村居民的生活福利状况。

从总体上来看，如表 3-7 所示，2016 年欠发达地区农村居民的人均消费支出为 7 330 元，较 2015 年增长 10.1%，而全国农村的人均消费支出为 10 129 元，较 2015 年增长 9.8%。两者之间虽然存在一定差距，但相比收入差距而言，消费差距相对较小，欠发达地区农村居民的人均消费水平约为全国农村平均水平的 72.4%。由此可见，近年来欠发达地区农村居民的生活福利状态得到了较大的改善，能够在一定程度上满足其基本消费需求。

**表 3-7 2016 年我国欠发达地区农村居民消费的整体状况**

| 指标 | 欠发达地区农村 | | | 全国农村 | | | 欠发达地区农村居民消费与全国农村居民消费之比（%） |
|---|---|---|---|---|---|---|---|
| | 金额（元） | 占比（%） | 较 2015 年增速（%） | 金额（元） | 占比（%） | 较 2015 年增速（%） | |
| 人均消费支出 | 7 330 | 100.0 | 10.1 | 10 129 | 100.0 | 9.8 | 72.4 |
| 一、食品烟酒 | 2 567 | 35.0 | 6.5 | 3 266 | 32.2 | 7.2 | 78.6 |

（续）

| 指标 | 欠发达地区农村 | | | 全国农村 | | | 欠发达地区农村居民消费与全国农村居民消费之比（%） |
|---|---|---|---|---|---|---|---|
| | 金额（元） | 占比（%） | 较2015年增速（%） | 金额（元） | 占比（%） | 较2015年增速（%） | |
| 二、衣着 | 423 | 5.8 | 4.4 | 575 | 5.7 | 4.5 | 73.6 |
| 三、居住 | 1 543 | 21.1 | 12.1 | 2 147 | 21.2 | 11.5 | 71.9 |
| 四、生活用品及服务 | 448 | 6.1 | 9.2 | 596 | 5.9 | 9.2 | 75.2 |
| 五、交通通信 | 803 | 11.0 | 15.9 | 1 360 | 13.4 | 16.9 | 59.0 |
| 六、教育文化娱乐 | 790 | 10.8 | 16.2 | 1 070 | 10.6 | 10.4 | 73.8 |
| 七、医疗保健 | 638 | 8.7 | 12.5 | 929 | 9.2 | 9.8 | 68.7 |
| 八、其他用品及服务 | 118 | 1.6 | 4.0 | 186 | 1.8 | 6.9 | 63.4 |

资料来源：国家统计局住户调查办公室，2017. 中国农村贫困监测报告 2017［M］. 北京：中国统计出版社.

从农村居民消费的结构差异来看，食品烟酒消费及居住消费是欠发达地区农村居民的主要消费去向，两项消费所占比重分别为 35.0%及 21.1%，两者之和高达 56.1%；其次是交通通信消费、教育文化娱乐消费以及医疗保健消费，所占比例分别为 11.0%、10.8%及 8.7%。同时，全国农村居民的消费结构也主要由食品烟酒消费（32.2%）、居住消费（21.2%）、交通通信消费（13.4%）、教育文化娱乐消费（10.6%）以及医疗保健消费（9.2%）等方面构成。由此可见，欠发达地区农村居民的消费结构与全国农村居民未存在显著差异。

从组间差异来看，欠发达地区不同收入群体之间的消费存在较大差异。从表 3-8 中可以看出低收入农户的人均消费支出仅为 5 487 元，而高收入农户的人均消费则高达 10 680 元，约为前者的 2 倍，这表明在生活福利方面，欠发达地区低收入农户明显低于高收入农户。而在消费结构方面，无论是何种收入水平的农户群体，其食品烟酒消费及居住消费均为最主要的消费支出，可见，目前我国欠发达地区农村居民的消费结构依然较为单一，表现为以基本物质生存需求为导向的消费结构，而在文化、娱乐、医疗保健方面的消费十分有限。需进一步指出的是，尽管欠发达地区低收入农户的消费结构与高收入农户具有一定的相似性，但在消费水平方面，无论是何种类型的消费支出，低收入农户均远低于高收入农户。

**表 3-8　2016 年我国欠发达地区农村居民消费的分组差异**

| 指标 | 合计（元） | 低收入组 | 中低收入组 | 中等收入组 | 中高收入组 | 高收入组 |
|---|---|---|---|---|---|---|
| 人均消费支出 | 7 330 | 5 487 | 5 901 | 6 673 | 7 915 | 10 680 |

（续）

| 指标 | 合计（元） | 低收入组 | 中低收入组 | 中等收入组 | 中高收入组 | 高收入组 |
|---|---|---|---|---|---|---|
| 一、食品烟酒 | 2 567 | 1 976 | 2 150 | 2 396 | 2 768 | 3 547 |
| 二、衣着 | 423 | 319 | 344 | 386 | 456 | 608 |
| 三、居住 | 1 543 | 1 183 | 1 249 | 1 407 | 1 643 | 2 236 |
| 四、生活用品及服务 | 448 | 313 | 349 | 409 | 483 | 688 |
| 五、交通通信 | 803 | 570 | 558 | 652 | 892 | 1 343 |
| 六、教育文化娱乐 | 790 | 593 | 702 | 775 | 893 | 988 |
| 七、医疗保健 | 638 | 450 | 455 | 550 | 653 | 1 081 |
| 八、其他用品及服务 | 118 | 83 | 94 | 98 | 127 | 189 |

资料来源：国家统计局住户调查办公室，2017. 中国农村贫困监测报告 2017［M］. 北京：中国统计出版社.

### 3. 生活居住条件

根据联合国千年发展目标所设定的目标，提升困难人群的生活居住条件也是提升困难人群发展能力、降低贫困脆弱性的重要途径。因此，本研究将着重分析我国欠发达地区农户的生活居住条件。如表 3-9 所示，2012—2016 年，我国欠发达地区农户的各方面生活居住条件都得到了不同程度的改善，居住竹草土坯房的农户比重由 2012 年的 7.8%下降至 2016 年的 4.5%，使用独立厕所的农户比重由 2012 年的 91.0%上升至 2016 年的 94.2%，炊用柴草的农户比重由 2012 年的 61.1%下降至 2016 年的 51.4%；在家庭饮用水方面，使用管道供水的农户比重由 2012 年的 56.4%上升至 2016 年的 67.4%，使用净化处理自来水的农户比重由 2012 年的 33.1%上升至 2016 年的 40.8%，饮水无困难的农户比重也由 2013 年的 80.1%上升至 2016 年的 87.9%。欠发达地区农户生活居住条件的改善不仅能够直接提高农村居民的生活幸福感，更为重要的是，居住卫生环境的改善能够有效避免疾病的感染与传播，从而降低疾病的影响。然而，根据 2016 年的统计数据，欠发达地区农户的生活居住条件依然存在诸多不足。例如，使用管道供水的农户比重较低，仅为 67.4%，使用净化处理自来水的农户比重仅为 40.8%，饮水困难的农户比重为 12.1%，这意味着欠发达地区大部分农户在生活饮用水方面无法得到保障。此外，在燃料使用方面，仍有 51.4%的农户使用柴草烧水煮饭。

**表 3-9　2012—2016 年我国欠发达地区农户生活居住条件**

单位：%

| 指标 | 2012 年 | 2013 年 | 2014 年 | 2015 年 | 2016 年 |
|---|---|---|---|---|---|
| 一、居住竹草土坯房的农户比重 | 7.8 | 7.0 | 6.6 | 5.7 | 4.5 |

（续）

| 指标 | 2012 年 | 2013 年 | 2014 年 | 2015 年 | 2016 年 |
|---|---|---|---|---|---|
| 二、使用照明电的农户比重 | — | 99.3 | 99.5 | 99.8 | 99.3 |
| 三、使用管道供水的农户比重 | 56.4 | 53.6 | 55.9 | 61.5 | 67.4 |
| 四、使用净化处理自来水的农户比重 | 33.1 | 30.6 | 33.1 | 36.4 | 40.8 |
| 五、饮水无困难的农户比重 | — | 80.1 | 82.3 | 85.3 | 87.9 |
| 六、独用厕所的农户比重 | 91.0 | 92.7 | 93.1 | 93.6 | 94.2 |
| 七、炊用柴草的农户比重 | 61.1 | 58.6 | 57.8 | 54.9 | 51.4 |

资料来源：国家统计局住户调查办公室，2017. 中国农村贫困监测报告 2017［M］. 北京：中国统计出版社.

## （四）居民社会公共服务情况

### 1. 基础设施

欠发达地区农村基础设施的完善是推动生产要素流动、促进经济发展的重要条件。如表 3-10 所示，2013—2016 年，欠发达地区农村基础设施条件得到了一定的提升。具体而言，在道路交通方面，欠发达地区所在自然村通公路的农户比重由 2013 年的 97.8%上升至 2016 年的 99.8%，所在自然村主干道路硬化的农户比重由 2013 年的 88.9%上升至 2016 年的 96.0%，所在自然村能便利乘坐公共汽车的农户比重由 2013 年的 56.1%上升至 2016 年的 63.9%；在信息通信方面，欠发达地区所在自然村通电话的农户比重由 2013 年的 98.3%上升至 2016 年的 99.9%，所在自然村能接收有线电视信号的农户比重由 2013 年的 79.6%上升至 2016 年的 94.2%，所在自然村通宽带的农户比重由 2015 年的 71.8%上升至 2016 年的 79.8%。道路、通信设施的完善有助于欠发达地区资本要素、劳动力要素的流动，使欠发达地区的产出能够实现有效的市场对接，这是实现欠发达地区经济发展内生动力的基础条件。从目前来看，欠发达地区农村基础设施条件的短板主要在于两方面：一方面，2016 年，欠发达地区所在自然村能便利乘坐公共汽车的农户比重依然较低，仅为 63.9%；另一方面，欠发达地区所在自然村通宽带的农户比重约为 79.8%。

**表 3-10　2013—2016 年我国欠发达地区农村基础设施条件**

单位：%

| 指标 | 2013 年 | 2014 年 | 2015 年 | 2016 年 |
|---|---|---|---|---|
| 一、所在自然村通公路的农户比重 | 97.8 | 99.1 | 99.7 | 99.8 |
| 二、所在自然村通电话的农户比重 | 98.3 | 99.2 | 99.7 | 99.9 |
| 三、所在自然村能接收有线电视信号的农户比重 | 79.6 | 88.7 | 92.2 | 94.2 |

（续）

| 指标 | 2013 年 | 2014 年 | 2015 年 | 2016 年 |
|---|---|---|---|---|
| 四、所在自然村进村主干道路硬化的农户比重 | 88.9 | 90.8 | 94.1 | 96.0 |
| 五、所在自然村能便利乘坐公共汽车的农户比重 | 56.1 | 58.5 | 60.9 | 63.9 |
| 六、所在自然村通宽带的农户比重 | — | — | 71.8 | 79.8 |

资料来源：国家统计局住户调查办公室，2017. 中国农村贫困监测报告 2017 [M]. 北京：中国统计出版社.

### 2. 文化教育

人力资本的培育是欠发达地区金融扶贫功能实现的基础性条件，而这则有赖于欠发达地区农村文化教育。因此，本研究将从多个层面对目前我国欠发达地区的农村文化教育条件进行分析。如表 3-11 所示，在基础教育方面，7～15 岁非在校儿童比重由 2015 年的 2.2%下降至 2016 年的 1.8%，下降 0.4 个百分点；所在自然村上幼儿园便利的农户比重从 2015 年的 76.1%上升至 2016 年的 79.7%，上升 3.6 个百分点；所在自然村上小学便利的农户比重由 2015 年的 81.7%上升至 2016 年的 84.9%，上升 3.2 个百分点。可见，欠发达地区农村基础教育条件得到了一定的改善，但仍有部分欠发达地区的基础教育处于滞后、缺失状态。在初中教育方面，欠发达地区 16 岁以上成员均完成初中教育的农户比重由 2015 年的 16.9%下降至 2016 年的 16.0%，下降 0.9 个百分点，表明欠发达地区农村劳动力的受教育程度明显偏低，这与当前供给侧结构性改革背景下，劳动力素质要求不断提升的现实是相违背的，极不利于欠发达地区农户的脱贫致富。此外，欠发达地区有文化活动室的建制村比重由 2015 年的 83.8%上升至 2016 年的 86.5%，上升 2.7 个百分点。丰富的乡村文化活动有利于乡村文明建设及乡村文化的传承，这也是乡村振兴的必然要求。

**表 3-11　2015—2016 年我国欠发达地区农村文化教育条件**

| 指标 | 2015 年（%） | 2016 年（%） | 增加的百分点（个） |
|---|---|---|---|
| 一、7～15 岁非在校儿童比重 | 2.2 | 1.8 | −0.4 |
| 二、16 岁以上成员均完成初中教育的农户比重 | 16.9 | 16.0 | −0.9 |
| 三、所在自然村上幼儿园便利的农户比重 | 76.1 | 79.7 | 3.6 |
| 四、所在自然村上小学便利的农户比重 | 81.7 | 84.9 | 3.2 |
| 五、有文化活动室的建制村比重 | 83.8 | 86.5 | 2.7 |

资料来源：国家统计局住户调查办公室，2017. 中国农村贫困监测报告 2017 [M]. 北京：中国统计出版社.

### 3. 医疗卫生

疾病是剩余困难人群深陷于贫困的重要原因之一，尤其是对于极端困难人群而言，这一现象尤为明显。而长期以来，欠发达地区农村滞后的医疗卫生条件则是导致该问题的主要原因之一。因此，本研究将对当前欠发达地区农村医疗卫生条件的现状进行分析。如表 3-12 所示，2013—2016 年，我国欠发达地区农村医疗条件有了较为明显的改善，而卫生条件依然有待优化。具体而言，在医疗条件方面，欠发达地区拥有合法行医证医生或卫生员的建制村比重由 2013 年的 88.9%上升至 2016 年的 90.4%，所在自然村有卫生站的农户比重由 2013 年的 84.4%上升至 2016 年的 91.4%，由此可见，近年来在党中央的高度重视下，欠发达地区的基础医疗条件稳步提升。在卫生条件方面，欠发达地区拥有畜禽集中饲养区的建制村比重由 2013 年的 23.9%上升至 2016 年的 28.0%，所在自然村垃圾能集中处理的农户比重由 2013 年的 29.9%上升至 2016 年的 50.9%，从这一统计数据可以发现，尽管欠发达地区农村卫生条件得到了一定改善，但仍处于较为滞后的状态，这极不利于欠发达地区农村居民的身心健康。

**表 3-12　2013—2016 年我国欠发达地区农村医疗卫生条件**

单位:%

| 指标 | 2013 年 | 2014 年 | 2015 年 | 2016 年 |
|---|---|---|---|---|
| 一、拥有合法行医证医生或卫生员的建制村比重 | 88.9 | 90.9 | 91.2 | 90.4 |
| 二、所在自然村有卫生站的农户比重 | 84.4 | 86.8 | 90.3 | 91.4 |
| 三、拥有畜禽集中饲养区的建制村比重 | 23.9 | 26.7 | 26.9 | 28.0 |
| 四、所在自然村垃圾能集中处理的农户比重 | 29.9 | 35.2 | 43.3 | 50.9 |

资料来源：国家统计局住户调查办公室，2017. 中国农村贫困监测报告 2017［M］. 北京：中国统计出版社.

## （五）农村金融服务状况

### 1. 欠发达地区农村金融供给状况

（1）信贷市场。

从我国的现实情况来看，欠发达地区的信贷供给模式为政府主导、各类金融机构实施，具体而言，政策性银行主要包含国家开发银行及中国农业发展银行。国家开发银行的信贷供给集中体现在重点支持领域，主要为欠发达地区的易地扶贫搬迁、特色产业发展、基础设施建设（农村道路、水电网铺设、危房改造等）提供信贷支持，并通过“四台一会”[①] 的融资模式，为建档立卡困难户

① “四台一会”指的是以地方政府的国有资产运营公司为融资平台、担保公司为担保平台、金融工作办公室为管理平台，并以社会公示平台作为披露贷款信息平台，创建信用促进协会，为借款人增信。

发展生产提供融资服务，从而促进欠发达地区特色优势产业的发展。同时，国家开发银行还发放了教育扶贫贷款。截至2015年底，国家开发银行为欠发达地区大学生发放了879亿元的助学贷款，并贷款270亿元用于支持欠发达地区的校园安全工程建设①。而中国农业发展银行则通过加强贷款审批、发放等途径，为易地扶贫搬迁工程提供大量的金融资金支持，推动易地扶贫搬迁工程的完成。

商业性银行则更多地针对欠发达地区帮扶企业以及贫困农户提供信贷资源供给服务。例如，中国农业银行为建档立卡困难户定制“精准扶贫贷”“金穗脱贫贷”等金融产品；中国邮政储蓄银行则通过“一县一业、一行一品”的思路，通过信贷业务支持欠发达地区发展特色产业，从而带动当地的减贫增收。截至2017年6月末，金融机构发放给建档立卡困难群众的贷款余额2 884亿元，同比增长59.4%，有679.8万建档立卡困难群众获得贷款；发放给企业单位带动建档立卡困难群众增收的产业精准扶贫贷款余额6 928亿元，同比增长37.1%，通过创业就业、吸收入股、签订购买或帮扶协议等方式带动建档立卡困难群众增收。

此外，中国人民银行也发挥了极为重要的宏观引导作用，通过综合运用货币政策工具，引导金融机构扩大深度贫困地区的信贷投放。一方面，中国人民银行努力完善深度贫困地区的扶贫再贷款管理体系，加强对深度贫困地区的扶贫再贷款的倾斜力度，保证深度贫困地区的信贷资源供给增速，力争深度贫困地区每年扶贫再贷款占所在省（自治区、直辖市）的贷款总额的比重高于上年同期水平；另一方面，中国人民银行充分发挥引导作用，通过引导金融机构加强系统内信贷资源的调剂，加大对深度贫困地区的支持力度，使深度贫困地区每年的贷款增速高于所在省（自治区、直辖市）各类贷款的平均增速。

（2）资本市场。

长期以来，资本的匮乏是制约欠发达地区经济产业发展的重要因素。而资本市场是引导资金流向欠发达地区的有效途径，因此，中国证券监督管理委员会于2016年出台了《关于发挥资本市场作用服务国家脱贫攻坚战略的意见》，为资本市场服务欠发达地区经济发展提供了重要保障。

首先，在制度方面，中国证券监督管理委员会规定，对于欠发达地区首次公开发行、并购重组、新三板上市以及发行公司债券等业务的公司，以“即报即审、审过即发”为原则，加快其审核进度，同时，出台的多项措施涵盖了多个层次的资本市场，如交易所、股转系统等。截至2017年9月，欠发达地区共有7家企业通过绿色通道成功上市。其次，在监督引导方面，中国证券监督管理委员会充分发挥其引导作用，积极鼓励行业经营机构服务脱贫攻坚。截至

① 资料来源：李培林，魏后凯，2016. 中国扶贫开发报告（2016）[M]. 北京：社会科学文献出版社.

2017 年 9 月，已有 93 家证券公司结对帮扶 192 个国家级贫困县。同时，为改善欠发达地区金融环境、提升欠发达地区对资本市场的认识，各证券公司在欠发达地区开展资本市场教育培训活动近 300 场，5 万余人次接受教育培训。证券公司派驻挂职干部 59 人，设立金融扶贫工作站 53 个，与贫困县初步建立了长效帮扶机制。此外，为了有效拓宽欠发达地区企业融资渠道、降低融资成本，各大证券公司充分运用并购重组、承销保荐、财务顾问等手段，有效拉动欠发达地区脱贫致富。

在资本市场的不断完善下，欠发达地区经济产业发展逐步突破了资本匮乏的束缚。相关统计数据显示①，2016 年，证券公司帮助欠发达地区融资金额达 828.92 亿元。其中，在欠发达地区承销保荐首次公开募股（IPO）项目 4 个，融资 16.45 亿元；帮助欠发达地区上市公司非公开发行股票融资项目 5 个，融资 37.19 亿元；在欠发达地区完成并购重组项目 6 个，融资 174.87 亿元；通过新三板股权融资项目 47 个，融资 35.10 亿元；为欠发达地区发行债券融资项目 68 个，融资 536.32 亿元；开展私募股权融资项目 6 个，融资 1.49 亿元；设立欠发达地区产业基金 6 个，募集资金 27.50 亿元。2017 年底公布的《关于金融支持深度贫困地区脱贫攻坚的意见》中进一步指出，支持深度贫困地区符合条件的企业通过发行短期融资券、中期票据、扶贫票据、社会效应债券等债务融资工具筹集资金，实行会费减半的优惠。

（3）保险市场。

保险市场是农村金融市场的重要组成部分之一，保险功能的发挥是降低欠发达地区农业生产风险、农户贫困脆弱性的关键所在。近年来，在金融精准扶贫政策的推动下，我国欠发达地区的保险服务供给日趋完善。总体而言，目前针对我国欠发达地区的保险产品主要包括农业保险、大病保险以及部分为贫困户制定的特殊保险。通过不断完善的保险体系，不仅充分发挥了保险扶贫功能，而且助推了各类金融服务的扶贫功能。

高风险是农业生产的主要特征之一。一方面，农业生产高度依赖于自然条件，这就导致农业生产面临着较大的自然风险；另一方面，农业作为弱势产业，当面临市场价格波动时，农户往往难以承受市场风险所带来的损失。在自然风险与市场风险的双重作用下，因灾致贫、因灾返贫的现象屡见不鲜，尤其是对于贫困农户而言，这一冲击更为明显。因此，为了有效降低欠发达地区农业生产风险，2016 年，中国保险监督管理委员会②与国务院扶贫开发领导小组

① 资料来源：中国证券监督管理委员会网站。

② 中国保险监督管理委员会成立于 1998 年 11 月。2018 年 3 月，根据国务院机构改革方案，组建中国银行保险监督管理委员会，不再保留中国保险监督管理委员会。2023 年 3 月，根据新的党和国家机构改革方案，组建国家金融监督管理总局，不再保留中国银行保险监督管理委员会。

办公室联合印发《关于做好保险业助推脱贫攻坚工作的意见》。随后，中国保险监督管理委员会加大政策引导力度，对扶贫保险给予保险费补贴，对贫困农户参与农业保险降低 20%的保险费费率，并实行灾后预付赔款制度，鼓励在欠发达地区开展地方特色农产品保险，推动了保险业服务脱贫攻坚战略。另外，疾病是低收入群体陷入贫困的重要影响因素，困难人群因病致贫、因病返贫的问题十分突出。尽管脱贫攻坚战役正不断推进，但因病致贫、因病返贫的人数占困难人群数量的比例却在不断上升，由 2013 年的 42.2%上升至 2015 年的 44.1%，涉及的困难人群高达 2 000 多万人，其中有 734 万人患有大病或慢性病，其中 15～59 岁年龄段的患病者占比高达 41%[①]。为了有效解决这一问题，我国在基本医疗保险的基础上，实施了大病保险，对医疗费用超过基本医疗保险上限的大病进行二次报销。

统计数据显示[②]，2016 年，农业保险为 2.04 亿户次农户提供风险保障 2.16 万亿元，为 4 575 万户次农户支付赔款 348 亿元，在重大农业灾害中成为农民恢复生产的重要资金来源；大病保险覆盖城乡居民 10.1 亿人，平均报销水平提高 13 个百分点，超过1 100万人受益，困难人群补充医疗保险覆盖1 000多万名困难人群；农村居民和农民工的小额人身保险参保人数达到 9 000万人次，保障金额超过 1.4 万亿元。从各大保险机构的实施成果来看，中国人民财产保险股份有限公司 10 年来开办各类农业保险品种 200 余个，产品数量1 300余个，累计为 10.36 亿户次农户提供了 5.37 万亿元农业风险保障；中国人寿保险股份有限公司的 27 家省级分公司与当地政府有关部门合作，为 1 700 余万人次建档立卡困难群众提供了近 1.7 万亿元的风险保障；中国平安保险股份有限公司通过各类农业保险产品累计为 5 730 万户次农户提供超过 4 000 亿元风险保障，累计支付赔款超过 7 亿元，受益农户超过 48 万户次。

2018 年，中国保险监督管理委员会发布了《关于保险业支持深度贫困地区脱贫攻坚的意见》，其中的重点是进一步降低深度贫困地区保险费费率。具体而言，深度贫困地区财政补贴型农业保险的保险费费率在已降低 20%的基础上，再降低 10%～30%；建档立卡困难户意外伤害保险和商业型农业保险的执行费率可在备案费率的基础上降低 10%～30%；按照收支平衡的原则，配合地方政府对深度贫困地区建档立卡困难户大病保险给予倾斜支持，适当降低起付线、放宽封顶线，提高报销比例，提高大病保险保障程度；支持保险机构在深度贫困地区开发健康保险产品，适当扩大保障范围，将民族医药和当地

① 资料来源：苏惟楚，2017. 我国近 2 000 万人面临因病致贫、返贫：将对重病患者兜底保障［ER/OL］.（2017-04-21）. https：//www.jiemian.com/article/1267421.html.

② 资料来源：肖扬，2017. 保险业为“脱真贫、真脱贫”精准发力［N］. 金融时报，12-27（012）.

特有医疗方法纳入保障。同时，该文件也专门提出，支持保险资金在深度贫困地区进行长期投资，在风险可控的基础上，鼓励以股权、债券、资产等多种形式，将资金运用于深度贫困地区的产业扶贫项目建设。

**2. 贫困农户信贷需求特征分析**

上文从宏观层面分析了欠发达地区农村金融资源的供给状况，研究结果表明，近年来在政府的主导下，金融机构向欠发达地区注入了大量金融资源。但正如既有的诸多研究所指出的，“精英俘获”“目标偏移”等问题依然泛滥于农村金融市场当中（刘西川，2012；温涛等，2016；温涛，2017）。

从现实调查情况来看（表3-13），温涛等（2018）对欠发达地区农户的调查数据显示，2016年在564户贫困农户中，有444户有借贷需求，占78.72%。在384户有借贷行为的农户中，从正规金融机构获得贷款的贫困农户仅有60户，占15.62%；从非正规金融获得贷款的有324户，占比高达84.38%。而根据王定祥等（2011）于2010年采集的贫困农户信贷需求数据显示，在1 156户贫困农户中，有借贷需求的为866户，为74.91%。在389户有借贷行为的贫困农户中，有31.36%的贫困农户能够通过正规金融机构获得贷款。从这一对比可以发现，现阶段贫困农户的借贷需求有所上升，但通过正规金融机构借贷的比率大幅度下降，贫困农户的正规金融融资环境发生了恶化。

从贫困农户金融资源的获取来看，深度贫困地区农户的调查数据显示，贫困农户平均获得正规金融借贷额为2 088元，“精英农户”（收入前20%的农户）则高达6 335元；而根据《中国农村贫困监测报告》显示，2010年扶贫重点县的贫困户平均获得正规金融借贷额为7 985元。由此可见，在困难人群的不断分化下，“精英俘获”“目标偏移”等问题愈加凸显，这使得困难人群难以真正获取有效的金融资源，不利于金融精准扶贫的实施。

**表3-13　2010年和2016年贫困农户的信贷需求及信贷行为调查统计**

| 类别 | 指标 | 2010年（有效样本1 156户） | | 2016年（有效样本564户） | |
|---|---|---|---|---|---|
| | | 样本量（户） | 样本量占比（%） | 样本量（户） | 样本量占比（%） |
| 借贷需求 | 有借贷需求 | 866 | 74.91 | 444 | 78.72 |
| | 有借贷行为 | 389 | 33.65 | 384 | 68.08 |
| 借贷行为 | 正规金融机构贷款 | 122 | 31.36 | 60 | 15.62 |
| | 非正规金融借贷 | 267 | 68.64 | 324 | 84.38 |

资料来源：①王定祥，田庆刚，李伶俐，等，2011. 贫困型农户信贷需求与信贷行为实证研究［J］. 金融研究（5）：124-138.

②温涛，王汉杰，王小华，等，2018. “一带一路”沿线国家的金融扶贫：模式比较、经验共享与中国选择［J］. 农业经济问题（5）：114-129.

## 三、中国特色金融扶贫的问题诊断

### （一）供给主体的内生动力不足

从我国金融扶贫的参与主体来看，政府作为金融扶贫的引导者，负责制定相关金融扶贫政策，引导金融资源有序地流向欠发达地区；各类金融机构充当金融扶贫政策的实施者；欠发达地区及贫困农户则是金融扶贫政策的受益者。可见，金融机构在这一过程中充当着极为重要的角色，金融机构是否能够有效落实政策意愿，关系到金融扶贫机制的有效运转。然而，金融扶贫的高成本、高风险问题让许多金融机构望而却步。在金融机构营利本性的驱动下，自然而然地就产生了“委托-代理”问题，从而导致金融扶贫资源投入发生“目标偏移”“精英俘获”等现象。在“委托-代理”问题的影响下，金融扶贫资源难以有效精准投入贫困农户中，易导致金融扶贫资源的配置效率低下、金融扶贫效果不明显。

### （二）需求主体的发展能力缺失

欠发达地区的困难人群作为金融扶贫资源的重要投入对象，其能否有效利用金融扶贫资源、实现自我“造血”功能，直接关系到金融扶贫的成败。从其“造血”能力不足的根源来看，主要由内外部因素所导致。从内部因素来看，主要表现为困难人群长期处于低水平物质均衡状态，这导致其人力资本禀赋积累严重不足。既有的研究表明，欠发达地区剩余困难人群的内在发展能力也明显不足（方迎风等，2013），这主要表现为困难人群可能受到有效劳动力不足、人力资本低等多方面因素制约（王瑜等，2016），缺乏符合市场要求的基本素质，难以有效运用金融资源，实现自我发展。

从外部因素来看，则表现为困难人群的“输血”依赖。在长期“输血”式扶贫的实施下，欠发达地区部分困难人群形成了等、靠、要的消极思想，甚至将金融扶贫资源看作“免费的午餐”，这直接导致金融扶贫资源的无效供给，无法真正提升困难人群的“造血”功能。通过多个层面的分析可以发现，欠发达地区困难人群的“造血”能力明显不足，这限制了金融扶贫功能的有效发挥。

### （三）配套制度的可持续性较差

金融扶贫功能的发挥依赖于信贷、储蓄、保险、担保、信托等各类金融服务所形成的组合拳，而非简单地表现为信贷扶贫。通过各类金融服务的有效协同，不仅能够放大金融的减贫效应，而且能够有效地防范金融扶贫风险。但是目前在融资担保、信托等方面的金融服务在大部分欠发达地区基本处于空缺状态。可见，当前欠发达地区金融扶贫体系尚未全面完善，无法有效实现各类金融服务齐头并进的格局。在外部制度方面，首先，我国农村金融的法律体制尚待健全，尤其在金融扶贫领域，缺乏针对性的法律及监管制度；其次，产业发展是金融扶贫功能发挥的重要基础，而在产业扶贫的过程中缺乏有效的监督机制，导致产业扶贫过程中容易发生目标偏离与过程扭曲，即有些地方政府、龙头企业及“精英农户”等主体联结为切割扶贫资源的利益联合体（邢成举，2017）。

### （四）金融扶贫的外部环境滞后

金融扶贫的基础性条件在于地区的经济产业发展基础，通过将金融扶贫资源注入欠发达地区的特色产业中，推动欠发达地区经济发展，进而带动困难人群脱贫致富，是实现金融扶贫功能的重要途径。然而，从欠发达地区的发展现状来看，地理位置偏远、产业基础薄弱是制约其金融扶贫功能发挥的关键因素。区位条件的不利限制了欠发达地区生产要素的有效流动，导致金融资源无法被有效激活，难以实现有效的市场对接；产业基础的薄弱也使得欠发达地区无法吸收有效的技术及人才，金融资源无法发挥出应有的优势。因此，欠发达地区金融扶贫的外部环境条件不容乐观，这直接制约了金融减贫效应的传导。

## 四、本章小结

本章从历史演变及现状剖析的双重维度，考察了欠发达地区农村金融与农村贫困的现实特征，从而为本研究奠定了我国欠发达地区农村金融减贫的现实基础，也为后文的实证分析提供了扎实的逻辑起点。具体而言，本研究首先基于制度分析的视角，对 1986 年以来我国金融扶贫政策的演变历程进行了全面的总结，并分析了政策演变的内在逻辑；其次，以我国欠发达地区的权威统计数据为依托，综合运用描述性统计分析方法、比较分析方法等，考察了我国欠发达地区农村贫困与农村金融的服务状况；最后，基于政策演变分析以及现实状况考察，本研究总结了目前我国欠发达地区农村金融减贫面临的一些问题及障碍。通过以上分析，本章的主要研究结论如下：

（1）随着农村贫困特征的不断转变，我国金融扶贫政策也在不断地适时调整，使金融扶贫政策能够与农村贫困特征相适应，从而有利于金融扶贫功能的发挥。

改革开放以来，我国农村贫困特征经历了由“普遍贫困→局部贫困→边缘性贫困”的转变，在这一过程中，金融扶贫政策也经历了由“扶贫贴息贷款政策→小额信贷扶贫政策→金融精准扶贫政策”的演变，这为扶贫政策的有效实施、欠发达地区的经济发展以及困难人群的脱贫致富提供了源源不断的资本要素支撑。尤其是在目前困难人群分化问题凸显的背景下，金融精准扶贫政策是提升“精准扶贫”战略实施效率、助推深度贫困地区脱贫攻坚目标实现的重要保障。

（2）新时期我国农村贫困特征主要表现为贫困分化问题凸显，欠发达地区经济产业发展滞后、困难人群发展能力不足是制约金融扶贫功能发挥的主要因素。

历经五大扶贫阶段，我国农村困难人群大规模减少，困难人群的分布逐渐由区域贫困转向边缘性贫困，欠发达地区及极端困难人群成为制约我国2020年脱贫攻坚目标实现的重点、难点。这主要是由于在宏观层面，金融扶贫功能的发挥依赖于有效的经济产业基础；在微观层面，则取决于困难人群的金融资源运用能力。欠发达地区经济产业发展滞后，困难人群发展能力不足，这直接制约了金融扶贫功能的发挥。

（3）在政府的主导下，金融机构向欠发达地区注入了大量金融资源，在一定程度上缓解了欠发达地区及困难人群发展的资本束缚，然而，“精英俘获”“目标偏移”等现象依然存在于欠发达地区农村金融市场当中。

近年来，在党中央的高度重视下，政府通过货币政策、财政政策等手段，引导金融机构向欠发达地区注入了大量金融资源，这在一定程度上改变了长期以来欠发达地区及困难人群所面临的“金融排斥”格局，资本要素逐渐成为影响欠发达地区及困难人群发展的重要因素。然而，由于欠发达地区的乡村基层治理的尚待完善以及金融机构的营利本性，“精英俘获”“目标偏移”等现象依然存在于欠发达地区农村金融市场当中，这对金融扶贫功能的发挥形成了巨大的挑战。

4

# 第四章 中国特色金融扶贫成效评价：基于收入贫困视角

在前文中，本研究以既有的理论为基础，深入分析欠发达地区农村金融对贫困减缓的作用机理，并厘清了其减贫效应发挥的基础性条件。在此基础上，通过考察现阶段欠发达地区农村贫困状态以及农村金融资源供需现状，全面把握欠发达地区农村金融减贫的基本现实及存在的主要问题。然而，欠发达地区农村金融减贫效应究竟如何？这一问题依然有待深入探究。鉴于此，本章在理论分析及现实考察的基础上，运用我国欠发达地区微观农户调查数据，从农户收入贫困视角实证测度欠发达地区农村金融减贫效应。具体而言，收入减贫效应测度的理论基础源于第二章所构建的理论分析框架。其中，在本章的定义中，将第二章中式（2-32）所描述的贫困状态界定为农户的收入贫困状态，并基于该数理模型进行实证检验。

## 一、中国特色金融扶贫成效：基于收入贫困视角

### （一）研究变量的选择与说明

本节的研究目的主要是基于我国欠发达地区的微观农户调查数据，从收入贫困的视角测度欠发达地区农村金融减贫效应。为此，本节设置了核心解释变量以及相关控制变量，并对研究所涉及的变量进行描述性统计分析。

**1. 研究变量的选择**

（1）被解释变量：农户收入贫困状态。

根据前文理论分析框架的概念界定可知，对于农户收入贫困状态的衡量标准，世界上不同的国家、地区之间存在较大差异，这与各国的经济发展基础、社会文化背景息息相关。但在关于中国贫困问题的研究中，绝大部分学者的主流做法均以中国政府发布的国家贫困线为标准，以此来界定农户是否处于收入贫困状态，这样做更符合我国的现实经济特征。因此，本节将以 2017 年国家贫困线为标准，即：农户的家庭人均可支配收入为 3 200 元，若低于此标准，则处于收入贫困状态，赋值为 1；若高于此标准，则未处于收入贫困状态，赋值为 0。

（2）核心解释变量：农村金融。

事实上，从农村金融的概念范畴来看，农村金融涵盖范围包括了信贷、证券、基金、保险、担保等功能，但在本研究的实证分析中难以面面俱到。首先，本研究实证分析的对象主要是欠发达地区的农户家庭，属于微观层面的计量分析，难以涵盖证券、基金等金融服务的减贫效应；其次，保险、担保等金融服务功能的根本落脚点在于降低农户的生产风险、信用风险，从而增强农户对信贷资源的获取能力。基于以上两方面原因，本研究的实证分析将主要以信贷为核心。具体而言，本节将农村金融划分为农村正规金融以及农村非正规金融两个维度。遵循已有研究的做法（刘西川等，2014b），本研究通过问卷调查的形式来识别农村正规金融借贷，将资金来源于农村信用社、村镇银行、农村资金互助社、小额贷款公司或商业银行的农户借贷行为界定为农村正规金融借贷，将资金来源于亲友或民间金融组织的农户借贷行为界定为农村非正规金融借贷。在此基础上，本节分别以农户家庭人均正规金融借贷额以及人均非正规金融借贷额作为欠发达地区农村正规金融与农村非正规金融的衡量指标。

（3）控制变量。

由于影响农户收入贫困状态的因素十分复杂，如何有效控制其他因素的影响，对于准确测度欠发达地区农村金融减贫效应十分关键。因此，本节在借鉴已有研究思路的基础上（谭燕芝等，2017），在农户层面选取了家庭特征、人力资本、物质资本以及社会资本作为控制变量。同时，考虑到宏观区域环境也是影响农户收入贫困状态的重要因素，本研究选取了宏观区域层面的控制变量。具体而言，农户的家庭特征包含 5 个维度，即家庭总人口数量（*Pop*）、户主性别（*Gender*）、户主年龄（*Age*）、抚养负担（*Raise*）、务工比例（*Nonfarm*）；农户的人力资本包含 3 个维度，即户主受教育程度（*Edu*）、高中以上学历（*Hedu*）、劳动技能（*Skill*）；农户的物质资本包含 2 个维度，即可耕作土地面积（*Land*）、拥有的房屋价值（*House*）；农户的社会资本包含 3 个维度，即是否有亲友居住在县城（*City*）、是否有亲友在政府部门任职（*Gov*）、是否参加农业合作社（*Org*）；区域环境包含 3 个维度，即县域人均地区生产总值（*GDP*）、农户与金融机构的距离（*Dist*）、村庄的地形特征（*Geo*）。本节实证分析涉及的各变量及衡量如表 4-1 所示。

**表 4-1　各变量的选取及度量**

| 变量类型 | 变量名称 | 维度 | 变量符号 | 变量的衡量说明及赋值 |
|---|---|---|---|---|
| 被解释变量 | 农户收入贫困状态 | | *Pov* | 农户家庭人均可支配收入是否小于 3 200元（是=1，否=0） |

（续）

| 变量类型 | 变量名称 | 维度 | 变量符号 | 变量的衡量说明及赋值 |
|---|---|---|---|---|
| 核心解释变量 | 农村金融 | 农村正规金融 | *Formal* | 农户家庭人均正规金融借贷额（元），经过对数化处理 |
| | | 农村非正规金融 | *Informal* | 农户家庭人均非正规金融借贷额（元），经过对数化处理 |
| 控制变量 | 家庭特征 | 家庭总人口 | *Pop* | 家庭人口总数（人） |
| | | 户主性别 | *Gender* | 户主的性别（男=1，女=0） |
| | | 户主年龄 | *Age* | 户主年龄（岁） |
| | | 抚养负担 | *Raise* | 15 岁以下儿童及 65 岁以上老人占总人口的比例（%） |
| | | 务工比例 | *Nonfarm* | 从事非农产业人口占总人口的比例（%） |
| | 人力资本 | 户主受教育程度 | *Edu* | 1=不识字；2=小学；3=初中；4=高中；5=大专及以上 |
| | | 高中以上学历 | *Hedu* | 高中以上学历人口占总人口的比例（%） |
| | | 劳动技能 | *Skill* | 具有劳动技能的劳动力占总人口的比例（%） |
| | 物质资本 | 土地面积 | *Land* | 家庭土地耕作面积（亩）① |
| | | 房屋价值 | *House* | 家庭住房的总价值（元），经过对数化处理 |
| | 社会资本 | 县城亲友 | *City* | 是否有亲友在县城或城市生活（是=1，否=0） |
| | | 官员亲友 | *Gov* | 是否有亲友在政府部门任职（是=1，否=0） |
| | | 组织参与 | *Org* | 是否加入农业合作社（是=1，否=0） |
| | 区域环境 | 县域经济发展 | *GDP* | 县域人均地区生产总值，经过对数化处理 |
| | | 金融机构距离 | *Dist* | 1=非常不方便；2=不方便；3=一般；4=方便；5=非常方便 |
| | | 村庄地形特征 | *Geo* | 1=平原；2=丘陵；3=山地 |

注：①亩是非法定计量单位，1 亩≈666.67 米$^2$。

**2. 研究变量的描述性统计分析**

在定义本节实证分析所关注变量的基础上，本研究从均值、标准差、最值等方面对各变量进行了描述性统计分析，结果如表 4-2 所示。从各变量的描述性统计分析结果可以看出，调研样本区的农户收入贫困发生率高达 25.7%，属于欠发达地区。从农村金融资源供给来看，农户从农村非正规金融渠道获取的信贷资源数量远远超过农村正规金融渠道，这从整体上表明现阶段欠发达地区农户依然面临着较为严重的金融排斥问题。从其他方面来看，较为突出的特征主要有以下几点：欠发达地区农户的家庭抚养负担普遍较高，平均抚养负担比例高达 36.4%；外出务工是欠发达地区农户的主要就业途径，参与务工的农户比例为 25.7%；欠发达地区农户的人力资本状况不容乐观，户主平均受教育程度仍处于小学文化状态，仅有 8.5%的农户拥有高中及以上学历的家庭成员，仅有 9%的农户家庭劳动力具备劳动技能。

**表 4-2　各变量的描述性统计分析**

| 变量类型 | 变量名称 | 维度 | 变量符号 | 均值 | 标准差 | 最小值 | 最大值 |
|---|---|---|---|---|---|---|---|
| 被解释变量 | 农户收入贫困状态 | | *Pov* | 0.257 | 0.437 | 0.000 | 1.000 |
| 核心解释变量 | 农村金融 | 农村正规金融 | *Formal* | 1.272 | 3.011 | 0.000 | 11.000 |
| | | 农村非正规金融 | *Informal* | 4.084 | 4.170 | 0.000 | 11.510 |
| 控制变量 | 家庭特征 | 家庭总人口 | *Pop* | 4.588 | 1.651 | 1.000 | 13.000 |
| | | 户主性别 | *Gender* | 0.868 | — | 0.000 | 1.000 |
| | | 户主年龄 | *Age* | 47.34 | 12.26 | 16.000 | 86.000 |
| | | 抚养负担 | *Raise* | 0.364 | 0.271 | 0.000 | 1.000 |
| | | 务工比例 | *Nonfarm* | 0.257 | 0.240 | 0.000 | 1.000 |
| | 人力资本 | 户主受教育程度 | *Edu* | 2.161 | 0.881 | 1.000 | 5.000 |
| | | 高中以上学历 | *Hedu* | 0.085 | 0.162 | 0.000 | 1.000 |
| | | 劳动技能 | *Skill* | 0.090 | 0.176 | 0.000 | 1.000 |
| | 物质资本 | 土地面积 | *Land* | 3.471 | 2.721 | 0.000 | 22.000 |
| | | 房屋价值 | *House* | 10.85 | 1.194 | 6.908 | 14.290 |
| | 社会资本 | 县城亲友 | *City* | 0.331 | — | 0.000 | 1.000 |
| | | 官员亲友 | *Gov* | 0.108 | — | 0.000 | 1.000 |
| | | 组织参与 | *Org* | 0.082 | — | 0.000 | 1.000 |
| | 区域环境 | 县域经济发展 | *GDP* | 9.561 | 0.208 | 9.386 | 10.690 |
| | | 金融机构距离 | *Dist* | 2.972 | 0.977 | 1.000 | 5.000 |
| | | 村庄地形特征 | *Geo* | 2.859 | 0.512 | 1.000 | 3.000 |

**3. 研究变量的组间均值差异比较：贫困户与非贫困户**

鉴于本节的研究目的在于探讨欠发达地区农村金融对农户收入贫困的影响，因此，有必要进一步比较贫困户与非贫困户的社会经济特征，从而更加深入地认识欠发达地区农户社会经济特征的异质性，统计分析结果如表 4-3 所示。从分析结果可以发现，欠发达地区贫困户与非贫困户之间的经济社会特征存在显著的差异，且在1%的显著性水平上通过了统计检验。在金融资源获取方面，非贫困户俘获了更多的农村正规金融资源，因此贫困户只能更多地求助于农村非正规金融，这表明农村金融市场的“精英俘获”现象依然存在于欠发达地区当中；在家庭特征方面，贫困户的抚养负担高达0.420，而非贫困户为0.344，两者差异高达0.076，同时，高达0.331的非贫困户从事非农产业，相比而言，仅有0.042的贫困户参与了非农活动，即贫困户的收入仍主要来源于传统的小农式生产，增收渠道依然十分有限，且面临着较大的抚养负担；在人力资本方面，无论是户主和家庭成员的基础性教育，还是家庭劳动力的职业技能，贫困户都远落后于非贫困户，尤其是在劳动技能方面，贫困户仅为0.015，可见贫困户的人力资本状况不容乐观；在物质资本方面，贫困户拥有更多的土地耕作面积，但房屋价值则低于非贫困户，这主要是由于绝大部分贫困户主要从事农业生产，土地是他们赖以生存的生产要素，因而他们进行土地流转的意愿较低；在社会资本方面，相比贫困户而言，非贫困户的社会网络更加广泛，从而能够拥有更多的发展机会与信息来源渠道。通过以上对比，我们可以得到一个初步判断：现阶段我国欠发达地区剩余困难人群的各项要素禀赋积累均处于低水平状态，即仍处于深度贫困当中，这成为我国决胜全面建成小康社会的深水区、硬骨头。因此，必须着力提升金融资源的扶贫功能，突破困难人群长期面临的资本约束，从而实现困难人群脱贫增收的可持续性。

**表4-3　贫困农户与非贫困农户的经济社会特征比较**

| 经济社会特征 | 维度 | 符号 | 非贫困户均值 | 贫困户均值 | 组间均值差异 |
|---|---|---|---|---|---|
| 农村金融 | 农村正规金融 | *Formal* | 1.450 | 0.756 | 0.694*** |
| | 农村非正规金融 | *Informal* | 3.380 | 6.122 | −2.742*** |
| 家庭特征 | 家庭总人口 | *Pop* | 4.500 | 4.843 | −0.343*** |
| | 户主性别 | *Gender* | 0.882 | 0.829 | 0.053*** |
| | 户主年龄 | *Age* | 48.126 | 45.046 | 3.080*** |
| | 抚养负担 | *Raise* | 0.344 | 0.420 | −0.076*** |
| | 务工比例 | *Nonfarm* | 0.331 | 0.042 | 0.289*** |
| 人力资本 | 户主受教育程度 | *Edu* | 2.346 | 1.629 | 0.717*** |
| | 高中以上学历 | *Hedu* | 0.106 | 0.023 | 0.083*** |
| | 劳动技能 | *Skill* | 0.116 | 0.015 | 0.101*** |
| 物质资本 | 土地面积 | *Land* | 3.190 | 4.285 | −1.095*** |
| | 房屋价值 | *House* | 11.077 | 10.178 | 0.899*** |

（续）

| 经济社会特征 | 维度 | 符号 | 非贫困户均值 | 贫困户均值 | 组间均值差异 |
|---|---|---|---|---|---|
| 社会资本 | 县城亲友 | *City* | 0.405 | 0.117 | 0.288*** |
| | 官员亲友 | *Gov* | 0.126 | 0.054 | 0.072*** |
| | 组织参与 | *Org* | 0.102 | 0.026 | 0.076*** |
| 区域环境 | 县域经济发展 | *GDP* | 9.599 | 9.452 | 0.147*** |
| | 金融机构距离 | *Dist* | 3.040 | 2.774 | 0.266*** |
| | 村庄地形特征 | *Geo* | 2.822 | 2.966 | −0.144*** |

注：***代表1%的显著性水平。

## （二）研究方法选择及计量模型构建

从上一节研究变量的选取可以发现，本节实证分析的被解释变量为农户的收入贫困状态（$Y$），该变量的数值类型为0-1变量。最简单的分析模型为线性概率模型（LPM），即：

$$\boldsymbol{Y}_i=\boldsymbol{X}_i\beta+\varepsilon_i(i=1,\ 2,\ \cdots,\ n) \tag{4-1}$$

式中，$\boldsymbol{Y}_i$为第$i$个农户的贫困状态；$\boldsymbol{X}_i$包含了第$i$户农户的农村金融（正规金融与非正规金融）、农户的家庭特征、人力资本、物质资本、社会资本以及区域环境特征一系列变量，具体见表4-1；$\beta$为待处理参数；$\varepsilon_i$为扰动项。

由于扰动项$\varepsilon_i=\boldsymbol{Y}_i-\boldsymbol{X}_i\beta$，因此$\varepsilon_i=1-\boldsymbol{X}_i\beta$或$\varepsilon_i=0-\boldsymbol{X}_i\beta$，即扰动项服从两点分布，而非正态分布，这会导致估计偏误。同时，根据线性概率模型所得出的预测值可能会出现$\hat{\boldsymbol{Y}}>1$或$\hat{\boldsymbol{Y}}<0$的结果，这不符合被解释变量$\boldsymbol{Y}$的0-1取值条件。

因此，在给定$\boldsymbol{X}$的情况下，我们考虑$\boldsymbol{Y}$的两点分布概率：

$$\begin{cases}P(\boldsymbol{Y}=1\mid\boldsymbol{X})=F(\boldsymbol{X},\ \beta)\\ \mathrm{P}(\boldsymbol{Y}=0\mid\boldsymbol{X})=1-F(\boldsymbol{X},\ \beta)\end{cases} \tag{4-2}$$

在选择合适的函数形式时，就能够保证$0\leqslant\hat{\boldsymbol{Y}}\leqslant1$，即$\boldsymbol{Y}=1$时的发生概率：

$$E(\boldsymbol{Y}\mid\boldsymbol{X})=1\cdot P(\boldsymbol{Y}=1\mid\boldsymbol{X})+0\cdot P(\boldsymbol{Y}=0\mid\boldsymbol{X})=P(\boldsymbol{Y}=1\mid\boldsymbol{X}) \tag{4-3}$$

当函数形式为标准正态累积分布函数时，该模型则为Probit模型。因此，本节实证分析的基础模型为Probit模型，能够较好地估计被解释变量为0-1变量的计量模型。然而，当解释变量为内生变量时，普通的Probit模型无法有效解决内生性问题，从而难以准确地估计计量模型的相关参数。就本节的实证研究而言，农户的收入贫困状态与农村金融资源的获取之间可能存在一定的内生性问题①，鉴于此，我们也进一步采用IV-Probit模型对欠发达地区农村金

① 两个变量之间内生性问题的具体表现方式将在后文中详细分析。

融减贫效应进行研究。

为了实证分析欠发达地区农村金融减贫效应，本节构建了以下计量模型：

$$\boldsymbol{Y}_{\mathrm{i}}=\boldsymbol{X}_{i}\beta+\varepsilon_{i}$$

其中：

$$\begin{cases}\boldsymbol{Y}=0\text{，若}\boldsymbol{Y}_{i}\leqslant 0\\ \boldsymbol{Y}=1\text{，若}\boldsymbol{Y}_{i}>0\end{cases}\tag{4-4}$$

式中，$\boldsymbol{Y}$ 为农户的收入贫困状态；$\boldsymbol{X}_i$ 包含了第 $i$ 户农户的农村金融（正规金融与非正规金融）、农户的家庭特征、人力资本、物质资本、社会资本以及区域环境特征等一系列变量；β 为待处理参数；$\boldsymbol{Y}_i$ 为第 $i$ 户农户的贫困状态，它是一个潜变量，若 $\boldsymbol{Y}_i>0$，则农户处于贫困状态，即 $\boldsymbol{Y}=1$；$\varepsilon_i$ 为扰动项。

同时，由于本文所采用数据为微观截面调查数据，在计量统计上容易出现异方差问题，这将容易导致参数估计量的非有效性，进而影响研究结论的可靠性。而在样本容量较大时，即使存在异方差，若使用稳健标准误，便能够进行有效的参数估计（陈强，2014）。因此，本节在进行实证检验时均采用了稳健标准误，从而有效地避免了异方差所导致的估计偏误。

## （三）内生性讨论及工具变量选取

### 1. 内生性问题分析

计量模型的内生性问题是导致参数估计结果发生偏误的重要因素，因此，我们有必要对研究所关心的核心变量之间的内生性问题进行详细分析，即欠发达地区农户的收入贫困状态与金融资源获取之间的内生性问题。从研究的计量模型来看，内生性问题主要来源于两个方面：一方面，存在遗漏变量，且该遗漏变量同时与农户的收入贫困与金融资源获取相关；另一方面，农户的收入贫困与金融资源获取互为因果关系。本节讨论的重点在于农户的收入贫困与金融资源获取之间的因果关系：金融资源的获取可能会影响农户的收入贫困状态；反过来，农户的收入贫困状态也可能影响到金融资源的获取。具体而言，本研究将金融资源划分为农村正规金融资源以及农村非正规金融资源。由于欠发达地区农村非正规金融内生于农村社会，金融资源的获取更多是建立在地缘、血缘等社会网络的基础之上，即更多地基于道德、社会关系，而非仅基于经济能力。因此，我们认为农村非正规金融与农户收入贫困状态之间不存在严重的内生性问题。

接下来主要探讨农村正规金融与农户收入贫困之间的因果关系。众所周知，以商业银行为代表的正规金融机构具有明显的“嫌贫爱富”的倾向，这是金融机构的营利本性所决定的。而农村地区的正规金融需求主体往往面临着两大困境：①所从事的农业生产属于高风险行业，这直接影响到贷款的偿还能力；②由于信息不对称、农户普遍缺乏征信以及抵押物的需求较严格，正规金融机构的放贷面临较大的道德风险问题，这将使得农村正规金融机构实行信贷配给。尤其是欠发达地区贫困农户的经济特征长期处于低水平均衡状态，即“一穷二白”，这使得正规金融机构对贫困农户的放贷风险明显高于优质客户，直接抑制了正规金融机构的放贷意愿。尽管在政府的引导下，正规金融机构背负着一定的社会责任压力，努力在金融扶贫事业上“有所作为”，但在实践过程中，“目标偏移”与“精英俘获”的现象还是经常出现于农贷市场当中（温涛，2016，2017）。由此可见，当农户处于收入贫困状态时，可能会在一定程度上受到农村正规金融排斥，从而影响其金融资源的获取，即存在反向因果关系。内生性问题的存在将导致实证研究难以准确判断欠发达地区农村金融对农户收入贫困的影响。鉴于此，本研究将通过引入工具变量，尽可能地解决计量模型的内生性问题。

**2. 工具变量的选取**

基于以上分析，本研究将在 Probit 模型分析的基础上，引入合理的工具变量，以 IV-Probit 模型进一步估计计量模型。从工具变量的选择条件来看，需要满足两个条件：一个条件是相关性，工具变量必须与内生解释变量存在较强的相关性，否则将导致弱工具变量问题；另一个条件是正交性，工具变量必须计量模型中的随机误差项正交，即外生于被解释变量（Staiger et al.，1997）。基于这两个条件，本研究选取了县域金融机构人均贷款余额作为工具变量，能够较好地解决计量模型的内生性问题。首先，县域金融机构人均贷款余额能够很好地反映出该贫困县的金融资源投放力度，显然，这与农户家庭人均正规金融借贷额存在较强的正相关性，能够满足相关性要求；其次，农户个体的收入贫困状态必然无法影响到县域金融机构人均贷款余额，能够满足正交性要求。通过以上分析可以判断，从理论分析的角度来看，本研究所选取的工具变量能够较好地解决计量模型的内生性问题，但在计量分析过程中的表现如何仍有待下文的进一步检验。

### （四）农村金融与农户收入贫困的实证结果分析

在以上研究设计的基础上，本节将以连片特困地区微观农户调查数据为基础，综合运用 Probit 模型以及 IV-Probit 模型实证分析欠发达地区农村金融对农户收入贫困的影响，实证分析结果如表 4-4 所示。

表 4-4 中列（1）和列（2）的回归结果显示，欠发达地区农村正规金融的估计系数显著为负，而农村非正规金融的系数显著为正，这表明欠发达地区农村正规金融有效改善了农户的收入贫困状态，而非正规金融反而显著地加剧了农户收入贫困的发生。但由于列（1）和列（2）只是出于基准模型的最简单估计，尚未控制其他因素的影响，当存在遗漏变量（omitted variable）问题

时，模型的估计结果往往存在一定偏误。为了保证实证结果的可靠性，我们在列（3）、列（4）和列（5）当中逐步引入相应的控制变量，从而尽可能地控制其他因素的影响，有效解决遗漏变量问题所导致的估计偏误。在控制相关变量的影响之后，列（3）、列（4）和列（5）的估计结果表明，欠发达地区农村正规金融的估计系数变为不显著，而农村非正规金融的系数依然显著为正。进一步地，由于农户的农村正规金融资源获取与其收入贫困状态之间可能互为因果，即农户的贫困状态与农村正规金融资源获取存在反向因果关系，这将在一定程度上引起以上计量模型的内生性问题，从而导致本文无法准确判断农村正规金融对农户收入贫困发生状态的影响。为了解决模型的内生性问题，本文将县域金融机构人均贷款余额作为工具变量，构建 IV-Probit 模型对列（5）进行再估计，最终估计结果如列（6）所示。从列（6）的检验结果可以发现，Wald 外生性检验结果拒绝了原假设，即模型存在内生性问题；AR 弱工具变量检验结果也拒绝了原假设，表明不存在弱工具变量问题，即研究所选取的工具变量是有效的，能够很好地解决变量之间的内生性问题。通过列（1）到列（6）的逐步调整优化，以列（6）作为最终的实证分析结果。

列（6）的估计结果表明，欠发达地区农村正规金融的系数在 1%的水平上显著为负，而农村非正规金融的系数则在 1%的水平上显著为正。这表明：现阶段我国欠发达地区农村正规金融有效地减缓了农户的收入贫困；相反地，欠发达地区农村非正规金融却显著加剧了农户收入贫困的发生。在上文的分析中我们发现，欠发达地区贫困农户的各方面要素禀赋均处于低水平状态，这可能不利于其有效利用金融资源实现脱贫增收。诸多学者的研究也表明，欠发达地区剩余困难人群的内在发展能力明显不足（方迎风等，2013），主要表现为困难人群可能受到有效劳动力不足、人力资本低等多方面因素制约（王瑜等，2016），这使得收入水平较低的农民囿于自身要素禀赋积累的天然不足，难以通过金融资源摆脱其收入增长的困境（王小华等，2014b）。王小华等（2014a）的研究还发现，非贫困县政府主导的农业信贷显著地促进了农民收入的增长，而贫困县政府主导的农业信贷则未成为农民收入增长的主要因素，并对低收入组的农民增收起到了显著的抑制作用。那么，为何现阶段欠发达地区农村金融能够显著地减缓农户的收入贫困状态？究其根源，2017—2019 年我国正处于全面建成小康社会决胜阶段，欠发达地区的困难人群是中央政府高度重视的弱势群体，在脱贫攻坚战役的不断推动下，各类优惠政策均大力向欠发达地区的困难人群倾斜，这能够在一定程度上改善欠发达地区困难人群的经济状况。同时，在精准扶贫战略的有效实施下，金融扶贫作为重要的战略组成部分，一方面，能够使贫困农户获取到特惠的正规金融资源，缓解长期以来所面临的资本约束；另一方面，在精准帮扶政策的引导下，欠发达地区的地方政府、新型农业经营主体、龙头企业等主体均参与到扶贫当中，这有利于贫困农户获取发展生产过程中的各类有效信息、资源，进而提升运用金融资源发展生产的能力。在诸多有利因素的作用下，最终使得欠发达地区农村正规金融发挥了积极的减贫效应。然而，尽管精准扶贫战略的实施能够在一定程度上改变以往乡村精英占有大量扶贫资源的现象，但不可否认的是，“精英俘获”问题依然广泛存在于扶贫政策的实施当中[①]（胡联等，2017），尤其是对于优惠性的金融扶贫资源，“精英俘获”现象更加明显（刘西川，2012；温涛等，2016），这将导致部分贫困户难以获得有效的正规金融资源，只能转向求助于农村非正规金融，这在前文的描述性统计分析中已得到了充分印证[②]。一般而言，农村非正规金融的资金成本要明显高于正规金融机构放贷的资金成本。一方面，这要求贫困户发展生产的收益率必须达到一定水平，而贫困户往往具有明显的脆弱性特征，一旦遭遇市场波动、自然灾害等外部不确定性冲击，容易导致返贫现象的发生，这在一定程度上加大了贫困户的经济压力；另一方面，剩余困难人群的各方面生活状况都处于窘迫状态，很容易出现因病、因残、因学、因灾等致贫的情况，因此他们迫切需要通过金融借贷平滑消费、改善家庭的生活福利状况，而这只能求助于农村非正规金融。在多方面因素的作用之下，欠发达地区农村非正规金融加剧了农户收入贫困的发生。

关于控制变量的回归结果，从家庭特征的维度来看，连片特困地区农户家庭人口的数量显著加剧了贫困的发生，而从事非农产业的比重则显著抑制了贫困的发生，其余变量的作用并不显著；从人力资本的维度来看，户主受教育程度的系数显著为负，这表明农户人力资本的培育是摆脱贫困的可行途径；从物质资本的维度来看，房屋价值的系数显著为负，即农户的物质资本的形成有效减缓了贫困；从社会资本的维度来看，仅有亲友县城的系数显著为负。

**表 4-4　欠发达地区农村金融与农户收入贫困的实证分析结果**

| 变量类型 | 变量 | | (1) | (2) | (3) | (4) | (5) | (6) |
|---|---|---|---|---|---|---|---|---|
| | | | Probit | Probit | Probit | Probit | Probit | IV-Probit |
| 核心解释变量 | 农村金融 | *Formal* | −0.051*** | | 0.020 | | 0.017 | −0.816*** |
| | | | (0.013) | | (0.018) | | (0.018) | (0.234) |
| | | *Informal* | | 0.098*** | | 0.047*** | 0.046*** | 0.076*** |
| | | | | (0.009) | | (0.012) | (0.012) | (0.024) |

① 胡联等（2017）的研究表明，在精准识别建档立卡过程中，存在明显的“精英俘获”现象，即部分建档立卡户为精英农户，而非贫困户，这直接导致精准识别偏误问题。

② 前文的描述性统计分析结果表明，贫困户人均获取的非正规金融资源大于非贫困户，贫困户人均获取的正规金融资源则低于非贫困户。

（续）

| 变量类型 | | 变量 | (1) Probit | (2) Probit | (3) Probit | (4) Probit | (5) Probit | (6) IV-Probit |
|---|---|---|---|---|---|---|---|---|
| 控制变量 | 家庭特征 | *Pop* | | | 0.096*** | 0.091*** | 0.090*** | 0.157*** |
| | | | | | (0.029) | (0.029) | (0.029) | (0.058) |
| | | *Gender* | | | −0.280** | −0.261* | −0.257* | −0.389 |
| | | | | | (0.135) | (0.136) | (0.136) | (0.249) |
| | | *Age* | | | −0.007 | −0.005 | −0.005 | −0.020** |
| | | | | | (0.004) | (0.004) | (0.004) | (0.009) |
| | | *Raise* | | | −0.029 | −0.018 | −0.007 | −0.585 |
| | | | | | (0.243) | (0.243) | (0.243) | (0.403) |
| | | *Nonfarm* | | | −4.181*** | −4.206*** | −4.219*** | −4.230*** |
| | | | | | (0.389) | (0.405) | (0.407) | (0.491) |
| | 人力资本 | *Edu* | | | −0.289*** | −0.234*** | −0.236*** | −0.259** |
| | | | | | (0.077) | (0.076) | (0.076) | (0.120) |
| | | *Hedu* | | | −1.128** | −0.981** | −1.021** | 0.934 |
| | | | | | (0.438) | (0.423) | (0.427) | (0.817) |
| | | *Skill* | | | −0.575 | −0.629 | −0.662 | 0.402 |
| | | | | | (0.500) | (0.508) | (0.513) | (0.668) |
| | 物质资本 | *Land* | | | −0.002 | −0.012 | −0.012 | 0.003 |
| | | | | | (0.016) | (0.016) | (0.016) | (0.031) |
| | | *House* | | | −0.207*** | −0.196*** | −0.201*** | −0.117** |
| | | | | | (0.048) | (0.049) | (0.049) | (0.117) |
| | 社会资本 | *City* | | | −0.235* | −0.226* | −0.230* | −0.021* |
| | | | | | (0.129) | (0.130) | (0.130) | (0.225) |
| | | *Gov* | | | 0.001 | 0.045 | 0.047 | −0.006 |
| | | | | | (0.206) | (0.209) | (0.208) | (0.303) |
| | | *Org* | | | −0.244 | −0.254 | −0.254 | −0.270 |
| | | | | | (0.276) | (0.275) | (0.278) | (0.418) |
| | 区域环境 | *GDP* | | | −0.369 | −0.165 | −0.184 | 0.738 |
| | | | | | (0.463) | (0.424) | (0.433) | (0.526) |
| | | *Geo* | | | −0.164 | 0.231 | −0.231 | −0.074 |
| | | | | | (0.186) | (0.184) | (0.186) | (0.244) |
| | | *Dist* | | | −0.002 | −0.012 | −0.013 | 0.172* |
| | | | | | (0.050) | (0.050) | (0.050) | (0.101) |
| 常数项 | | *Cons* | −0.596*** | −1.107*** | 7.073* | 4.914 | 5.126 | −6.746 |
| | | | (0.039) | (0.059) | (4.173) | (3.832) | (3.917) | (5.286) |
| 样本量 | | *N* | 1 363 | 1 363 | 1 363 | 1 363 | 1 363 | 1 363 |
| 拟合优度 | | $PseudoR^2$ | 0.010 | 0.074 | 0.412 | 0.420 | 0.421 | |
| 内生性检验 | | *Wald* | | | | | | 39.24*** |
| | | *AR* | | | | | | 37.02*** |

注：***、**、*分别代表1%、5%、10%的显著性水平。

### （五）稳健性检验

为了保证计量模型的稳定性以及实证结果的可靠性，参照已有研究的做法，本研究通过以下途径对欠发达地区农村金融影响农户收入贫困的实证结果进行稳健性检验。鉴于欠发达地区农户的家庭劳动力资源禀赋存在一定差异，而农村金融减缓农户收入贫困必须通过家庭有效劳动力的生产活动实现，这可能会影响到农村金融减贫效应的发挥。因此，本节进一步控制不同农户家庭的有效劳动力数量差异，检验欠发达地区农村金融减贫效应，结果如表 4-5 所示。从稳健性检验结果可以看出，实证分析结果依然保持一致，即欠发达地区农村正规金融有效减缓了农户的收入贫困，而农村非正规金融则加剧了农户收入贫困的发生。

**表 4-5　欠发达地区农村金融与农户收入贫困的稳健性检验结果**

| 变量类型 | | 变量 | (1) Probit | (2) Probit | (3) Probit | (4) Probit | (5) Probit | (6) IV-Probit |
|---|---|---|---|---|---|---|---|---|
| 核心变量 | 农村金融 | *Formal* | −0.053*** | | 0.021 | | 0.018 | −0.876*** |
| | | | (0.013) | | (0.018) | | (0.018) | (0.266) |
| | | *Informal* | | 0.098*** | | 0.047*** | 0.046*** | 0.079*** |
| | | | | (0.009) | | (0.012) | (0.012) | (0.025) |
| 控制变量 | | *Control* | YES | YES | YES | YES | YES | YES |
| 样本量 | | *N* | 1 363 | 1 363 | 1 363 | 1 363 | 1 363 | 1 363 |
| 内生性检验 | | *Wald* | | | | | | 38.17*** |
| | | *AR* | | | | | | 36.13*** |

注：***代表 1%的显著性水平。

## 二、农村金融与农户收入增长的比较分析

上文的实证分析从收入贫困的视角检验了欠发达地区农村金融减贫效应，结果表明，欠发达地区农村正规金融显著地减少了农户收入贫困的发生，而农村非正规金融则起到了相反的作用。毋庸置疑，农户收入贫困状态的改善取决于农户收入的可持续增长。因此，本节将考察欠发达地区农村金融对农户收入增长的影响，同时，为了深入揭示欠发达地区农村金融增收效应的内部群体异质性，本研究进一步比较分析不同收入层次群体之间的差异。

### （一）研究变量的选择与说明

（1）被解释变量：农户家庭人均收入水平。

本部分研究的焦点在于欠发达地区农村金融的增收效应，即农户的收入水平，为了控制不同家庭规模差异的影响，选取了欠发达地区农户家庭人均收入水平作为被解释变量。

（2）核心解释变量：农村金融。

延续上文的分析思路，本节将农村金融划分为农村正规金融以及农村非正规金融两个维度。本研究通过问卷调查的形式来识别农村正规金融借贷，将资金来源于农村信用社、村镇银行、农村资金互助社、小额贷款公司或商业银行的农户借贷行为界定为农村正规金融借贷，将资金来源于亲友或民间金融组织的农户借贷行为界定为农村非正规金融借贷。在此基础上，本节分别以农户家庭人均正规金融借贷额以及人均非正规金融借贷额作为欠发达地区农村正规金融与农村非正规金融的衡量指标。

（3）控制变量。

在农户层面，选取了家庭特征、人力资本、物质资本以及社会资本作为控制变量。同时，考虑到宏观区域环境也是影响农户收入贫困状态的重要因素，本研究选取了宏观区域层面的控制变量。具体而言，农户的家庭特征包含 5 个维度，即家庭总人口数量（*Pop*）、户主性别（*Gender*）、户主年龄（*Age*）、抚养负担（*Raise*）、务工比例（*Nonfarm*）；农户的人力资本包含 3 个维度，即户主受教育程度（*Edu*）、高中以上学历（*Hedu*）、劳动技能（*Skill*）；农户的物质资本包含 2 个维度，即可耕作土地面积（*Land*）、拥有的房屋价值（*House*）；农户的社会资本包含 3 个维度，即是否有亲友居住在县城（*City*）、是否有亲友在政府部门任职（*Gov*）、是否参加农业合作社（*Org*）；区域环境包含 3 个维度，即县域人均地区生产总值（*GDP*）、农户与金融机构的距离（*Dist*）、村庄的地形特征（*Geo*）。本节实证分析涉及的各变量及衡量如表 4-6 所示。

**表 4-6　各变量的选取及度量**

| 变量类型 | 变量名称 | 维度 | 变量符号 | 变量的衡量说明及赋值 |
|---|---|---|---|---|
| 被解释变量 | 农户家庭人均收入水平 | | *Income* | 农户家庭人均可支配收入（元），经过对数化处理 |
| 核心解释变量 | 农村金融 | 农村正规金融 | *Formal* | 农户家庭人均正规金融借贷额（元），经过对数化处理 |
| | | 农村非正规金融 | *Informal* | 农户家庭人均非正规金融借贷额（元），经过对数化处理 |
| 控制变量 | 家庭特征 | 家庭总人口 | *Pop* | 家庭人口总数（人） |
| | | 户主性别 | *Gender* | 户主的性别（男=1，女=0） |
| | | 户主年龄 | *Age* | 户主年龄（岁） |
| | | 抚养负担 | *Raise* | 15 岁以下儿童及 65 岁以上老人占总人口的比例（%） |
| | | 务工比例 | *Nonfarm* | 从事非农产业人口占总人口的比例（%） |

（续）

| 变量类型 | 变量名称 | 维度 | 变量符号 | 变量的衡量说明及赋值 |
| --- | --- | --- | --- | --- |
| 控制变量 | 人力资本 | 户主受教育程度 | *Edu* | 1=不识字；2=小学；3=初中；4=高中；5=大专及以上 |
| | | 高中以上学历 | *Hedu* | 高中以上学历人口占总人口的比例（%） |
| | | 劳动技能 | *Skill* | 具有劳动技能的劳动力占总人口的比例（%） |
| | 物质资本 | 土地面积 | *Land* | 家庭土地耕作面积（亩） |
| | | 房屋价值 | *House* | 家庭住房的总价值（元），经过对数化处理 |
| | 社会资本 | 县城亲友 | *City* | 是否有亲友在县城或城市生活（是=1，否=0） |
| | | 官员亲友 | *Gov* | 是否有亲友在政府部门任职（是=1，否=0） |
| | | 组织参与 | *Org* | 是否加入农业合作社（是=1，否=0） |
| | 区域环境 | 县域经济发展 | *GDP* | 县域人均地区生产总值，经过对数化处理 |
| | | 金融机构距离 | *Dist* | 1=非常不方便；2=不方便；3=一般；4=方便；5=非常方便 |
| | | 村庄地形特征 | *Geo* | 1=平原；2=丘陵；3=山地 |

### （二）研究方法选择及计量模型构建

在以往的经典回归模型中，其研究的重点在于解释变量 $x$ 对于被解释变量 $y$ 的条件期望值 $E(y|x)$ 的影响，即均值回归（OLS）。而很多时候，我们更为关注的是 $x$ 对于整个条件分布的整体影响状况，而条件期望值 $E(y|x)$ 所描述的仅仅是条件分布的集中趋势，而且当条件分布不是对称分布时，则该条件期望值难以全面反映出整个条件分布。因此，如果能够实现对条件分布中的不同分位点进行估计，那么我们就能够对整个条件分布有更深入的认识。此外，在运用古典的均值回归（OLS）时，其目标函数为残差平方和的最小化，这也使得估计结果容易受到极端值的影响。基于均值回归存在的诸多缺陷与不足，Koenker 等于 1978 年提出了分位数回归法（quantile regression），将目标函数转化为残差绝对值加权平均的最小化，这样就避免了古典均值回归中估计结果容易受到极端值影响的问题。更具研究意义的是，该方法能够提供条件分布在所有分位点上的信息，这是在古典均值回归（OLS）上的一个重要拓展。以分位数回归法能够研究不同收入水平的分布状况，从而分析不同的要素在不

同收入水平上的边际贡献率。

在上文的分析中我们发现，欠发达地区农村正规金融可能与农户的收入水平之间存在一定的反向因果关系，这可能导致内生性问题的发生。有鉴于此，在本节的实证分析中，以县域金融机构人均贷款余额作为工具变量，运用两阶段最小二乘法（2SLS）、工具变量分位数回归法（IVQR）实证检验欠发达地区农村金融对农户收入增长影响的整体效应以及分层差异。其中，在使用工具变量分位数回归分析时，所采用的是 Efron（1979）提出的自助重复抽样（Bootstrap）法，该方法主要用于计算协方差矩阵。为了增强统计推断的可信度，本文在对每个分位点进行回归时，均使用了 400 次 Bootstrap 法。

基于以上研究方法，本节构建了以下计量模型：

$$Income = \beta_0 + \beta_1 Finance + \theta T + \mu \tag{4-5}$$

式中，*Income* 为农户的家庭人均可支配收入水平，*Finance* 为农村金融（包括正规金融与非正规金融），$T$ 为控制变量，涵盖农户的家庭特征、人力资本、物质资本、社会资本以及区域环境特征等一系列变量（表 4-6），$\beta_0$ 为常数项，$\beta_1$、$\theta$ 为待估计参数，$\mu$ 为随机干扰项。

此外，在进行实证分析时候，均采用了稳健标准误，从而有效地避免异方差所导致的估计偏误。

### （三）农村金融与农户收入增长：整体效应

从表 4-7 的实证分析结果可以发现，通过逐步引入相关控制变量，列（1）～列（5）的研究结论表明，欠发达地区农村正规金融能够有效促进农户的收入增长，而农村非正规金融则抑制了农户的收入增长。类似地，进一步考虑到计量模型可能存在的内生性问题，本研究以县域金融机构人均贷款余额作为工具变量，运用两阶段最小二乘法（2SLS）考察欠发达地区农村金融与农户收入增长的整体效应。

首先，应检验计量模型的内生性问题。根据 Hausman 检验的结果，卡方检验的统计量为 96.39，对应的 $p$ 值为 0.000，即拒绝原假设，该检验结果表明计量模型存在内生性问题。然而，由于传统的 Hausman 检验是基于同方差的前提，在异方差的条件下无法成立，因此我们也使用了异方差稳健的 DWH 检验：*Durbin* 统计量的值为 99.64，对应的 $p$ 值为 0.000；*Wu-Hausman F* 统计量的值为 105.92，对应的 $p$ 值为 0.000，即检验结果都拒绝了原假设。所以，我们可以断定欠发达地区农村正规金融变量为内生解释变量。

其次，应检验工具变量的有效性。在结构方程中对内生解释变量的显著性进行“名义显著性水平”（nominal size）为 5%的 Hausman 检验，所得到的最小特征值统计量为 19.26，大于 10%水平上的临界值 16.38[①]（2SLS Size of nominal 5% Wald test），可拒绝“弱工具变量”的原假设。

**表 4-7 欠发达地区农村金融与农户收入增长的整体效应**

| 变量模型 | | 变量 | (1) OLS | (2) OLS | (3) OLS | (4) OLS | (5) OLS | (6) 2SLS |
|---|---|---|---|---|---|---|---|---|
| 核心解释变量 | 农村金融 | *Formal* | 0.048*** | | 0.008* | | 0.011* | 0.527*** |
| | | | (0.008) | | (0.006) | | (0.006) | (0.128) |
| | | *Informal* | | −0.082*** | | −0.031*** | −0.031*** | −0.056*** |
| | | | | (0.007) | | (0.005) | (0.005) | (0.013) |
| 控制变量 | 家庭特征 | *Pop* | | | −0.029** | −0.022* | −0.023* | −0.066** |
| | | | | | (0.012) | (0.012) | (0.012) | (0.031) |
| | | *Gender* | | | 0.153*** | 0.143*** | 0.145*** | 0.243* |
| | | | | | (0.055) | (0.055) | (0.054) | (0.136) |
| | | *Age* | | | 0.007*** | 0.005*** | 0.006*** | 0.015*** |
| | | | | | (0.002) | (0.002) | (0.002) | (0.005) |
| | | *Raise* | | | −0.040 | −0.068 | −0.060 | 0.320 |
| | | | | | (0.065) | (0.064) | (0.064) | (0.203) |
| | | *Nonfarm* | | | 2.221*** | 2.171*** | 2.172*** | 2.217*** |
| | | | | | (0.104) | (0.105) | (0.105) | (0.227) |
| | 人力资本 | *Edu* | | | 0.164*** | 0.136*** | 0.137*** | 0.154** |
| | | | | | (0.029) | (0.029) | (0.029) | (0.064) |
| | | *Hedu* | | | 0.083 | 0.040 | 0.018 | −1.005** |
| | | | | | (0.141) | (0.139) | (0.139) | (0.407) |
| | | *Skill* | | | 0.501*** | 0.565*** | 0.553*** | 0.009 |
| | | | | | (0.117) | (0.121) | (0.119) | (0.310) |
| | 物质资本 | *Land* | | | −0.005 | −0.000 | −0.001 | −0.010 |
| | | | | | (0.008) | (0.008) | (0.008) | (0.017) |
| | | *House* | | | 0.112*** | 0.112*** | 0.108*** | 0.084 |
| | | | | | (0.020) | (0.019) | (0.019) | (0.064) |
| | 社会资本 | *City* | | | 0.135*** | 0.135*** | 0.131*** | 0.027 |
| | | | | | (0.039) | (0.039) | (0.040) | (0.115) |
| | | *Gov* | | | 0.052 | 0.035 | 0.035 | 0.033 |
| | | | | | (0.059) | (0.057) | (0.058) | (0.155) |
| | | *Org* | | | 0.072 | 0.089 | 0.090 | 0.094 |
| | | | | | (0.080) | (0.078) | (0.078) | (0.208) |
| | 区域环境 | *GDP* | | | 0.344*** | 0.308*** | 0.298*** | −0.189 |
| | | | | | (0.108) | (0.109) | (0.109) | (0.275) |
| | | *Geo* | | | −0.055 | −0.011 | −0.013 | −0.120 |
| | | | | | (0.039) | (0.040) | (0.040) | (0.120) |
| | | *Dist* | | | −0.002 | 0.009 | 0.007 | −0.105* |
| | | | | | (0.018) | (0.018) | (0.018) | (0.054) |

① 当可接受“真实显著性水平”不超过 15%时，即可拒绝“弱工具变量”的原假设。

（续）

| 变量模型 | 变量 | (1) OLS | (2) OLS | (3) OLS | (4) OLS | (5) OLS | (6) 2SLS |
|---|---|---|---|---|---|---|---|
| 常数项 | *Cons* | 8.567*** | 8.965*** | 2.965*** | 3.391*** | 3.531*** | 10.056*** |
| | | (0.031) | (0.032) | (0.976) | (0.982) | (0.983) | (2.776) |
| 样本量 | *N* | 1 363 | 1 363 | 1 363 | 1 363 | 1 363 | 1 363 |

注：***、**、* 分别代表 1%、5%、10%的显著性水平。

从表 4-7 中可见，列（6）的结果能够准确地揭示欠发达地区农村金融与农户收入增长的整体效应。实证结果显示，欠发达地区农村正规金融显著促进了农户的收入增长，这表明现阶段欠发达地区政府主导的金融资源注入已逐渐成为农户增收的主要因素，打破了既往的“贫困恶性循环”，能够为欠发达地区农村经济的健康发展创造有利的条件，带动贫困农户脱贫增收，切实解决新时期经济发展不平衡、不充分的问题。而农村非正规金融则抑制了农户的收入增长。一方面，农户获得的贷款可能主要用于家庭消费；另一方面，农村非正规金融的利率一般较高。在这双重作用下，农村非正规金融对农户的收入增长产生了抑制作用。

关于控制变量的回归结果，从家庭特征来看，家庭人口数量显著降低了农户的收入，户主为男性更有利于农户家庭收入的增长，户主年龄显著提高了农户的收入，务工比例显著提高了农户的收入；从人力资本来看，户主受教育程度显著促进了农户的收入增长，而高中以上学历的增收作用并不明显，这可能是由于人力资本培育的经济效益的滞后性。

### （四）农村金融与农户收入增长：分层差异

基于前文的内生性检验结果，本节在研究欠发达地区农村金融与农户收入增长的分层差异时，运用了工具变量分位数回归法（IVQR）。在所给出的分位数回归结果中，为了更为全面地刻画欠发达地区农户收入增长决定因素的分位数回归结果，我们选取了 IVQR _ 10、IVQR _ 25、IVQR _ 50、IVQR _ 75、IVQR _ 90 这 5 个比较具有代表性的分位点，分别代表低收入组、中低收入组、中等收入组、中高收入组及高收入组，从而便于研究欠发达地区农村金融对于不同收入水平农户的增收效应是否存在显著的差异，回归结果如表 4-8 所示。

从回归结果可以发现，欠发达地区农村金融对不同收入水平农户的增收效应存在显著差异。具体而言，欠发达地区农村正规金融在 IVQR _ 10、IVQR _ 25、IVQR _ 50、IVQR _ 75、IVQR _ 90 这 5 个分位点上的弹性系数均在 1%的水平上显著为正，这意味着对于不同收入群体，欠发达地区的农村正规金融均起到了显著的增收效应。但从分层差异来看，随着农户收入水平的不断提升，欠发达地区农村正规金融的增收效应也越来越强。该结果表明，欠发达地区农村正规金融对于低收入群体的增收效应明显低于高收入群体，低收入组（QR_10）与中低收入组（QR_25）的弹性系数分别为0.190、0.356，而中高收入组（IVQR_75）与高收入组（IVQR_90）的弹性系数则高达1.063、1.237，可见“精英农户”与“贫困农户”之间的增收差距悬殊。这可能是由于两方面原因所导致：一方面，就农户的要素禀赋积累存量而言，“精英农户”更加具备发展生产的能力，而“贫困农户”则更多地依靠当地政府、龙头企业、新型农业经营主体以及各类社会组织的帮扶，逐步发展生产能力，从这一角度来看，“精英农户”显然能够更好地利用农村正规金融资源，实现收入的快速增长；另一方面，在脱贫攻坚战役的推动下，大量优惠、特惠性政策集中于欠发达地区，尽管在精准扶贫方针的指导下，扶贫资源能够更为精准地投入困难人群中，但“精英俘获”问题依然难以避免，“精英农户”也在扶贫政策实施过程中获得了一定的政策红利，甚至挤占了本应属于“贫困农户”的扶贫资源（胡联等，2017），这也在一定程度上导致欠发达地区农村金融的增收效应更有利于“精英农户”。相比较而言，欠发达地区农村非正规金融在IVQR_10、IVQR_25、IVQR_50、IVQR_75、IVQR_90这5个分位点上的弹性系数均为负向作用，但仅在IVQR_10、IVQR_25这两个分位点起到显著作用。这表明欠发达地区农村非正规金融对农户收入增长的抑制作用主要表现在“贫困农户”群体当中，正如前文的分析所揭示，之所以产生这一现象，不仅仅是由于贫困农户自身发展能力不足所致，更重要的是反映出目前我国欠发达地区金融扶贫制度体系尚待健全，困难人群的正规金融排斥现状依然存在，尤其是急需改善家庭生活福利状况的贫困农户，当农村正规金融难以满足其借贷需求时，他们只能求助于高收入群体，而这往往需要支付较高的资金使用成本①。另外，应当注意到，欠发达地区农村非正规金融在“精英农户”群体中也尚未形成显著的增收效应，这可能是由于农村非正规金融资源更多地用于非生产性项目，从而未对“精英农户”的收入产生实质性的影响。

**表4-8 欠发达地区农村金融与农户收入增长的分层差异**

| 变量类型 | 变量 | | 低收入组 | 中低收入组 | 中等收入组 | 中高收入组 | 高收入组 |
|---|---|---|---|---|---|---|---|
| | | | IVQR_10 | IVQR_25 | IVQR_50 | IVQR_75 | IVQR_90 |
| 核心解释变量 | 农村金融 | *Formal* | 0.190** | 0.356*** | 0.979*** | 1.063*** | 1.237*** |
| | | | (0.086) | (0.100) | (0.216) | (0.256) | (0.373) |
| | | *Informal* | −0.019* | −0.101*** | −0.025 | −0.011 | −0.012 |
| | | | (0.011) | (0.013) | (0.029) | (0.034) | (0.050) |

① 徐丽鹤等（2013）的研究指出，低收入群体由于社会资本较为匮乏，因此，在向高收入群体借贷时，往往需要支付较高的利率。

（续）

| 变量类型 | | 变量 | 低收入组 IVQR _ 10 | 中低收入组 IVQR _ 25 | 中等收入组 IVQR _ 50 | 中高收入组 IVQR _ 75 | 高收入组 IVQR _ 90 |
|---|---|---|---|---|---|---|---|
| 控制变量 | 家庭特征 | *Pop* | −0.022 | −0.086*** | −0.028 | −0.046 | −0.046 |
| | | | (0.027) | (0.031) | (0.067) | (0.080) | (0.116) |
| | | *Gender* | 0.048 | 0.189 | 0.168 | 0.109 | 0.055 |
| | | | (0.122) | (0.141) | (0.307) | (0.364) | (0.530) |
| | | *Age* | 0.001 | 0.010** | 0.010 | 0.005 | 0.004 |
| | | | (0.004) | (0.004) | (0.009) | (0.011) | (0.016) |
| | | *Raise* | 0.127 | 0.307 | 0.204 | 0.017 | −0.039 |
| | | | (0.164) | (0.190) | (0.413) | (0.490) | (0.713) |
| | | *Nonfarm* | 2.428*** | 2.258*** | 2.061*** | 1.832*** | 1.673* |
| | | | (0.206) | (0.240) | (0.521) | (0.618) | (0.899) |
| | 人力资本 | *Edu* | 0.014 | 0.107* | 0.130 | 0.072 | 0.107 |
| | | | (0.060) | (0.069) | (0.151) | (0.179) | (0.260) |
| | | *Hedu* | 0.022 | −2.154*** | −0.495 | −0.025 | −0.167 |
| | | | (0.290) | (0.337) | (0.731) | (0.867) | (1.262) |
| | | *Skill* | 0.401 | 0.053 | 0.406 | 0.515 | 0.359 |
| | | | (0.254) | (0.296) | (0.642) | (0.762) | (1.109) |
| | 物质资本 | *Land* | 0.001 | 0.017 | −0.000 | 0.024 | 0.027 |
| | | | (0.017) | (0.019) | (0.042) | (0.050) | (0.072) |
| | | *House* | 0.004 | 0.125*** | 0.032 | 0.044 | 0.041 |
| | | | (0.039) | (0.046) | (0.099) | (0.118) | (0.171) |
| | 社会资本 | *City* | 0.084 | −0.085 | 0.069 | 0.049 | 0.048 |
| | | | (0.099) | (0.115) | (0.250) | (0.297) | (0.432) |
| | | *Gov* | 0.035 | 0.054 | 0.096 | −0.009 | 0.027 |
| | | | (0.141) | (0.164) | (0.356) | (0.423) | (0.615) |
| | | *Org* | −0.106 | −0.136 | 0.038 | 0.052 | 0.060 |
| | | | (0.189) | (0.220) | (0.477) | (0.566) | (0.823) |
| | 区域环境 | *GDP* | −0.221 | −0.189 | −0.160 | −0.352 | −0.474 |
| | | | (0.272) | (0.317) | (0.687) | (0.815) | (1.186) |
| | | *Geo* | −0.170 | −0.328*** | −0.016 | 0.140 | 0.221 |
| | | | (0.109) | (0.127) | (0.276) | (0.328) | (0.476) |
| | | *Dist* | −0.009 | −0.043 | −0.037 | 0.002 | 0.037 |
| | | | (0.043) | (0.049) | (0.107) | (0.127) | (0.185) |
| 常数项 | | *Cons* | 9.127*** | 11.128*** | 6.081 | 7.241 | 8.417 |
| | | | (2.193) | (2.550) | (5.535) | (6.569) | (9.555) |

注：***、**、* 分别代表 1%、5%、10%的显著性水平。

关于控制变量的回归结果，从家庭特征来看，家庭人口数量显著降低了低收入组（IVQR _ 25）农户的收入；务工比例显著提高了农户的收入，且这一作用对于低收入组和中低收入组（IVQR _ 10、IVQR _ 25）最为显著。从人力资本来看，户主受教育程度显著促进了农户的收入增长，而高中以上学历变量对中低收入组（IVQR _ 25）表现为显著的抑制作用，这可能是由于子女的人力资本培育过程中需要投入一定的经济资源。从物质资本来看，房屋价值显著提高了部分农户的收入。从社会资本来看，有亲友在县城能够显著提高“精英农户”[中高收入组（IVQR_75）和高收入组（IVQR_90）]的收入。

### （五）稳健性检验

由于欠发达地区经济发展较为滞后，外出务工农户可能会拥有更多的经济社会资源以及增收渠道，从而更有利于实现农村金融的增收效应。因此，本节以农户是否有外出务工的家庭成员为划分依据，剔除非外出务工的农户样本，重新检验欠发达地区农村金融与农户收入增长的整体效应及分层差异，稳健性检验结果如表4-9所示。可以发现，本研究所关心的核心解释变量（农村正规金融与农村非正规金融）的系数显著性并未发生变化，实证分析结论依然保持一致，即欠发达地区农村正规金融对于低收入群体的增收效应明显低于高收入群体，而农村非正规金融则抑制了低收入群体的收入增长。

**表4-9　欠发达地区农村金融与农户收入增长的稳健性检验**

| 变量类型 | 变量 | | 2SLS | 低收入组<br>IVQR_10 | 中低收入组<br>IVQR_25 | 中等收入组<br>IVQR_50 | 中高收入组<br>IVQR_75 | 高收入组<br>IVQR_90 |
|---|---|---|---|---|---|---|---|---|
| 核心解释变量 | 农村金融 | *Formal* | 0.258*** | 0.200** | 0.256*** | 0.622*** | 0.670*** | 0.702** |
| | | | (0.094) | (0.130) | (0.126) | (0.236) | (0.279) | (0.086) |
| | | *Informal* | −0.027*** | −0.015* | −0.046*** | −0.023 | −0.010 | −0.003 |
| | | | (0.009) | (0.013) | (0.012) | (0.023) | (0.028) | (0.009) |
| 控制变量 | | *Control* | YES | YES | YES | YES | YES | YES |
| 样本量 | | *N* | 870 | 870 | 870 | 870 | 870 | 870 |

注：***、**、*分别代表1%、5%、10%的显著性水平。

## 三、进一步讨论：农村金融的收入分配效应

上文的实证结果表明：欠发达地区农村正规金融能够有效减缓农户的收入贫困，而农村非正规金融不仅无法减缓贫困，反而加剧了贫困的发生。已有研究成果指出，当农村金融所产生的收入分配效应不平等时，将不利于困难人群的发展，从而无法有效减缓贫困。同时，第二章的理论分析部分中数理模型推导也表明，当收入分配不均等时，增长将更有利于富裕群体。显然，这不利于金融减贫效应的发挥。鉴于此，本文从收入分配效应的视角进一步探讨农村非正规金融加剧贫困发生的内部原因。

### （一）研究变量的选择与说明

（1）被解释变量：农户收入差距。

如何选择合理的指标量化收入差距，是科学研究居民收入分布的基础。在既有研究中，国内外学者提出了许多衡量收入差距的指标，但总体而言，基尼系数（Gini coefficient）是目前学术界研究中较为主流的衡量方法。因此，在本节的实证分析中，将以农户收入的基尼系数作为收入差距的衡量指标。具体

而言，以农户家庭人均可支配收入的基尼系数衡量农户收入水平差距；以农户家庭各项收入来源的基尼系数衡量农户收入结构差距，包括农户的农业收入、非农业收入以及财产性收入①。

（2）核心解释变量：农村金融。

延续上文的分析思路，本节将农村金融划分为农村正规金融以及农村非正规金融两个维度。本研究通过问卷调查的形式来识别农村正规金融借贷，将资金来源于农村信用社、村镇银行、农村资金互助社、小额贷款公司或商业银行的农户借贷行为界定为农村正规金融借贷，将资金来源于亲友或民间金融组织的农户借贷行为界定为农村非正规金融借贷。在此基础上，本节分别以农户家庭人均正规金融借贷额以及人均非正规金融借贷额作为欠发达地区农村正规金融与农村非正规金融的衡量指标。

（3）控制变量。

在农户层面，选取了家庭特征、人力资本、物质资本以及社会资本作为控制变量。同时，考虑到宏观区域环境也是影响农户收入贫困状态的重要因素，本研究选取了宏观区域层面的控制变量。具体而言，农户的家庭特征包含 5 个维度，即家庭总人口数量（*Pop*）、户主性别（*Gender*）、户主年龄（*Age*）、抚养负担（*Raise*）、务工比例（*Nonfarm*）；农户的人力资本包含 3 个维度，即户主受教育程度（*Edu*）、高中以上学历（*Hedu*）、劳动技能（*Skill*）；农户的物质资本包含 2 个维度，即可耕作土地面积（*Land*）、拥有的房屋价值（*House*）；农户的社会资本包含 3 个维度，即是否有亲友居住在县城（*City*）、是否有亲友在政府部门任职（*Gov*）、是否参加农业合作社（*Org*）；区域环境包含 3 个维度，即县域人均地区生产总值（*GDP*）、农户与金融机构的距离（*Dist*）、村庄的地形特征（*Geo*）。本节实证分析涉及的各变量及衡量如表 4-10 所示。

**表 4-10　各变量的选取及度量**

| 变量类型 | 变量名称 | 维度 | 变量符号 | 变量的衡量说明及赋值 |
|---|---|---|---|---|
| 被解释变量 | 农户收入差距 | 可支配收入水平差距 | $Gini$ | 家庭人均可支配收入对数值的基尼系数 |
| | | 农业收入差距 | $Gini_1$ | 家庭人均农业收入对数值的基尼系数 |
| | | 非农业收入差距 | $Gini_2$ | 家庭人均非农业收入对数值的基尼系数 |
| | | 财产性收入差距 | $Gini_3$ | 家庭人均财产性收入对数值的基尼系数 |

① 在国家宏观统计指标中，主要将农户的收入按家庭经营性收入、工资性收入、财产性收入以及转移性收入这四大类划分，在这一统计口径中，家庭经营性收入既包含了农业生产经营，也包括了工商经营，无法有效区分农业收入与非农业收入。在本研究中，主要着重考察农业收入差距与非农业收入差距，因此，对问卷调研的统计口径进行了调整。此外，由于转移性收入更多是基于政府以及社会组织的补贴、救助，不属于研究所考察的对象，故未将该部分内容纳入本章的实证分析中。

（续）

| 变量类型 | 变量名称 | 维度 | 变量符号 | 变量的衡量说明及赋值 |
|---|---|---|---|---|
| 核心解释变量 | 农村金融 | 农村正规金融 | *Formal* | 农户家庭人均正规金融借贷额（元），经过对数化处理 |
| | | 农村非正规金融 | *Informal* | 农户家庭人均非正规金融借贷额（元），经过对数化处理 |
| 控制变量 | 家庭特征 | 家庭总人口 | *Pop* | 家庭人口总数（人） |
| | | 户主性别 | *Gender* | 户主的性别（男=1，女=0） |
| | | 户主年龄 | *Age* | 户主年龄（岁） |
| | | 抚养负担 | *Raise* | 15岁以下儿童及65岁以上老人占总人口的比例（%） |
| | | 务工比例 | *Nonfarm* | 从事非农产业人口占总人口的比例（%） |
| | 人力资本 | 户主受教育程度 | *Edu* | 1=不识字；2=小学；3=初中；4=高中；5=大专及以上 |
| | | 高中以上学历 | *Hedu* | 高中以上学历人口占总人口的比例（%） |
| | | 劳动技能 | *Skill* | 具有劳动技能的劳动力占总人口的比例（%） |
| | 物质资本 | 土地面积 | *Land* | 家庭土地耕作面积（亩） |
| | | 房屋价值 | *House* | 家庭住房的总价值（元），经过对数化处理 |
| | 社会资本 | 县城亲友 | *City* | 是否有亲友在县城或城市生活（是=1，否=0） |
| | | 官员亲友 | *Gov* | 是否有亲友在政府部门任职（是=1，否=0） |
| | | 组织参与 | *Org* | 是否加入农业合作社（是=1，否=0） |
| | 区域环境 | 县域经济发展 | *GDP* | 县域人均地区生产总值，经过对数化处理 |
| | | 金融机构距离 | *Dist* | 1=非常不方便；2=不方便；3=一般；4=方便；5=非常方便 |
| | | 村庄地形特征 | *Geo* | 1=平原；2=丘陵；3=山地 |

## （二）理论分析及计量模型构建

### 1. 理论分析

为了便于从微观层面分析欠发达地区农村金融对农户内部收入差距影响的作用机理，本文将基于社会福利函数构建理论分析框架。首先，假设农村社会主要由两类群体组成：富裕农户与不富裕农户。则农村社会的整体效用函数可表示为

$$U=U_{A}^{\alpha}+U_{B}^{\alpha} \tag{4-6}$$

式中，$U_{A}^{\alpha}$ 为富裕农户的总体效用，$U_{B}^{\alpha}$ 为不富裕农户的总体效用，$\alpha$ 为农

户的消费者偏好系数（$0<\alpha<1$）。在此基础上，本文进一步将富裕农户和不富裕农户的效用函数定义为

$$U_A^\alpha = \delta_A^\alpha y_A^\alpha \tag{4-7}$$

$$U_B^\alpha = \delta_B^\alpha y_B^\alpha \tag{4-8}$$

式中，$y_A$ 和 $y_B$ 分别代表富裕农户和不富裕农户的总体收入；$\delta_A$ 和 $\delta_B$ 分别代表富裕农户和不富裕农户的正边际效用，即享受其收入的能力，而这主要取决于金融资源的获取及运用能力等一系列因素（温涛等，2015）。在本文的研究中，重点关注的是欠发达地区农村正规金融（$F$）以及农村非正规金融（$IF$），因此，可得到如下表达式：

$$\delta_A = F_A \cdot IF_A \tag{4-9}$$

$$\delta_B = F_B \cdot IF_B \tag{4-10}$$

综合以上各式，可得农村社会总体效用函数：

$$U = U_A^\alpha + U_B^\alpha = \delta_A^\alpha y_A^\alpha + \delta_B^\alpha y_B^\alpha \tag{4-11}$$

进一步地，假设农村社会的国民总收入为 $y$，那么，在总预算约束 $y$ 的条件下，要使农村社会总体效用最大化，则有

$$\max U = \delta_A^\alpha y_A^\alpha + \delta_B^\alpha y_B^\alpha \tag{4-12}$$

$$\text{s. t. } y = y_A + y_B$$

根据式（4-12）可得以下拉格朗日函数：

$$L = \delta_A^\alpha y_A^\alpha + \delta_B^\alpha y_B^\alpha + \lambda(y - y_A - y_B) \tag{4-13}$$

分别对 $y_A$、$y_B$ 及 $\lambda$ 求一阶偏导，令其等于 0，则可得

$$\begin{cases} \dfrac{\partial L}{\partial y_A} = \alpha\delta_A^\alpha y_A^{\alpha-1} - \lambda = 0 \\ \dfrac{\partial L}{\partial y_B} = \alpha\delta_B^\alpha y_B^{\alpha-1} - \lambda = 0 \\ \dfrac{\partial L}{\partial \lambda} - y - y_A y_B = 0 \end{cases} \tag{4-14}$$

求解式（4-14）可得

$$\frac{y_A}{y_B} = \left(\frac{\delta_A}{\delta_B}\right)^{\frac{\alpha}{1-\alpha}} \tag{4-15}$$

将式（4-9）和式（4-10）代入式（4-15），可得

$$\frac{y_A}{y_B} = \left(\frac{F_A \cdot IF_A}{F_B \cdot IF_B}\right)^{\frac{\alpha}{1-\alpha}} \tag{4-16}$$

由式（4-16）可知，农户内部收入差距的变动将取决于富裕农户及不富裕农户的农村正规金融资源、农村非正规金融资源的获取与利用能力。至此，本文从理论上构建了农村金融对农户内部收入差距影响的分析框架。

**2. 计量模型构建**

关于农户内部收入不平等的研究，近年来，已有文献主要采用分位数回归分析对不同收入水平的农户进行研究（高梦滔等，2006；程名望等，2015）。而正如程名望等（2016）所指出的，尽管分位数回归分析具有一定的优势，但并不能精确地反映出各变量对农户内部收入不平等的贡献率。因此，本文采用最新发展的再中心化影响函数（RIF）回归方法①，该方法不仅能够反映自变量对因变量多种统计分布（如基尼系数、方差等）的边际影响，而且能够有效避免内生性问题（Firpo et al.，2009；Borgen，2016）。这使得 RIF 回归方法在研究群体收入不平等问题时具有无可比拟的优势。

基于再中心化影响函数（RIF）回归方法，本节构建了如下计量模型：

$$Gini = \beta_0 + \beta_1 Finance + \theta T + \mu \quad (4\text{-}17)$$

式中，$Gini$ 为农户内部收入差距，$Finance$ 包含了农村金融（正规金融与非正规金融）、$T$ 为控制变量，涵盖农户的家庭特征、人力资本、物质资本、社会资本以及区域环境特征一系列变量（表 4-9），$\beta_0$ 为常数项，$\beta_1$、$\theta$ 为待估计参数，$\mu$ 为随机干扰项。

**（三）农村金融与农户收入差距：整体效应**

表 4-11 为欠发达地区农村金融的收入分配效应的实证检验结果。遵循上文研究思路，采用逐步引入变量的方法观察农村金融对农户内部收入差距影响的稳健性。列（1）、列（2）和列（3）的回归结果显示，欠发达地区农村正规金融的系数显著为负，农村非正规金融的系数显著为正，即：农村正规金融降低了农户内部的收入差距，而农村非正规金融则显著扩大了农户内部的收入差距。在引入相关控制变量之后，列（4）、列（5）和列（6）的实证结论依然稳健，即当前欠发达地区农村非正规金融扩大了农户内部收入差距，该结论与已有研究一致（程名望等，2015）。这一研究结论表明，当前我国欠发达地区农村非正规金融加剧了农户收入贫困的发生，并非仅仅由于发展条件滞后以及贫困农户自我发展能力不足所导致，同时也受到了分配效应的影响，即这一现象的出现是内外部因素共同作用的结果。贫富差距的扩大无疑会制约欠发达地区农村非正规金融的减贫效果。因此，要有效实现农村非正规金融减贫，必须注重完善欠发达地区农村金融体系，合理规范农村非正规金融的发展，严厉打击欠发达地区民间“黑色借贷”②，实现农村正规金融与非正规金融的协同发展，有效缓解欠发达地区困难人群发展生产的资本约束，从而有效缩小农户之间的

① 再中心化影响函数回归的程序运算中已默认使用了稳健标准误，能够有效避免异方差问题所导致的估计偏误。

② 按利率高低划分，民间借贷有三种形式：白色借贷（友情借贷）、灰色借贷（中等利率水平借贷）和黑色借贷（高利贷）。

收入差距，真正带动困难人群脱贫致富。

在控制变量方面，从家庭特征来看，户主年龄及非农比重显著缩小了农户收入差距，正如章元等（2012）所指出，非农就业岗位能够使困难人群进入工资水平更高的产业，是实现脱贫的重要渠道，有利于降低农户收入差距。从人力资本来看，户主受教育程度缩小了农户收入差距，表明人力资本培育对于欠发达地区农户内部收入差距的缓解具有积极的作用；高中以上学历则尚未表现出显著作用。从物质资本来看，房屋价值显著缩小了农户的收入差距，而土地面积的作用则不明显。从社会资本来看，有亲友居住在县城能够缩小收入差距，其余变量的作用并不显著。

**表 4-11 欠发达地区农村金融与农户收入水平差距**

| 变量类型 | | 变量 | (1)<br>RIF | (2)<br>RIF | (3)<br>RIF | (4)<br>RIF | (5)<br>RIF | (6)<br>RIF |
|---|---|---|---|---|---|---|---|---|
| 核心解释变量 | 农村金融 | *Formal* | −0.002***<br>(0.000) | | −0.002***<br>(0.000) | −0.001***<br>(0.000) | | −0.001***<br>(0.000) |
| | | *Informal* | | 0.003***<br>(0.000) | 0.003***<br>(0.000) | | 0.002***<br>(0.000) | 0.002***<br>(0.000) |
| 控制变量 | 家庭特征 | *Pop* | | | | 0.001<br>(0.001) | 0.001<br>(0.001) | 0.001<br>(0.001) |
| | | *Gender* | | | | −0.000<br>(0.004) | 0.000<br>(0.004) | 0.000<br>(0.004) |
| | | *Age* | | | | −0.000***<br>(0.000) | −0.000**<br>(0.000) | −0.000***<br>(0.000) |
| | | *Raise* | | | | −0.002<br>(0.005) | 0.000<br>(0.006) | −0.001<br>(0.007) |
| | | *Nonfarm* | | | | −0.032***<br>(0.007) | −0.030***<br>(0.007) | −0.030***<br>(0.006) |
| | 人力资本 | *Edu* | | | | −0.008***<br>(0.002) | −0.006***<br>(0.002) | −0.006***<br>(0.002) |
| | | *Hedu* | | | | 0.003<br>(0.007) | 0.005<br>(0.009) | 0.006<br>(0.009) |
| | | *Skill* | | | | 0.009<br>(0.007) | 0.005<br>(0.007) | 0.006<br>(0.006) |
| | 物质资本 | *Land* | | | | 0.001*<br>(0.000) | 0.001<br>(0.001) | 0.001<br>(0.000) |
| | | *House* | | | | −0.003***<br>(0.001) | −0.003**<br>(0.001) | −0.003**<br>(0.001) |
| | 社会资本 | *City* | | | | −0.005**<br>(0.002) | −0.005**<br>(0.002) | −0.005**<br>(0.003) |
| | | *Gov* | | | | 0.001<br>(0.003) | 0.002<br>(0.004) | 0.002<br>(0.004) |
| | | *Org* | | | | 0.001<br>(0.006) | −0.000<br>(0.005) | −0.000<br>(0.004) |

（续）

| 变量类型 | | 变量 | (1)<br>RIF | (2)<br>RIF | (3)<br>RIF | (4)<br>RIF | (5)<br>RIF | (6)<br>RIF |
|---|---|---|---|---|---|---|---|---|
| 控制变量 | 区域环境 | *GDP* | | | | −0.030*** | −0.028*** | −0.027*** |
| | | | | | | (0.007) | (0.006) | (0.006) |
| | | *Geo* | | | | 0.005* | 0.003 | 0.003 |
| | | | | | | (0.003) | (0.002) | (0.002) |
| | | *Dist* | | | | −0.000 | −0.001 | −0.001 |
| | | | | | | (0.001) | (0.001) | (0.001) |
| 常数项 | | *Cons* | 0.070*** | 0.056*** | 0.058*** | 0.403*** | 0.386*** | 0.373*** |
| | | | (0.001) | (0.002) | (0.002) | (0.062) | (0.055) | (0.054) |
| 样本量 | | *N* | 1 363 | 1 363 | 1 363 | 1 363 | 1 363 | 1 363 |

注：***、**、*分别代表1%、5%、10%的显著性水平。

### （四）农村金融与农户收入差距：结构差异

在上文的实证分析中，本研究从整体视角考察了欠发达地区农村金融对农户收入水平差距的影响，然而，农村金融对不同收入来源差距的影响仍然不得而知。对农户收入结构差距的进一步探讨有助于我们更为深入地理解欠发达地区农村金融对农户收入差距影响的内在作用机理。有鉴于此，本研究接下来将基于结构差异的视角，实证分析欠发达地区农村金融与农户收入差距之间的作用关系。

具体而言，本研究主要考察了欠发达地区农村金融对农户的农业收入差距、非农业收入差距以及财产性收入差距的影响，实证分析结果如表 4-12 所示。

列（1）和列（2）的实证分析结果表明，欠发达地区农村正规金融与农村非正规金融的系数显著为负，即两者都显著降低了农户内部的农业收入差距，这表明欠发达地区农村金融资源的供给能够在一定程度上缓解困难人群在农资购买、生产经营方面的资金约束，实现农业生产过程中的要素投入，从而有利于困难人群农业收入的提升，降低欠发达地区农村内部收入差距。

列（3）和列（4）的实证分析结果表明，欠发达地区农村正规金融显著降低了农户内部的非农业收入差距，而农村非正规金融则显著扩大了农户内部的非农业收入差距，一般而言，相比农业生产的资金需求，非农业生产的资金投入往往较大，也面临着诸多不确定性，低收入的农户由于自身经济实力较弱且缺乏有效的抵押资产与信用评级，难以获得金融服务（张兵等，2013）。但在目前精准扶贫战略的实施下，部分低收入农户能够获得优惠性的正规金融资源，这有助于其从事非农业生产活动，提升收入，从而降低农户内部的非农业收入差距；部分被排斥在“精准识别”之外的低收入农户，则只能求助于农村非正规金融，他们所面临的可能是较高的借贷利率，或者是难以获得非正规金融资源，其非农业收入增长由此受到制约，进而导致欠发达地区农村非正规金融显著扩大了农户内部的非农业收入差距。

列（5）和列（6）的实证分析结果表明，欠发达地区农村正规金融的系数不显著，而非正规金融的系数显著为正，即农村非正规金融显著扩大了农户内部的财产性收入差距。究其根源，笔者认为就现阶段而言，我国农村居民的收益性资产普遍较为匮乏①，农村正规金融资源的注入更多是用于提升农村居民的农业收入与非农业收入，因此未对农户的财产性收入差距产生影响。但相比而言，由于欠发达地区长期以来的信贷约束，拥有更多金融资产的"精英农户"能够通过民间借贷的方式拓宽财产性收入来源②，尤其是当"精英农户"俘获优惠性的扶贫信贷资源时，可能会通过民间放贷形成借贷利差，而对于低收入群体而言，不仅缺乏有效的财产性收入来源，而且需要面临较高的借贷利率，这无疑将扩大农户内部的财产性收入差距，甚至影响到低收入农户的整体收入水平。

**表 4-12 欠发达地区农村金融与农户收入结构差距**

| 变量类型 | 变量 | | 农业收入差距 | | 非农业收入差距 | | 财产性收入差距 | |
|---|---|---|---|---|---|---|---|---|
| | | | (1) | (2) | (3) | (4) | (5) | (6) |
| 核心解释变量 | 农村金融 | *Formal* | −0.001** | −0.008*** | −0.022*** | −0.006*** | 0.002 | 0.001 |
| | | | (0.000) | (0.003) | (0.004) | (0.002) | (0.004) | (0.003) |
| | | *Informal* | −0.011*** | −0.001** | 0.023*** | 0.001** | 0.015*** | 0.010*** |
| | | | (0.002) | (0.000) | (0.003) | (0.000) | (0.003) | (0.003) |
| 控制变量 | 家庭特征 | *Pop* | | −0.000 | | −0.043*** | | 0.015* |
| | | | | (0.006) | | (0.005) | | (0.008) |
| | | *Gender* | | −0.019 | | 0.030 | | −0.031 |
| | | | | (0.026) | | (0.019) | | (0.033) |
| | | *Age* | | −0.000 | | −0.002*** | | −0.006*** |
| | | | | (0.001) | | (0.001) | | (0.001) |
| | | *Raise* | | 0.081 | | −0.057 | | −0.017 |
| | | | | (0.054) | | (0.051) | | (0.043) |
| | | *Nonfarm* | | 0.449*** | | −1.343*** | | 0.028 |
| | | | | (0.053) | | (0.051) | | (0.056) |
| | 人力资本 | *Edu* | | 0.025* | | −0.047*** | | 0.002 |
| | | | | (0.015) | | (0.010) | | (0.015) |
| | | *Hedu* | | 0.162** | | 0.024 | | 0.074 |
| | | | | (0.073) | | (0.058) | | (0.085) |
| | | *Skill* | | −0.152** | | 0.005 | | 0.236*** |
| | | | | (0.069) | | (0.051) | | (0.076) |

① 国家统计局数据显示，2015 年，我国农村居民的人均可支配收入为 11 422 元，人均财产性收入为 252 元，占比仅达 2.2%。

② 我国法律规定，货币借给他人的收益是指公民将自己的资金借给他人使用，按照约定获取利息的行为。这种收益属于公民经常性的财产性收入。

（续）

| 变量类型 | | 变量 | 农业收入差距 | | 非农业收入差距 | | 财产性收入差距 | |
|---|---|---|---|---|---|---|---|---|
| | | | (1) | (2) | (3) | (4) | (5) | (6) |
| 控制变量 | 物质资本 | *Land* | | −0.012*** | | 0.011*** | | −0.021*** |
| | | | | (0.003) | | (0.004) | | (0.004) |
| | | *House* | | 0.005 | | −0.006 | | −0.030*** |
| | | | | (0.010) | | (0.007) | | (0.011) |
| | 社会资本 | *City* | | −0.015 | | −0.033* | | −0.052** |
| | | | | (0.020) | | (0.018) | | (0.023) |
| | | *Gov* | | −0.011 | | 0.020 | | 0.027 |
| | | | | (0.034) | | (0.027) | | (0.040) |
| | | *Org* | | 0.033 | | −0.038 | | 0.035 |
| | | | | (0.035) | | (0.033) | | (0.049) |
| | 区域环境 | *GDP* | | 0.206*** | | −0.183*** | | −0.046 |
| | | | | (0.066) | | (0.051) | | (0.058) |
| | | *Geo* | | 0.035* | | 0.029 | | 0.197*** |
| | | | | (0.020) | | (0.018) | | (0.021) |
| | | *Dist* | | −0.004 | | −0.009 | | −0.014 |
| | | | | (0.010) | | (0.008) | | (0.011) |
| 常数项 | | *Cons* | 0.273*** | −1.983*** | 0.324*** | 2.852*** | 0.438*** | 1.000* |
| | | | (0.013) | (0.600) | (0.017) | (0.462) | (0.018) | (0.523) |
| 样本量 | | *N* | 1 363 | 1 363 | 1 363 | 1 363 | 1 363 | 1 363 |

注：***、**、* 分别代表1%、5%、10%的显著性水平。

## （五）稳健性检验

在不平等问题的研究中，方差也是被广泛使用的不平等指标之一。因此，本节采用欠发达地区农户收入的方差分布作为农户内部收入差距的衡量指标，重新检验欠发达地区农村金融的收入分配效应。稳健性检验结果如表4-13所示。

**表4-13　欠发达地区农村金融收入分配效应的稳健性检验**

| 变量类型 | | 变量 | 收入水平差距 | 农业收入差距 | 非农业收入差距 | 财产性收入差距 |
|---|---|---|---|---|---|---|
| 核心控制变量 | 农村金融 | *Formal* | −0.026*** | −0.008*** | −0.006*** | 0.001 |
| | | | (0.009) | (0.003) | (0.003) | (0.004) |
| | | *Informal* | 0.039*** | −0.001* | 0.001*** | 0.010*** |
| | | | (0.007) | (0.000) | (0.000) | (0.003) |
| 控制变量 | | *Control* | YES | YES | YES | YES |
| 样本量 | | *N* | 1 363 | 1 363 | 1 363 | 1 363 |

注：***和 * 分别代表1%、10%的显著性水平。

## 四、本章小结

本章基于欠发达地区微观农户调查数据，从收入贫困的视角实证测度了欠发达地区农村金融减贫效应。首先，本研究运用 Probit 模型及 IV-Probit 模型分析了欠发达地区农村金融对农户收入贫困的影响；其次，在此基础上，考虑到贫困农户摆脱收入贫困的根本落脚点在于收入的可持续增长，因此本研究以两阶段最小二乘法（2SLS）及工具变量分位数回归法（IVQR）对比分析了欠发达地区农村金融在不同收入群体中的增收效应差异，从而有利于我们更为准确地观察群体之间的异质性；最后，鉴于欠发达地区农村金融减贫效应的发挥有赖于合理的收入分配环境，本研究进一步以再中心化影响函数法（RIF）从整体视角和结构差异视角分析了欠发达地区农村金融对农户内部收入差距的影响。通过以上实证分析，本章的主要研究结论如下：

（1）欠发达地区农村正规金融能够有效减缓农户的收入贫困，而农村非正规金融反而加剧了农户贫困的发生。

从理论上看，欠发达地区贫困农户的各方面要素禀赋均处于低水平状态，这可能不利于其有效利用金融资源，实现脱贫增收，诸多学者的研究也都证实了这一观点（方迎风等，2013；王小华等，2014a，2014b；王瑜等，2016）。研究认为，欠发达地区农村正规金融之所以能够有效减缓农户的收入贫困，主要是源于国家层面的“善意”，政府为贫困农户提供了大量优惠、特惠的政策，逐步培育了贫困农户的自我发展能力，进而能够通过金融资源实现脱贫增收。然而，“精英俘获”及“精准识别偏误”问题的存在，导致部分贫困农户依然处于低水平发展状态，难以获得相应的扶贫资源，加之欠发达地区农村非正规金融的发展不规范、不成熟，“灰色借贷”“黑色借贷”普遍存在于民间金融借贷当中，最终使得欠发达地区农村非正规金融加剧了农户收入贫困的发生。

（2）欠发达地区农村正规金融有效促进了农户的收入增长，而农村非正规金融则抑制了农户的收入增长，但这一作用对于不同收入层次的农户群体存在明显的异质性。

总体而言，欠发达地区农村正规金融有效促进了农户的收入增长，但这一增收效应具有明显的异质性特征，具体表现为“精英农户”的增收效应远高于贫困农户。这从侧面反映出，一方面，尽管农村正规金融能够有效减缓农户的收入贫困、促进贫困农户的收入增长，但这一作用依然十分有限。值得深思的是，当脱贫攻坚目标实现，各类优惠、特惠性政策逐渐退出时，贫困农户是否依然能够有效利用金融资源实现脱贫增收？另一方面，欠发达地区农村非正规金融对农户收入增长的抑制作用主要表现在“贫困农户”群体当中，这既体现了欠发达地区农村金融体系的不完善，也反映了精准扶贫政策实施过程中的不足之处，有待进一步完善相关政策规章体系。

(3) 欠发达地区农村正规金融显著降低了农户内部收入差距，而农村非正规金融则扩大了农户内部收入差距，且存在明显的结构差异，这直接抑制了欠发达地区农村非正规金融减贫效应的发挥。

在政府的积极引导下，欠发达地区农村正规金融有效降低了农户内部收入差距，这有利于金融扶贫功能的发挥与欠发达地区农村经济的可持续发展。欠发达地区农村非正规金融加剧农户收入贫困发生的内部原因在于它显著地扩大了农户的内部收入差距。贫富差距的扩大必然不利于困难人群的发展，这直接制约了欠发达地区农村非正规金融的减贫效果。从欠发达地区农村内部结构差异来看，欠发达地区农村非正规金融的收入不平等效应主要表现为扩大了农户的非农业收入差距与财产性收入差距。要有效实现农村非正规金融减贫，必须注重完善欠发达地区农村金融体系，合理规范农村非正规金融的发展，从而有效缩小农户之间的收入差距，使农村金融能够真正带动困难人群脱贫致富。

# 5

# 第五章 中国特色金融扶贫成效评价：基于多维贫困视角

上一章从收入贫困视角实证分析了欠发达地区农村金融减贫效应，然而，正如阿马蒂亚·森的多维贫困理论所指出的，贫困并非仅仅表现为收入水平低下，而是人的“基本可行能力”的缺失，如健康的生活、良好的教育等。因此，若仅从收入贫困层面探讨欠发达地区农村金融减贫效应，必然会失之偏颇，难以全面地揭示农村金融对农户贫困的影响作用。鉴于此，本章将从多维贫困的视角，进一步从非收入层面实证分析欠发达地区农村金融减贫效应。具体而言，多维减贫效应测度的理论基础源于第二章所构建的理论分析框架。在本章的定义中，将式（2-32）的贫困状态界定为农户的多维贫困状态，并基于该数理模型进行实证检验。

## 一、农户多维贫困指标体系构建

本章实证分析的落脚点是欠发达地区农户的多维贫困，相较于农户的收入贫困，多维贫困所涵盖的维度更为广泛、内容更为复杂。如何科学构建多维贫困指标体系，进而客观地衡量欠发达地区农户的多维贫困状态，既是本章必须解决的关键问题，也是目前学术研究中的难点，因此，本章将基于欠发达地区农户的客观发展现实，构建出符合我国新时期贫困农户特征的多维贫困指标体系。

### （一）多维贫困指标体系的选择

随着对贫困认识的不断加深，贫困的多元性特质已成为共识。联合国开发计划署（United Nations Development Programme，UNDP）认为，贫困不仅表现为收入的缺乏，还表现为对人类发展权利如健康的生活、良好的教育以及体面的物质生活等的剥夺（Ravallion，1997）。学术界关于多维贫困的研究起步较早。例如，Morris（1979）提出了物质生活质量指数，这在一定程度上体现了多维贫困思想；Hagenaars（1987）则从收入和闲暇两个维度评价了个体的贫困状态，阿马蒂亚·森提出多维贫困理论，该理论创新性地将“能力贫困”纳入贫困的分析框架中，奠定了多维贫困研究的理论基础（Sen，1999）。

基于多维贫困理论基础，有关各方在如何衡量多维贫困领域做了大量探索。在实践层面，具有权威性的是联合国开发计划署所构建的人类发展指数（human development index，HDI），该指数从3个层面出发，即人类发展过程中的健康、教育以及生活水平①，构建了相应的指标体系。在此基础之上，联合国开发计划署与牛津大学合作，共同开发了多维贫困指数（multidimensional poverty index，MPI）。与HDI相比，MPI依然从健康、教育以及生活水平三个维度来衡量多维贫困，但每个维度的衡量指标有所拓展。在学术研究方面，关于我国多维贫困指标体系的选择，王小林等（2009）从生活条件、健康、教育、资产等8个维度测算了我国城乡家庭的多维贫困状态；高艳云（2012）、张全红等（2014）以家庭为单位，选取了教育、健康、生活水准3个维度；王春超等（2014）以农民工为研究对象，选取了收入、健康、教育以及医保4个维度；郭熙保等（2016）选取了健康、教育、生活质量、医疗服务、就业以及收入6个维度。

通过对既有研究的梳理可以发现，农户家庭的健康、教育、生活水平以及资产状况等是有关各方普遍认可的多维贫困衡量维度，但正如郭建宇等（2012）的研究所指出，受到数据可获取性的制约，困难人群所面临的社会政治权利的剥夺在既有的多维贫困指标体系中尚未得到充分考虑。同时，部分研究将收入贫困维度纳入多维贫困指标体系中，这一做法的科学性也有待商榷，事实上，农户的收入贫困将在很大程度上影响到其他维度的贫困，这将导致指标体系之间的信息重合度过高。因此，基于既有研究的启示与不足，本章将以多维贫困理论为基础（Sen，1999），结合我国欠发达地区的客观发展现实，从农户的生活水平、资产、健康、教育以及社会权利这5个维度入手，构建欠发达地区农户的多维贫困指标体系。其中，生活水平维度主要涵盖农户的饮用水、用电、做饭燃料以及卫生设施4个二级指标，资产维度主要以农户是否拥有耐用品衡量，健康维度主要以家庭成员的健康状态指标衡量，教育维度主要涵盖农户家庭劳动力以及儿童的受教育状况2个二级指标，社会权利维度则涵盖了医疗保障、养老保障、医疗服务以及政治参与4个二级指标（表5-1）。

**表5-1　多维贫困指标体系的选取及度量**

| 维度 | 二级指标 | 剥夺临界值 |
|---|---|---|
| 生活水平 | 饮用水 | 不能使用干净的自来水或深井水，赋值为1 |
| | 电 | 家中无法使用电，赋值为1 |

① 具体而言，健康维度指标以预期寿命40岁及以下的人口占总人口的比重衡量，教育维度以成年人的不识字率衡量，体面的生活水平以5岁以下儿童营养不良的人数比重、无法使用清洁饮用水的人口比重以及无法获得医疗服务的人口比重三个指标衡量。

（续）

| 维度 | 二级指标 | 剥夺临界值 |
|---|---|---|
| 生活水平 | 做饭燃料 | 不能使用液化气、天然气、电等清洁燃料做饭，赋值为 1 |
| | 卫生设施 | 不能使用室内、室外冲水厕所和干式卫生厕所，赋值为 1 |
| 资产 | 耐用品 | 家中没有彩电、洗衣机、冰箱、电脑、电话、手机、VCD 或者卫星天线中的任何一种资产，赋值为 1 |
| 健康 | 健康状况 | 家庭任一成员患有较为严重的疾病，赋值为 1 |
| 教育 | 劳动力教育 | 家庭任一劳动力未完成小学义务教育，赋值为 1 |
| | 儿童教育 | 家庭任一学龄儿童失学，赋值为 1 |
| 社会权利 | 医疗保障 | 任一家庭成员没有任何医疗保险，赋值为 1 |
| | 养老保障 | 任一家庭劳动力没有养老保险，赋值为 1 |
| | 医疗服务 | 生病就医时不方便，赋值为 1 |
| | 政治参与 | 无法参与村庄公共事务，赋值为 1 |

## （二）农户多维贫困指数构建

### 1. A-F 指数法

自从阿马蒂亚·森提出多维贫困理论之后，如何科学量化多维贫困成为研究的难点。具有突破性研究的是 Alkire 等（2007）所发表的论文，提出了“双界限法”，实现了多维贫困的识别、加总及分解方法。随后，这一方法得到了国内外学者的广泛运用。因此，本章将在以上欠发达地区农户多维贫困指标体系选择的基础上，运用 A-F 指数法构建欠发达地区农户的多维贫困指数。

A-F 指数主要是利用“双界限”法来识别农户多维贫困，即通过两个临界值来判断。首先，将样本的每个贫困维度与所对应的剥夺临界值相对比，从而判断该样本在每个维度上的贫困状态；其次，通过计算每个样本在所有维度上的剥夺总得分，并与所设定的多维贫困临界值相对比，从而判断该样本是否处于多维贫困状态。具体方法如下：

（1）各维度的取值。

假设有 $n$ 个样本，每个样本的多维贫困通过 $d$ 个指标来评价，$y_{ij}$ 表示样本 $i$ 在维度 $j$ 的取值（$i=1, 2, \cdots, n$；$j=1, 2, \cdots, d$），因此，$n$ 个样本在 $d$ 个维度上的贫困状态可以用 $n\times d$ 阶矩阵 $\boldsymbol{M}$ 来表示，$y_{ij}\in\boldsymbol{M}$。

（2）贫困的识别。

令 $z_j$ 代表第 $j$ 个贫困维度被剥脱的临界值（$z_j>0$），当 $y_{ij}<z_j$ 时，样本 $i$ 在 $j$ 维度处于贫困状态。为了便于表达，本文定义 $g_{ij}$ 为每个样本在每个维度上的剥夺得分。若 $y_{ij}<z_j$，则 $g_{ij}$ 取值为 1；否则，$g_{ij}$ 取值为 0。对每个贫困维度分别赋予权重 $w_j$，则样本 $i$ 在 $d$ 个贫困维度的剥夺总得分为

$$c_i = \sum_{j=1}^{d} w_j g_{ij} \tag{5-1}$$

当样本的剥夺总得分大于临界值 $k$，即 $c_j > k$ 时，该样本被界定为多维贫困。通过以上两步，可以得到样本的多维贫困指数（$MPI$）及困难人群的平均被剥夺程度（$A$）：

$$MPI = \frac{1}{n} \sum_{i=1}^{n} c_i(k) \tag{5-2}$$

$$A = \frac{1}{q} \sum_{i=1}^{q} c_i(k) \tag{5-3}$$

式中，$q$ 代表处于多维贫困状态样本的数量，$c_i$（$k$）表示 $c_i > k$ 时的剥夺总得分。

则多维贫困发生率 $H$ 可表示为

$$H = \frac{q}{n} \tag{5-4}$$

根据式（5-2）、式（5-3）和式（5-4）可知，多维贫困指数 $MPI$ 也可表示为

$$MPI = H \times A \tag{5-5}$$

**2. 指标权重评价方法**

根据以上的推导可以发现，多维贫困指数的大小不仅取决于给定剥夺临界值下的平均被剥夺程度以及多维贫困发生率，同时也取决于各个多维贫困指标的权重，这反映了不同指标对于农户福利的影响程度。在既有的研究中，绝大部分研究主要运用了等权重的方法（王小林等，2009；高艳云，2012；郭熙保等，2016），即赋予各个维度的指标相等的权重。但这一做法过于主观，存在着诸多可商榷之处，无法客观反映不同指标对农户多维贫困的影响差异（Chowdhury et al.，2006；郭建宇等，2012；张全红等，2014）。也有部分研究采用了主成分分析法（principal component analysis，PCA），但该方法的不足之处在于人类福利指标难以通过线性组合的方式来体现，即不同指标之间的关系往往为复杂的非线性关系（Nardo et al.，2008）。因此，基于现有多维贫困指标体系指标权重评价方法的不足，本研究将聚类-粗糙集方法运用到指标权重评价当中。

在本研究中，主要以粗糙集理论为基础，并结合聚类分析法对多维贫困指标进行筛选并评价各指标权重。具体评价步骤如下：

第一步，运用动态聚类方法将样本农户按贫困状态进行分类，形成贫困程度高与贫困程度低两大分类，并以此作为粗糙集多维贫困指标筛选的决策属性。

第二步，分别以多维贫困指标体系及其聚类结果作为粗糙集系统的条件属性与决策属性，对多维贫困指标体系进行约简，剔除冗余指标，从而得到多维贫困指标评价体系。

第三步，基于约简后的多维贫困指标体系，以粗糙集理论的重要度计算公式考察各属性在决策信息系统中的重要性，进而得到各指标的权重。

通过以上三个步骤，本研究最终得出了多维贫困指标体系及其权重（表 5-2）。可以发现，在运用粗糙集理论方法对该指挥体系进行约简之后，并未发现冗余指标，即研究所选取的多维贫困指标体系较为合理，能够科学地反映农户的多维贫困状态。

**表 5-2　多维贫困指标体系及其权重**

| 维度 | 二级指标 | 权重 |
| --- | --- | --- |
| 生活水平 | 饮用水 | 0.019 1 |
| | 电 | 0.019 1 |
| | 做饭燃料 | 0.270 1 |
| | 卫生设施 | 0.153 2 |
| 资产 | 耐用品 | 0.013 6 |
| 健康 | 健康状况 | 0.058 8 |
| 教育 | 劳动力教育 | 0.125 8 |
| | 儿童教育 | 0.055 4 |
| 社会权利 | 医疗保障 | 0.034 8 |
| | 养老保障 | 0.142 9 |
| | 医疗服务 | 0.045 8 |
| | 政治参与 | 0.060 8 |

### （三）农户多维贫困现状分析

表 5-3 显示了临界值 $k$ 在 0.1～0.6 取值时，欠发达地区农户多维贫困指数的测算结果。从测算结果可以发现，随着 $k$ 取值的不断增大，多维贫困指数（$MPI$）与贫困发生率（$H$）的值不断减小，这意味着当贫困门槛的不断降低，欠发达地区农户的多维贫困状态自然也随之下降。本研究中，农户的多维贫困临界值 $k$ 界定为 1/3[①]，因此，我们主要分析临界值 $k$ 取值为 0.3 时农户的多维贫困状态。具体而言，当 $k=0.3$，贫困发生率（$H$）为 0.645，被剥夺程度（$A$）为 0.561，多维贫困指数（$MPI$）为 0.361。可见，若以多维贫

① 联合国开发计划署在测度多维贫困时指出，应以 $k$ 是否大于 1/3 来定义多维贫困，详情可参见 http://hdr.undp.org/。

困衡量欠发达地区农户的贫困状态，大量的农户依然处于贫困当中。事实上，课题组所调研的贫困片区为当时我国的深度贫困地区，剩余困难人群的多维贫困特征尤为明显，是未来脱贫攻坚战役的重点与难点，如何有效地、充分地利用欠发达地区农村金融资源，带动其脱贫致富，实现自我能力的可持续发展是决胜全面建成小康社会的关键所在。

**表 5-3 农户的多维贫困现状分析**

| 临界值（$k$） | 多维贫困指数（$MPI$） | 贫困发生率（$H$） | 被剥夺程度（$A$） |
|---|---|---|---|
| 0.1 | 0.411 | 0.909 | 0.452 |
| 0.2 | 0.392 | 0.767 | 0.510 |
| 0.3 | 0.361 | 0.645 | 0.561 |
| 0.4 | 0.334 | 0.566 | 0.589 |
| 0.5 | 0.263 | 0.411 | 0.641 |
| 0.6 | 0.190 | 0.278 | 0.684 |

## 二、中国特色金融扶贫成效：基于多维贫困视角

### （一）研究变量的选取与说明

本节的研究目的主要是基于我国欠发达地区的微观农户调查数据，从多维贫困的视角测度欠发达地区农村金融减贫效应。为此，本节设置了如下核心变量以及相关控制变量，并对研究所涉及的变量进行描述性统计分析。

**1. 研究变量的选择**

（1）被解释变量：农户多维贫困状态。

根据前文构建的多维贫困指数可知，关于农户多维贫困状态的衡量，主要取决于农户的剥夺得分及所设定的临界值，当农户的剥夺总得分大于临界值时，即可认定该农户为“多维贫困户”。在既有研究中，主要参照联合国计划开发署（UNDP）的做法，以 $k=1/3$ 作为临界值来判断农户是否处于多维贫困状态（王小林等，2009；高艳云，2012；韩佳丽等，2017）。因此，本章也采用了联合国的多维贫困衡量标准。具体而言，若农户在各个维度的剥夺总得分大于 1/3，则处于多维贫困状态，赋值为 1；若低于 1/3，则未处于多维贫困状态，赋值为 0。

（2）核心解释变量：农村金融。

延续上文的分析思路，本节将农村金融划分为农村正规金融以及农村非正规金融两个维度。本研究通过问卷调查的形式来识别农村正规金融借贷，将资金来源于农村信用社、村镇银行、农村资金互助社、小额贷款公司或商业银行

的农户借贷行为界定为农村正规金融借贷，将资金来源于亲友或民间金融组织的农户借贷行为界定为农村非正规金融借贷。在此基础上，本节分别以农户家庭人均正规金融借贷额以及人均非正规金融借贷额作为欠发达地区农村正规金融与农村非正规金融的衡量指标。

（3）控制变量。

由于研究构建的多维贫困指标体系涵盖了农户的教育、健康、生活水平等诸多维度，为了尽量避免控制变量与被解释变量之间的互为因果关系。研究主要选取了农户的家庭特征、社会资本以及宏观区域环境作为控制变量。具体而言，农户的家庭特征包含 5 个维度，即家庭总人口数量（*Pop*）、户主性别（*Gender*）、户主年龄（*Age*）、抚养负担（*Raise*）、务工比例（*Nonfarm*）；农户的社会资本包含 3 个维度，即是否有亲友居住在县城（*City*）、是否有亲友在政府部门任职（*Gov*）、是否参加农业合作社（*Org*）；区域环境包含 3 个维度，即县域人均地区生产总值（*GDP*）、农户与金融机构的距离（*Dist*）、村庄的地形特征（*Geo*）。本节实证分析涉及的各变量及衡量如表 5-4 所示。

**表 5-4　各变量的选取及度量**

| 变量类型 | 变量名称 | 维度 | 变量符号 | 变量的衡量说明及赋值 |
|---|---|---|---|---|
| 被解释变量 | 农户多维贫困状态 | | *Mpov* | 农户的剥夺总得分是否大于 1/3（是＝1，否＝0） |
| 核心解释变量 | 农村金融 | 农村正规金融 | *Formal* | 家庭人均正规金融借贷额（元），经过对数化处理 |
| | | 农村非正规金融 | *Informal* | 家庭人均非正规金融借贷额（元），经过对数化处理 |
| 控制变量 | 家庭特征 | 家庭总人口 | *Pop* | 家庭人口总数（人） |
| | | 户主性别 | *Gender* | 户主的性别（男＝1，女＝0） |
| | | 户主年龄 | *Age* | 户主年龄（岁） |
| | | 抚养负担 | *Raise* | 15 岁以下儿童及 65 岁以上老人占总人口的比例（%） |
| | | 务工比例 | *Nonfarm* | 从事非农产业人口占总人口的比例（%） |
| | 社会资本 | 县城亲友 | *City* | 是否有亲友在县城或城市生活（是＝1，否＝0） |
| | | 官员亲友 | *Gov* | 是否有亲友在政府部门任职（是＝1，否＝0） |
| | | 组织参与 | *Org* | 是否加入农业合作社（是＝1，否＝0） |

（续）

| 变量类型 | 变量名称 | 维度 | 变量符号 | 变量的衡量说明及赋值 |
|---|---|---|---|---|
| 控制变量 | 区域环境 | 县域经济发展 | *GDP* | 县域人均地区生产总值，经过对数化处理 |
| | | 金融机构距离 | *Dist* | 1＝非常不方便；2＝不方便；3＝一般；4＝方便；5＝非常方便 |
| | | 村庄地形特征 | *Geo* | 1＝平原；2＝丘陵；3＝山地 |

**2. 研究变量的组间均值差异比较：多维贫困户与非多维贫困户**①

鉴于本节的研究目的在于探讨欠发达地区农村金融对农户多维贫困的影响，因此，有必要进一步比较多维贫困户与非多维贫困户的社会经济特征，从而更加深入地认识欠发达地区农户社会经济特征的异质性，统计分析结果如表 5-5 所示。从分析结果可以发现，欠发达地区多维贫困户与非多维贫困户之间的经济社会特征存在显著的差异，且绝大部分变量均在 1%的显著性水平上通过了统计检验。在金融资源获取方面，与第四章的研究结论一致，即非多维贫困户俘获了更多的农村正规金融资源，而具有金融需求的多维贫困户只能求助于农村非正规金融市场。在家庭特征方面，组间差异主要表现在户主年龄以及务工比例两个维度：多维贫困户的户主年龄更大；非多维贫困户的务工比例则更高，与多维贫困户的组间差异高达 0.161，这意味着多维贫困户更多地仅从事农业生产。在社会资本方面，组间差异主要表现在县城亲友与组织参与；有亲友在县城的非多维贫困户为 0.417，而多维贫困户仅为 0.276，两者差距高达 0.141；有 0.169 的非多维贫困户参与了农业合作社，而多维贫困户仅为 0.026，差距高达 0.143，即非多维贫困户具有更为广泛的社会网络。由此可见，欠发达地区非多维贫困户的经济社会特征明显优于多维贫困户。

**表 5-5　多维贫困户与非多维贫困户的经济社会特征比较**

| 经济社会特征 | 维度 | 符号 | 非多维贫困户均值 | 多维贫困户均值 | 组间均值差异 |
|---|---|---|---|---|---|
| 农村金融资源获取 | 农村正规金融 | *Formal* | 1.449 | 1.159 | 0.290*** |
| | 农村非正规金融 | *Informal* | 2.754 | 4.935 | −2.181*** |
| 家庭特征 | 家庭总人口 | *Pop* | 4.511 | 4.637 | −0.125 |
| | 户主性别 | *Gender* | 0.870 | 0.866 | 0.004 |
| | 户主年龄 | *Age* | 46.259 | 48.024 | −1.765*** |
| | 抚养负担 | *Raise* | 0.369 | 0.360 | 0.009 |
| | 务工比例 | *Nonfarm* | 0.355 | 0.194 | 0.161*** |

① 关于各变量的描述性统计分析，在第四章已做详细阐述，本章不再赘述。

（续）

| 经济社会特征 | 维度 | 符号 | 非多维贫困户均值 | 多维贫困户均值 | 组间均值差异 |
|---|---|---|---|---|---|
| 社会资本 | 县城亲友 | *City* | 0.417 | 0.276 | 0.141*** |
| | 官员亲友 | *Gov* | 0.113 | 0.105 | 0.008 |
| | 组织参与 | *Org* | 0.169 | 0.026 | 0.143*** |
| 区域环境 | 县域经济发展 | *GDP* | 9.584 | 9.547 | 0.036*** |
| | 金融机构距离 | *Dist* | 3.137 | 2.866 | 0.271*** |
| | 村庄地形特征 | *Geo* | 2.669 | 2.981 | −0.312*** |

注：***代表1%的显著性水平。

## （二）研究方法选择及计量模型构建

从上一节研究变量的选取可以发现，本节实证分析的被解释变量为农户多维贫困状态，因此，本节实证分析的基础模型为Probit模型，能够较好地估计被解释变量为0-1变量的计量模型。同时，当解释变量为内生变量时，普通的Probit模型无法有效解决内生性问题，从而难以准确地估计计量模型的相关参数。就本节的实证研究而言，农户的多维贫困状态与农村金融资源的获取之间可能存在一定的内生性问题[①]，鉴于此，我们也进一步采用IV-Probit模型对欠发达地区农村金融减贫效应进行研究。

为了实证分析欠发达地区农村金融减贫效应，本节构建了以下计量模型：

$$y_i = \boldsymbol{X}'_i\beta + \varepsilon_i$$
$$\begin{cases} \boldsymbol{Y}=0，若\ y_i \leqslant 0 \\ \boldsymbol{Y}=1，若\ y_i > 0 \end{cases} \tag{5-6}$$

式中，$\boldsymbol{Y}$为农户的多维贫困状态，$\boldsymbol{X}_i$包含了第$i$户农户的农村金融（正规金融与非正规金融）、农户的家庭特征、社会资本以及区域环境特征等一系列变量（表5-4），$\beta$为待处理参数，$\boldsymbol{y}_i$为第$i$户农户的贫困状态，$\varepsilon_i$为扰动项。类似地，为了有效解决截面数据的异方差问题，实证分析过程中均采用了稳健标准误。

## （三）内生性讨论及工具变量选取

### 1. 内生性问题分析

在上一章，我们讨论了农村正规金融与农户收入贫困之间的因果关系，实证分析结果也表明两者之间存在显著的内生性问题。那么，在本章的研究中，农村正规金融与农户多维贫困之间是否也存在反向因果关系？事实上，从本研

① 两个变量之间内生性问题的具体表现方式将在后文中详细分析。

究对多维贫困的界定来看，欠发达地区多维贫困户处于一种综合性的贫困状态，其各方面要素禀赋均处于低水平状态。根据阿马蒂亚·森的多维贫困理论，这将导致多维贫困户缺乏“基本可行能力”，而这些“基本可行能力”直接关系到农户是否具备摆脱收入贫困的基本素质。从这一视角来看，多维贫困户可能在发展生产过程中面临着较大的失败可能性，即对于正规金融机构而言，多维贫困户属于“劣等”客户，这一群体的借贷存在着较大的违约风险，从而导致多维贫困户可能面临严重的金融排斥现象，进而影响他们获取农村正规金融资源的可能性。因此，通过以上分析可以初步判断，欠发达地区多维贫困户与农村正规金融之间可能存在反向因果关系，这将导致实证研究难以准确判断欠发达地区农村金融对农户多维贫困的影响。鉴于此，本研究将通过引入工具变量，尽可能地解决计量模型的内生性问题。

**2. 工具变量的选取**

基于以上分析，本研究在Probit模型分析的基础上引入合理的工具变量，以IV-Probit模型进一步估计计量模型。基于工具变量选择的两个基本条件（即相关性与正交性）①，本研究选取了县域金融机构人均贷款余额作为工具变量，能够较好地解决计量模型的内生性问题。首先，县域金融机构人均贷款余额能够很好地反映出该贫困县的金融资源投放力度，同时，这与农户家庭人均正规金融借贷额存在较强的正相关性，能够满足相关性要求；其次，农户个体的多维贫困状态必然无法影响到县域金融机构人均贷款余额，能够满足正交性要求。通过以上分析可以判断，从理论分析的角度来看，本研究所选取的工具变量能够较好地解决计量模型的内生性问题，但在计量分析过程中的表现如何，仍有待下文的进一步检验。

### （四）农村金融与农户多维贫困：总体效应

在以上研究设计的基础上，本节将以连片特困地区微观农户调查数据为基础，综合运用Probit模型以及IV-Probit模型实证分析欠发达地区农村金融对农户多维贫困的影响，实证分析结果如表5-6所示。

列（1）和列（2）的回归结果显示，欠发达地区农村正规金融的估计系数显著为负，而农村非正规金融的系数显著为正，这表明欠发达地区农村正规金融有效改善了农户的多维贫困状态，而非正规金融反而显著地加剧了农户多维贫困的发生。但由于列（1）和列（2）只有作为基准模型的最简单估计，尚未控制其他因素的影响，当存在遗漏变量（omitted variable）问题时，模型的估计结果往往存在一定偏误。为了保证实证结果的可靠性，我们在列（3）、列（4）和列（5）中逐步引入相应的控制变量，从而尽可能地控制其

① 相关性与正交性的具体内涵在第四章已做详细介绍，本章不再赘述。

他因素的影响，有效解决遗漏变量问题所导致的估计偏误。在控制相关变量的影响之后，列（3）、列（4）和列（5）的估计结果表明，欠发达地区农村正规金融的估计系数变为不显著，而农村非正规金融的系数依然显著为正。进一步地，由于农户的农村正规金融资源获取与其多维贫困状态之间可能互为因果，即农户的多维贫困状态与农村正规金融资源获取存在反向因果关系，这将在一定程度上引起以上计量模型的内生性问题，从而导致本文无法准确判断农村正规金融对农户多维贫困发生状态的影响。为了解决模型的内生性问题，本文将县域金融机构人均贷款余额作为工具变量，构建 IV-Probit 模型对列（5）进行再估计，最终估计结果如列（6）所示。从列（6）的检验结果可以发现，Wald 外生性检验结果拒绝了原假设，即模型存在内生性问题。同时，AR 弱工具变量检验结果也拒绝了原假设，表明不存在弱工具变量问题，即研究所选取的工具变量是有效的，能够很好地解决变量之间的内生性问题。通过列（1）到列（6）的逐步调整优化，以列（6）作为最终的实证分析结果。

列（6）的估计结果表明，欠发达地区农村正规金融的系数在 1%的水平上显著为负，而农村非正规金融的系数则在 1%的水平上显著为正。这表明：现阶段我国欠发达地区农村正规金融有效地减缓了农户的多维贫困；相反地，欠发达地区农村非正规金融却显著加剧了农户多维贫困的发生。一方面，在政府主导下，我国农村正规金融资源不断地注入欠发达地区，这使得部分贫困农户能够获取优惠性的金融资源，欠发达地区农村正规金融资源的供给能够缓解农户的融资约束，提升农户的家庭福利水平，尤其是农户在歉收的年份需要通过金融渠道来平滑消费、填补福利性支出缺口以及缓解经济困境（Duong et al.，2002；史清华，2009），从而缓解农户的多维贫困；另一方面，农村非正规金融作为贫困农户的重要融资渠道（张兵等，2012），与正规金融相比，具有替代性又有互补性（Madestam，2014），理应有助于提升农户福利水平、改善多维贫困状态，然而上文的研究结论显示，非多维贫困户俘获了更多的农村正规金融资源，被排斥在外的多维贫困户只能求助于农村非正规金融，第四章的实证结果表明欠发达地区农村非正规金融显著扩大了农户内部的财产性收入差距，意味着贫困户可能面临着较高的借贷资金使用成本。在缺乏自我发展能力的条件下，较高的资金使用成本直接制约了农村非正规金融的福利效应，甚至恶化农户的家庭福利水平，进而导致非正规金融显著加剧农户多维贫困的发生。由此可见，在金融扶贫的实施过程中，不仅需积极引导正规金融机构的参与，也应当重视规范农村非正规金融的合理发展。

**表 5-6　欠发达地区农村金融与农户多维贫困的总体效应**

| 变量类型 | | 变量 | (1) | (2) | (3) | (4) | (5) | (6) |
|---|---|---|---|---|---|---|---|---|
| | | | Probit | Probit | Probit | Probit | Probit | IV-Probit |
| 核心解释变量 | 农村金融 | *Formal* | −0.020* | | −0.003 | | −0.009 | −1.090*** |
| | | | (0.011) | | (0.012) | | (0.013) | (0.222) |
| | | *Informal* | | 0.080*** | | 0.064*** | 0.065*** | 0.121*** |
| | | | | (0.009) | | (0.010) | (0.010) | (0.026) |
| 控制变量 | 家庭特征 | *Pop* | | | −0.046* | −0.063** | −0.062** | 0.073 |
| | | | | | (0.024) | (0.025) | (0.025) | (0.069) |
| | | *Gender* | | | 0.065 | 0.096 | 0.094 | −0.129 |
| | | | | | (0.106) | (0.108) | (0.108) | (0.289) |
| | | *Age* | | | 0.010*** | 0.011*** | 0.011*** | −0.008 |
| | | | | | (0.003) | (0.003) | (0.003) | (0.009) |
| | | *Raise* | | | −0.072 | −0.047 | −0.057 | −1.293*** |
| | | | | | (0.198) | (0.200) | (0.204) | (0.448) |
| | | *Nonfarm* | | | −1.481*** | −1.393*** | −1.388*** | −0.994** |
| | | | | | (0.177) | (0.180) | (0.180) | (0.465) |
| | 社会资本 | *City* | | | −0.133 | −0.110 | −0.105 | −0.478* |
| | | | | | (0.087) | (0.088) | (0.088) | (0.257) |
| | | *Gov* | | | 0.095 | 0.139 | 0.141 | 0.280 |
| | | | | | (0.126) | (0.128) | (0.127) | (0.331) |
| | | *Org* | | | −0.510*** | −0.534*** | −0.533*** | −0.366 |
| | | | | | (0.186) | (0.195) | (0.195) | (0.446) |
| | 区域环境 | *GDP* | | | −0.210 | −0.071 | −0.060 | 1.273** |
| | | | | | (0.188) | (0.189) | (0.191) | (0.597) |
| | | *Geo* | | | 0.647*** | 0.584*** | 0.584*** | 0.845*** |
| | | | | | (0.114) | (0.119) | (0.119) | (0.263) |
| | | *Dist* | | | −0.145*** | −0.168*** | −0.166*** | 0.113 |
| | | | | | (0.038) | (0.039) | (0.039) | (0.116) |
| 常数项 | | *Cons* | 0.304*** | −0.032 | 1.052 | −0.337 | −0.433 | −12.920** |
| | | | (0.037) | (0.048) | (1.752) | (1.776) | (1.793) | (5.575) |
| 样本量 | | *N* | 1 363 | 1 363 | 1 363 | 1 363 | 1 363 | 1 363 |
| 拟合优度 | | *PseudoR*$^2$ | 0.002 | 0.050 | 0.151 | 0.177 | 0.178 | |
| 内生性检验 | | *Wald* | | | | | | 111.26*** |
| | | *AR* | | | | | | 111.88*** |

注：***、**、* 分别代表 1%、5%、10%的显著性水平。

## （五）农村金融与农户多维贫困：结构差异

上文的实证分析结果表明，从总体上来看，欠发达地区农村正规金融有效地减缓了农户的多维贫困，而欠发达地区农村非正规金融却显著加剧了农户多维贫困的发生。然而，对于不同维度的贫困，其作用是否存在差异尚不得而知。厘清欠发达地区农村金融对农户不同维度贫困的内在作用机制，有利于发现其不足与缺陷，从而提出更具针对性的优化路径。有鉴于此，本节将进一步从结构差异的视角研究欠发达地区农村金融对农户多维贫困的影响。

研究分别运用了零膨胀负二项回归（ZINB）法以及 Probit 模型实证分析了欠发达地区农村金融与农户多维贫困的结构差异①，实证分析结果如表 5-7 所示。可以发现，欠发达地区农村金融对农户不同维度贫困的影响存在一定差异。具体而言，欠发达地区农村正规金融有效缓解了农户的教育以及社会权利维度的贫困，而农村非正规金融则加剧了农户的生活水平、资产、健康以及教育维度的贫困。研究表明，尽管农村正规金融有效缓解了农户的多维贫困状态，但仅局限于教育和社会权利维度，在生活水平、资产、健康方面的作用依然十分有限，这可能是由于在政府主导的正规金融资源注入以及精准帮扶的带动下，能够使长期处于社会边缘的困难人群逐步参与到社会生产活动当中，并逐步形成人力资本培育重要性的观念，进而改善自身的教育贫困状态，但由于自身经济实力依然十分有限，因此在生活水平与资产方面的物质贫困，农村正规金融的系数为负但不显著。此外，国家有关部门的调查数据显示，在我国剩余的困难人群中，因病致贫、因病返贫的比例高达 42%。在课题组的调研访谈过程中，欠发达地区绝大部分农户患有大病、慢性病，面临着高昂的医疗费用，而正规金融机构往往难以满足其医疗费用的借贷需求。贫困农户只能求助于农村非正规金融。但是，一方面，囿于物质生活方面的窘迫，贫困农户所能获取的非正规金融资源数量十分有限，相对其高昂的医疗费用而言犹如杯水车薪；另一方面，较高的利息甚至使得贫困农户面临着更重的经济负担②，这极不利于农户家庭福利的改善。在诸多不利因素的作用下，欠发达地区农村非正规金融最终导致农户难以有效改善生活水平、资产以及教育维度的贫困，反而加剧了其贫困状态。

**表 5-7　欠发达地区农村金融与农户多维贫困的结构差异**

| 变量类型 | 变量 | | 生活水平 | 资产 | 健康 | 教育 | 社会权利 |
|---|---|---|---|---|---|---|---|
| | | | ZINB | Probit | Probit | ZINB | ZINB |
| 核心解释变量 | 农村金融 | *Formal* | −0.010 | −0.019 | 0.003 | −0.017*** | −0.011** |
| | | | (0.006) | (0.016) | (0.012) | (0.006) | (0.005) |
| | | *Informal* | 0.019*** | 0.071*** | 0.051*** | 0.017*** | −0.004 |
| | | | (0.005) | (0.011) | (0.009) | (0.004) | (0.004) |

① 在不同贫困维度使用了不同的实证分析方法，原因如下：在本研究的多维贫困指标体系中，资产及健康维度仅涵盖一个变量，并以 0-1 赋值，因此采用 Probit 模型；农户的生活水平、教育以及社会权利均涵盖了多个指标，在加权求和之后，数值类型为离散型分布变量，应以计数模型进行实证分析更为合理，通过统计检验之后，本研究最终选择了零膨胀负二项回归法，因为该方法能够较好地分析欠发达地区农村金融与农户多维贫困的结构差异。

② 第四章的实证分析结论表明，欠发达地区农村非正规金融显著地抑制了贫困农户的收入增长。

（续）

| 变量类型 | | 变量 | 生活水平 ZINB | 资产 Probit | 健康 Probit | 教育 ZINB | 社会权利 ZINB |
|---|---|---|---|---|---|---|---|
| 控制变量 | 家庭特征 | *Pop* | −0.014 | −0.146*** | 0.013 | −0.022** | 0.032*** |
| | | | (0.011) | (0.031) | (0.023) | (0.009) | (0.011) |
| | | *Gender* | −0.012 | −0.444*** | 0.083 | 0.008 | 0.054 |
| | | | (0.053) | (0.120) | (0.106) | (0.043) | (0.048) |
| | | *Age* | −0.000 | 0.005 | 0.026*** | 0.000 | −0.003* |
| | | | (0.001) | (0.004) | (0.003) | (0.001) | (0.001) |
| | | *Raise* | 0.039 | 0.361** | −0.031 | 0.164*** | −0.021 |
| | | | (0.059) | (0.148) | (0.136) | (0.053) | (0.082) |
| | | *Nonfarm* | −0.385*** | −1.209*** | −0.004 | −0.485*** | 0.029 |
| | | | (0.083) | (0.249) | (0.165) | (0.071) | (0.071) |
| | 社会资本 | *City* | −0.046 | −0.379*** | 0.097 | −0.102** | −0.051 |
| | | | (0.045) | (0.122) | (0.084) | (0.042) | (0.036) |
| | | *Gov* | 0.126** | −0.124 | −0.102 | −0.113** | 0.001 |
| | | | (0.063) | (0.181) | (0.122) | (0.057) | (0.057) |
| | | *Org* | −0.100 | −0.324 | 0.083 | −0.005 | 0.008 |
| | | | (0.110) | (0.281) | (0.166) | (0.094) | (0.068) |
| | 区域环境 | *GDP* | 0.400*** | −2.088*** | 0.757*** | 0.460*** | 0.435*** |
| | | | (0.030) | (0.401) | (0.212) | (0.020) | (0.015) |
| | | *Geo* | 0.227*** | 0.002 | −0.296*** | 0.032 | −0.023 |
| | | | (0.087) | (0.046) | (0.090) | (0.052) | (0.038) |
| | | *Dist* | −0.050*** | 0.104** | −0.053 | −0.040** | −0.086*** |
| | | | (0.018) | (0.049) | (0.038) | (0.017) | (0.017) |
| 常数项 | | *Cons* | | 19.607*** | −7.949*** | | |
| | | | | (3.705) | (1.956) | | |
| 样本量 | | *N* | 1 363 | 1 363 | 1 363 | 1 363 | 1 363 |
| 拟合优度 | | $PseudoR^2$ | | 0.232 | 0.072 | | |
| 第一阶段 | | *Vuong* | 32.09*** | | | 43.95*** | 85.84*** |
| 第二阶段 | | *Vuong* | 18.33*** | | | 22.37*** | 36.26*** |

注：***、**、*分别代表1%、5%、10%的显著性水平。

## （六）稳健性检验

正如前文所言，如何科学确定多维贫困指标体系的权重是构建多维贫困指数的关键，这也直接关系到本章实证研究结论的可靠性。有鉴于此，本节将运用熵值法[①]（Entropy method）重新评价多维贫困指标体系的权重，并进行实证检验。相比既有指标权重评价方法而言，熵值法是一种用来判断各指标离散程度的数学方法，当离散程度越大时，该指标对综合指标体系的影响就越大，所赋予的权重也越大。稳健性检验结果如表5-8所示。可以发现，在运用熵值

① 熵是信息论中的概念，是对不确定性的度量。当信息量越大，不确定性就越小，熵也越小；当信息量越小，不确定性越大，熵也越大。

法赋权构建欠发达地区农户多维贫困指数之后，实证分析结果依然与上文保持一致，即无论是总体效应还是结构差异，欠发达地区农村金融对农户多维贫困的影响较为稳健。

**表 5-8　欠发达地区农村金融与农户多维贫困的稳健性检验**

| 变量类型 | 变量 | | 总体效应 | 生活水平 | 资产 | 健康 | 教育 | 社会权利 |
|---|---|---|---|---|---|---|---|---|
| 核心解释变量 | 农村金融 | *Formal* | −0.164** | 0.006 | −0.019 | 0.003 | −0.015*** | −0.010** |
| | | | (0.080) | (0.007) | (0.016) | (0.012) | (0.005) | (0.005) |
| | | *Informal* | 0.022* | 0.010** | 0.071*** | 0.051*** | 0.017*** | −0.021 |
| | | | (0.012) | (0.005) | (0.001) | (0.009) | (0.004) | (0.015) |
| 控制变量 | | *Control* | YES | YES | YES | YES | YES | YES |
| 样本量 | | *N* | 1 363 | 1 363 | 1 363 | 1 363 | 1 363 | 1 363 |

注：***、**、* 分别代表1%、5%、10%的显著性水平。

## 三、农村金融与农户剥夺得分的比较分析

上文的实证分析从多维贫困视角分析了欠发达地区农村金融对农户多维贫困的影响，研究结论表明，欠发达地区农村正规金融有效减缓了农户的多维贫困，而非正规金融则加剧了农户多维贫困的发生，但这一作用在不同贫困维度有所差异。根据研究的定义，农户的多维贫困状态取决于其在各个贫困维度的总剥夺得分，因此，有必要进一步分析欠发达地区农村金融对农户剥夺得分的影响。同时，为了深入揭示欠发达地区农村金融影响农户剥夺得分的内部群体异质性，本研究进一步比较分析不同剥夺得分群体之间的差异。

### （一）研究变量的选取与说明

（1）被解释变量：农户的剥夺得分。

根据前文多维贫困指数的构建可知，农户剥夺得分取决于各个维度的贫困状态以及各指标所被赋予的权重，因此，本研究基于聚类-粗糙集方法，评价了欠发达地区农户多维贫困指标体系的权重，进而以加权求和方式得到农户的剥夺得分，并以此作为实证分析的被解释变量。

（2）核心解释变量：农村金融。

延续上文的分析思路，本节将农村金融划分为农村正规金融以及农村非正规金融两个维度。本研究通过问卷调查的形式来识别农村正规金融借贷，将资金来源于农村信用社、村镇银行、农村资金互助社、小额贷款公司或商业银行的农户借贷行为界定为农村正规金融借贷，将资金来源于亲友或民间金融组织的农户借贷行为界定为农村非正规金融借贷。在此基础上，本节分别以农户家庭人均正规金融借贷额以及人均非正规金融借贷额作为欠发达地区农村正规金

融与农村非正规金融的衡量指标。

（3）控制变量。

由于研究构建的多维贫困指标体系涵盖了农户的教育、健康、生活水平等诸多维度，为了尽量避免控制变量与被解释变量之间的互为因果关系。研究主要选取了农户的家庭特征、社会资本以及宏观区域环境作为控制变量。具体而言，农户的家庭特征包含 5 个维度，即家庭总人口数量（*Pop*）、户主性别（*Gender*）、户主年龄（*Age*）、抚养负担（*Raise*）、务工比例（*Nonfarm*）；农户的社会资本包含 3 个维度，即是否有亲友居住在县城（*City*）、是否有亲友在政府部门任职（*Gov*）、是否参加农业合作社（*Org*）；区域环境包含 3 个维度，即县域人均地区生产总值（*GDP*）、农户与金融机构的距离（*Dist*）、村庄的地形特征（*Geo*）。本节实证分析涉及的各变量及衡量如表 5-9 所示。

**表 5-9　各变量的选取及度量**

| 变量类型 | 变量名称 | 维度 | 变量符号 | 变量的衡量说明及赋值 |
|---|---|---|---|---|
| 被解释变量 | 农户的剥夺得分 | | *Dscore* | 农户各个贫困维度指标的加权之和 |
| 核心解释变量 | 农村金融 | 农村正规金融 | *Formal* | 农户家庭人均正规金融借贷额（元），经过对数化处理 |
| | | 农村非正规金融 | *Informal* | 农户家庭人均非正规金融借贷额（元），经过对数化处理 |
| 控制变量 | 家庭特征 | 家庭总人口 | *Pop* | 家庭人口总数（人） |
| | | 户主性别 | *Gender* | 户主的性别（男＝1，女＝0） |
| | | 户主年龄 | *Age* | 户主年龄（岁） |
| | | 抚养负担 | *Raise* | 15 岁以下儿童及 65 岁以上老人占总人口的比例（%） |
| | | 务工比例 | *Nonfarm* | 从事非农产业人口占总人口的比例（%） |
| | 社会资本 | 县城亲友 | *City* | 是否有亲友在县城或城市生活（是＝1，否＝0） |
| | | 官员亲友 | *Gov* | 是否有亲友在政府部门任职（是＝1，否＝0） |
| | | 组织参与 | *Org* | 是否加入农业合作社（是＝1，否＝0） |
| | 区域环境 | 县域经济发展 | *GDP* | 县域人均地区生产总值，经过对数化处理 |
| | | 金融机构距离 | *Dist* | 1＝非常不方便；2＝不方便；3＝一般；4＝方便；5＝非常方便 |
| | | 村庄地形特征 | *Geo* | 1＝平原；2＝丘陵；3＝山地 |

## （二）研究方法选择及计量模型构建

延续前文的实证分析思路，为了研究不同剥夺得分水平的分布状况，从而分析不同的要素在不同剥夺得分水平上的边际贡献率，本研究以 Koenker 等于 1978 年提出的分位数回归法（quantile regression）为主要研究方法。

在上文的分析中我们发现，欠发达地区农村正规金融可能与农户的多维贫困状态之间存在一定的反向因果关系，这可能导致内生性问题的发生。而本节所分析的农户剥夺得分是农户多维贫困状态的直观体现，这可能会影响到农村正规金融资源的获取能力。有鉴于此，在本节的实证分析中，以县域金融机构人均贷款余额作为工具变量，运用两阶段最小二乘法（2SLS）、工具变量分位数回归法（IVQR）实证检验欠发达地区农村金融对农户剥夺得分影响的整体效应以及分层差异。其中，在使用工具变量分位数回归分析时，所采用的是 Efron（1979）提出的自助重复抽样（Bootstrap）法，该方法主要用于计算协方差矩阵。为了增强统计推断的可信度，本文在对每个分位点进行回归时，均使用了 400 次 Bootstrap 法。

基于以上研究方法，本节构建了以下计量模型：

$$Dscore = \beta_0 + \beta_1 Finance + \theta T + \mu \tag{5-7}$$

式中，$Dscore$ 为农户的剥夺得分；$Finance$ 为农村金融（包括正规金融与非正规金融）；$T$ 为控制变量，涵盖农户的家庭特征、人力资本、物质资本、社会资本以及区域环境特征一系列变量，详见表 5-4；$\beta_0$ 为常数项；$\beta_1$、$\theta$ 为待估计参数；$\mu$ 为随机扰动项。

此外，在进行实证分析时候，均采用了稳健标准误，从而有效地避免异方差所导致的估计偏误。

## （三）农村金融与农户剥夺得分：整体效应

从表 5-10 的实证分析结果可以发现，通过逐步引入相关控制变量，列（1）至列（5）的研究结论表明，欠发达地区农村正规金融能够有效降低农户的剥夺得分，而农村非正规金融则提升了农户的剥夺得分。类似地，进一步考虑到计量模型可能存在的内生性问题，本研究以县域金融机构人均贷款余额作为工具变量，运用两阶段最小二乘法（2SLS）考察欠发达地区农村金融与农户剥夺得分的整体效应。

首先，应检验计量模型的内生性问题。根据 Hausman 检验的结果，卡方检验的统计量为 126.35，对应的 $p$ 值为 0.000，即拒绝原假设，该检验结果表明计量模型存在内生性问题。然而，由于传统的 Hausman 检验是基于同方差的前提，在异方差的条件下无法成立，因此，我们也使用了异方差稳健的 DWH 检验，Durbin 统计量的值为 129.25，对应的 $p$ 值为 0.000；Wu-Hausman $F$ 统计量的值为 141.22，对应的 $p$ 值为 0.000，即检验结果都拒绝了原假设。因此，我们可以断定欠发达地区农村正规金融变量为内生解释变量。

其次，应检验工具变量的有效性。在结构方程中对内生解释变量的显著性进行“名义显著性水平”（nominal size）为5%的Hausman检验，所得到的最小特征值统计量为31.39，大于显著性水平的10%的临界值16.38①，可拒绝“弱工具变量”的原假设。

**表5-10　欠发达地区农村金融与农户剥夺得分的整体效应**

| 变量类型 | 变量 | | (1) | (2) | (3) | (4) | (5) | (6) |
|---|---|---|---|---|---|---|---|---|
| | | | OLS | OLS | OLS | OLS | OLS | 2SLS |
| 核心解释变量 | 农村金融 | *Formal* | -0.007*** | | -0.004* | | -0.004** | -0.143*** |
| | | | (0.002) | | (0.002) | | (0.002) | (0.028) |
| | | *Informal* | | 0.015*** | | 0.011*** | 0.011*** | 0.016*** |
| | | | | (0.001) | | (0.001) | (0.001) | (0.003) |
| 控制变量 | 家庭特征 | *Pop* | | | -0.009** | -0.012*** | -0.011*** | 0.008 |
| | | | | | (0.004) | (0.004) | (0.004) | (0.009) |
| | | *Gender* | | | -0.000 | 0.005 | 0.004 | -0.023 |
| | | | | | (0.017) | (0.016) | (0.016) | (0.037) |
| | | *Age* | | | 0.002*** | 0.002*** | 0.002*** | -0.001 |
| | | | | | (0.000) | (0.000) | (0.000) | (0.001) |
| | | *Raise* | | | -0.016 | -0.009 | -0.014 | -0.168*** |
| | | | | | (0.034) | (0.033) | (0.034) | (0.058) |
| | | *Nonfarm* | | | -0.255*** | -0.232*** | -0.229*** | -0.147** |
| | | | | | (0.028) | (0.028) | (0.029) | (0.061) |
| | 社会资本 | *City* | | | -0.023* | -0.020 | -0.017 | 0.061* |
| | | | | | (0.013) | (0.013) | (0.013) | (0.033) |
| | | *Gov* | | | 0.010 | 0.016 | 0.017 | 0.030 |
| | | | | | (0.019) | (0.020) | (0.019) | (0.043) |
| | | *Org* | | | -0.082*** | -0.086*** | -0.086*** | -0.063 |
| | | | | | (0.023) | (0.024) | (0.024) | (0.058) |
| | 区域环境 | *GDP* | | | -0.011 | 0.016 | 0.022 | 0.231*** |
| | | | | | (0.030) | (0.028) | (0.028) | (0.078) |
| | | *Geo* | | | 0.070*** | 0.055*** | 0.056*** | 0.090*** |
| | | | | | (0.012) | (0.013) | (0.013) | (0.033) |
| | | *Dist* | | | -0.031*** | -0.035*** | -0.033*** | 0.003 |
| | | | | | (0.006) | (0.006) | (0.006) | (0.015) |
| 常数项 | | *Cons* | 0.423*** | 0.354*** | 0.466* | 0.202 | 0.139 | -1.848** |
| | | | (0.007) | (0.009) | (0.277) | (0.260) | (0.263) | (0.728) |
| 样本量 | | *N* | 1 363 | 1 363 | 1 363 | 1 363 | 1 363 | 1 363 |

注：***、**、*分别代表1%、5%、10%的显著性水平。

① 当可接受“真实显著性水平”不超过15%时，即可拒绝“弱工具变量”的原假设。

从表 5-10 中可见，列（6）的结果能够准确地揭示欠发达地区农村金融与农户剥夺得分的整体效应。实证结果显示，欠发达地区农村正规金融显著地降低了农户的剥夺得分，表明农村正规金融能够有效地改善欠发达地区农户非收入层面的生活福利，缓解农户的“能力贫困”问题，这有助于逐步打破欠发达地区农户长期以来低水平均衡状态，降低农户的贫困脆弱性，使其形成可持续的自我发展能力。而农村非正规金融显著地提高了农户的剥夺得分，这意味着农村非正规金融不利于欠发达地区农户生活福利水平的改善，甚至使其陷入更深的“贫困陷阱”当中，其原因既有欠发达地区农户的发展能力有限，也有农村非正规金融体系的不完善、发展的不规范。由此可见，如何实现欠发达地区农村正规金融与非正规金融的协同发展，是破除贫困根源的关键所在。

### （四）农村金融与农户剥夺得分：分层差异

基于前文的内生性检验结果，本节在研究欠发达地区农村金融与农户剥夺得分的分层差异时，运用了工具变量分位数回归法（IVQR）。在所给出的分位数回归结果中，为了更为全面地刻画欠发达地区农户剥夺得分决定因素的分位数回归结果，我们选取了 IVQR _ 10、IVQR _ 25、IVQR _ 50、IVQR _ 75、IVQR _ 90 这 5 个比较具有代表性的分位点，分别代表了低剥夺得分组、中低剥夺得分组、中等剥夺得分组、中高剥夺得分组及高剥夺得分组[①]，从而便于研究欠发达地区农村金融对于不同剥夺得分农户的减贫效应是否存在显著的差异，回归结果如表 5-11 所示。

**表 5-11　欠发达地区农村金融与农户剥夺得分的分层差异**

| 变量类型 | | 变量 | IVQR _ 10 | IVQR _ 25 | IVQR _ 50 | IVQR _ 75 | IVQR _ 90 |
|---|---|---|---|---|---|---|---|
| 核心解释变量 | 农村金融 | *Formal* | −0.370*** | −0.339*** | −0.268*** | −0.089*** | −0.030 |
| | | | (0.097) | (0.071) | (0.051) | (0.022) | (0.019) |
| | | *Informal* | 0.005 | 0.005 | 0.006 | 0.014*** | 0.005* |
| | | | (0.015) | (0.011) | (0.008) | (0.003) | (0.003) |
| 控制变量 | 家庭特征 | *Pop* | −0.006 | −0.002 | −0.005 | 0.001 | −0.005 |
| | | | (0.034) | (0.025) | (0.018) | (0.008) | (0.007) |
| | | *Gender* | −0.002 | −0.014 | −0.002 | −0.039 | 0.035 |
| | | | (0.158) | (0.115) | (0.083) | (0.036) | (0.031) |
| | | *Age* | 0.001 | 0.001 | 0.001 | 0.000 | 0.000 |
| | | | (0.005) | (0.003) | (0.002) | (0.001) | (0.001) |
| | | *Raise* | −0.042 | −0.118 | −0.052 | −0.113** | −0.027 |
| | | | (0.211) | (0.154) | (0.111) | (0.049) | (0.041) |
| | | *Nonfarm* | −0.100 | −0.189 | −0.106 | −0.021 | −0.096* |
| | | | (0.256) | (0.186) | (0.135) | (0.059) | (0.050) |

① 为了便于论述，本研究将高剥夺得分组定义为极端多维贫困户（IVQR _ 90），将中高剥夺得分组定义为一般多维贫困户（IVQR _ 75），将中等剥夺得分组定义为相对多维贫困户（IVQR _ 50）。

（续）

| 变量类型 | | 变量 | IVQR _ 10 | IVQR _ 25 | IVQR _ 50 | IVQR _ 75 | IVQR _ 90 |
|---|---|---|---|---|---|---|---|
| 控制变量 | 社会资本 | *City* | 0.001 | 0.002 | 0.016 | 0.051* | −0.000 |
| | | | (0.129) | (0.094) | (0.068) | (0.030) | (0.025) |
| | | *Gov* | 0.008 | −0.004 | −0.001 | 0.002 | 0.054 |
| | | | (0.185) | (0.135) | (0.098) | (0.043) | (0.036) |
| | | *Org* | −0.042 | −0.077 | −0.039 | −0.028 | −0.074 |
| | | | (0.248) | (0.181) | (0.131) | (0.057) | (0.049) |
| | 区域环境 | *GDP* | 0.112 | 0.230 | 0.318* | 0.394*** | 0.185*** |
| | | | (0.351) | (0.256) | (0.185) | (0.081) | (0.069) |
| | | *Geo* | −0.022 | −0.018 | 0.075 | 0.171*** | 0.113*** |
| | | | (0.142) | (0.103) | (0.075) | (0.033) | (0.028) |
| | | *Dist* | −0.010 | −0.013 | −0.014 | −0.010 | −0.026** |
| | | | (0.056) | (0.040) | (0.029) | (0.013) | (0.011) |
| 常数项 | | *Cons* | 0.631 | −0.464 | −1.851 | −3.549*** | −1.307** |
| | | | (2.836) | (2.064) | (1.494) | (0.655) | (0.556) |

注：***、**、*分别代表1%、5%、10%的显著性水平。

从回归结果可以发现，欠发达地区农村金融对不同剥夺得分农户的减贫效应存在显著差异。具体而言，除了IVQR _ 90分位点之外，欠发达地区农村正规金融在IVQR _ 10、IVQR _ 25、IVQR _ 50、IVQR _ 75这4个分位点上的弹性系数均在1%的水平上显著为负，这意味着对于不同剥夺得分群体（除极端多维困难户之外），欠发达地区的农村正规金融均具有显著的减贫效应。但从分层差异来看，随着农户剥夺得分的不断提升，即农户多维贫困状态的不断加强，欠发达地区农村正规金融的减贫效应越来越弱。该结论表明，尽管欠发达地区农村正规金融在整体上有效降低了农户的剥夺得分，但农户家庭福利效应的改善更多地体现在非多维困难户①（IVQR _ 10、IVQR _ 25、IVQR _ 50）当中，其弹性系数分别高达−0.370、−0.339以及−0.268；对于多维困难户（IVQR _ 75、IVQR _ 90），仅有效降低了一般多维困难户（IVQR _ 75）的剥夺得分，且减贫效应明显低于非多维困难户（弹性系数仅为−0.089），对于极端多维困难户而言（IVQR _ 90），欠发达地区农村正规金融的减贫效应并不显著。可见，“精英农户”与极端多维贫困户之间的减贫效应差距悬殊。这可能是由于相比“精英农户”而言，一方面，多维困难户各方面要素禀赋均处于贫困状态，使得其发展生产的能力十分有限；另一方面，多维贫困户长期处于极端贫困当中，难以在一朝一夕之间实现较大的突破。在目前脱贫攻坚战役的推动下，部分多维困难户既获得了优惠性的正规金融资源，也得到了社会各界的精准帮扶，这使得一般多维贫困户

① 在本研究的界定中，多维贫困户被定义为农户的总剥夺得分大于1/3，因此，IVQR _ 10、IVQR _ 25、IVQR _ 50这3个分位点的样本属于非多维困难户。

（IVQR _ 75）在一定程度上改善了自身的多维贫困状态。但对于极端多维贫困户（IVQR _ 90）而言，长期处于贫穷落魄状态，是农村经济社会生活中的边缘化群体，缺乏发展生产的能力，而目前优惠性的农村正规金融资源更多是基于能够有效发展生产的贫困农户，这导致极端多维贫困户可能难以获取农村正规金融资源。即便极端多维贫困户获取到了农村正规金融资源，能够通过发展生产实现还本付息的极端多维贫困户也必然只是少数。事实上，这部分极端多维困难户是脱贫攻坚决胜阶段工作重点。金融资源更多服务于具备发展生产能力的贫困农户，而对于极端多维贫困户，更多地应当依靠社会保障兜底，并加强对其子女的教育，斩断贫困的代际传递。

相比较而言，农村非正规金融在 IVQR _ 10、IVQR _ 25、IVQR _ 50、IVQR _ 75、IVQR _ 90 这 5 个分位点上的弹性系数均为正向作用，但仅在 IVQR _ 75、IVQR _ 90 这两个分位点起到显著作用。这表明欠发达地区农村非正规金融之所以提升了农户整体的剥夺得分，主要是由于其显著地提升了多维困难户（IVQR _ 75、IVQR _ 90）的剥夺得分，这也直接导致农村非正规金融加剧了农户多维贫困的发生。正如前文所言，因病致贫、因病返贫是剩余困难人群的主要特征，尤其是随着脱贫攻坚的不断推进，这一现象愈加明显。全国 31 个省份上百个村的调查数据显示，部分贫困村因病致贫、因病返贫的比例达到 60%、80%①。很多贫困户家庭缺乏有效劳动力，难以从事生产性活动，尤其当遭遇重大疾病时，往往需要高额的医疗费用，令贫困户家庭难以负担。因此，在课题组调研过程中发现，贫困户所获得的农村非正规金融资源更多地用于家庭成员的大病、慢性病的治疗，而落后的医疗条件往往难以有效根治。

### （五）稳健性检验

遵循前文稳健性检验思路，本节以熵值法评价多维贫困指标体系权重，进而求得农户的剥夺得分。在此基础之上，重新检验欠发达地区农村金融与农户剥夺得分的整体效应以及分层差异。稳健性检验结果如表 5-12 所示。可以发现，无论是整体效应还是分层差异，欠发达地区农村金融对农户剥夺得分影响的实证分析结果依然保持稳健。

**表 5-12 欠发达地区农村金融与农户剥夺得分的稳健性检验**

| 变量类型 | 变量 | | 2SLS | IVQR _ 10 | IVQR _ 25 | IVQR _ 50 | IVQR _ 75 | IVQR _ 90 |
|---|---|---|---|---|---|---|---|---|
| 核心解释变量 | 农村金融 | *Formal* | −0.209** | −0.014* | −0.131*** | −0.120*** | −0.023*** | −0.015 |
| | | | (0.105) | (0.010) | (0.028) | (0.023) | (0.009) | (0.011) |
| | | *Informal* | 0.022* | 0.003 | 0.002 | 0.004 | 0.005*** | 0.001 |
| | | | (0.013) | (0.002) | (0.004) | (0.004) | (0.001) | (0.002) |

① 资料来源：王姝，2017. 卫计委主任李斌回应“如何破解因病致贫、因病返贫”［EB/OL］.（2017-08-31）. http：//www.china.com.cn/news/2017-08/31/content _ 41507528.htm.

（续）

| 变量类型 | 变量 | 2SLS | IVQR_10 | IVQR_25 | IVQR_50 | IVQR_75 | IVQR_90 |
|---|---|---|---|---|---|---|---|
| 控制变量 | *Control* | YES | YES | YES | YES | YES | YES |
| 样本量 | *N* | 1 363 | 1 363 | 1 363 | 1 363 | 1 363 | 1 363 |

注：***、**、*分别代表1%、5%、10%的显著性水平。

## 四、农村金融影响农户多维贫困的中介效应分析

上文实证分析了欠发达地区农村金融对农户多维贫困的影响，研究结果表明，欠发达地区农村正规金融和非正规金融的减贫效应存在显著差异，同时，在不同的多维困难户中也呈现出异质性。然而，本研究尚未揭示的是欠发达地区农村金融究竟是通过何种渠道来影响农户的多维贫困状态，其内在作用机制的传导路径尚不明确。第四章的研究结论表明，欠发达地区农村金融对农户的收入增长具有重要影响，而收入是农户的根本经济基础，这可能是影响农户多维贫困状态的重要途径。既有的研究也表明，收入水平的提升能够显著地降低农户的多维贫困发生率（Wang et al.，2016）。有鉴于此，本研究将基于中介效应分析，厘清欠发达地区农村金融影响农户多维贫困的作用路径。

### （一）研究方法的选择与计量模型构建

中介效应（mediation effect）的概念最早起源于心理学研究领域，其核心思想是：自变量 $X$ 对因变量 $Y$ 的影响并非直接影响，而是通过变量 $M$ 间接作用于因变量 $Y$，因此称变量 $M$ 为中介变量。在早期的研究中，主要通过逐步检验法（the causal steps approach）（Baron et al.，1986）和 Soble 检验法（Sobel，1982）来检验中介效应，但这一方法存在着一定的缺陷，许多学者对该方法提出了质疑（Hayes，2009；Zhao et al.，2010；Iacobucci，2012）。因此，Hayes 等（2013）、温忠麟等（2014）提出以 Bootstrap 法来检验中介效应[①]，能够更为科学地揭示变量之间的传导效应。本节将基于 Hayes 等（2013）、温忠麟等（2014）的 Bootstrap 中介效应检验流程，实证分析欠发达地区农村金融影响农户多维贫困的中介效应。具体而言，首先应定义如下 3 个计量方程：

$$Mpov = cFinance + \theta T + \varepsilon_1 \tag{5-8}$$

$$M = aFinance + \theta T + \varepsilon_2 \tag{5-9}$$

$$Mpov = c'Finance + bM + \theta T + \varepsilon_3 \tag{5-10}$$

式中，$Mpov$ 为农户的多维贫困状态；$Finance$ 为欠发达地区农村金融（农村正规金融或农村非正规金融）；$M$ 为中介变量，本研究选取了农户的收入水平作为中介变量；$T$ 为相关控制变量；$a$、$b$、$c$、$c'$、$\theta$ 均为待估计参数；

① 关于中介效应检验模型，已在第二章详细介绍，本章不再赘述。

$\varepsilon_1$、$\varepsilon_2$、$\varepsilon_3$ 为计量方程的扰动项。基于以上 3 个计量方程，Bootstrap 中介效应检验流程可参见第二章的方法体系介绍。

### （二）农村正规金融影响农户多维贫困的中介效应

根据 Hayes 等（2013）、温忠麟等（2014）提出的 Bootstrap 中介效应检验步骤，首先对式（5-8）、式（5-9）和式（5-10）这 3 个计量模型进行回归，在本节的分析中主要以农户收入水平作为中介变量，研究农村正规金融对农户多维贫困影响的中介效应，回归结果如表 5-13 所示。

**表 5-13　农村正规金融与农户多维贫困的收入中介效应**

| 变量类型 | 变量 | | 式（5-8）多维贫困（*Mpov*） | 式（5-9）农户收入（*M*） | 式（5-10）多维贫困（*Mpov*） |
|---|---|---|---|---|---|
| 核心解释变量 | 农村正规金融 | *Formal* | −1.090*** (0.222) | 0.031*** (0.008) | −0.027 (0.031) |
| 中介变量 | 农户收入 | *Income* | | | −0.440*** (0.031) |
| 控制变量 | | *Control* | YES | YES | YES |
| 样本量 | | *N* | 1 363 | 1 363 | 1 363 |

注：***代表 1%的显著性水平。

根据式（5-8）的回归结果，欠发达地区农村正规金融对农户多维贫困的影响显著为负，即式（5-8）的系数 $c$ 显著，按中介效应理论，应进入第二步检验。根据式（5-9）的回归结果，欠发达地区农村正规金融对农户收入的影响显著为正，即式（5-9）的系数 $a$ 显著；式（5-10）的回归结果显示，中介变量农户收入对农户多维贫困的影响显著为负，即式（5-10）的系数 $b$ 显著。由此可判断系数 $a$ 和系数 $b$ 均为显著，因此进入第三步检验。在第三步检验中，我们将检验系数 $a \times b$ 的置信区间，基于 Hayes（2013）的 Bootstrap 法，在 95%的置信区间下，中介效应检验的结果不包含 0（表 5-14），表明农户收入的中介效应显著，且中介效应大小为−0.013。在此基础上进行第四步检验，式（5-10）的回归结果显示，在控制中介变量（*Income*）之后，欠发达地区农村正规金融对农户收入贫困的影响变为不显著，即式（5-10）的系数 $c'$ 不显著，说明直接效应不显著。根据以上中介效应检验结果可以发现，欠发达地区农村正规金融对农户多维贫困的影响表现为完全中介效应，即农村正规金融减贫效应是通过提高农户收入水平实现的。

**表 5-14　Bootstrap 中介效应检验**

| 系数 | 系数值 | *Bootstrap* 标准误 | *Bootstrap LLCI* | *Bootstrap ULCI* |
|---|---|---|---|---|
| $a \times b$ | −0.013 7 | 0.004 6 | −0.089 5 | −0.034 9 |

### （三）农村非正规金融影响农户多维贫困的中介效应

类似地，以农户收入水平作为中介变量，研究农村非正规金融对农户多维贫困影响的中介效应，回归结果如表 5-15 所示。

**表 5-15　农村非正规金融与农户多维贫困的收入中介效应**

| 变量类型 | 变量 | | 式（5-8）<br>多维贫困（*Mpov*） | 式（5-9）<br>农户收入（*M*） | 式（5-10）<br>多维贫困（*Mpov*） |
|---|---|---|---|---|---|
| 核心解释变量 | 农村非正规金融 | *Informal* | 0.121***<br>(0.026) | −0.054***<br>(0.006) | 0.016<br>(0.021) |
| 中介变量 | 农户收入 | *Income* | | | −0.440***<br>(0.093) |
| 控制变量 | | *Control* | YES | YES | YES |
| 样本量 | | *N* | 1 363 | 1 363 | 1 363 |

注：***代表 1%的显著性水平。

根据式（5-8）的回归结果，欠发达地区农村非正规金融对农户多维贫困的影响显著为正，即式（5-8）的系数 $c$ 显著，按中介效应理论，进入第二步检验。根据式（5-9）的回归结果，欠发达地区农村非正规金融对农户收入的影响显著为负，即式（5-9）的系数 $a$ 显著；式（5-10）的回归结果显示，中介变量农户收入对农户多维贫困的影响显著为负，即式（5-10）的系数 $b$ 显著。由此可判断系数 $a$ 和系数 $b$ 均为显著，因此进入第三步检验。在第三步检验中，我们将检验系数 $a\times b$ 的置信区间，基于 Hayes（2013）的 Bootstrap 法，在 95%的置信区间下，中介效应检验的结果不包含 0（表 5-16），表明农户收入的中介效应显著，且中介效应大小为 0.024。在此基础上，进行第四步检验，式（5-10）的回归结果显示，在控制中介变量（*Income*）之后，欠发达地区农村正规金融对农户收入贫困的影响变为不显著，即式（5-10）的系数 $c'$ 不显著，说明直接效应不显著。根据以上中介效应检验结果，我们可以发现，欠发达地区农村非正规金融对农户多维贫困的影响表现为完全中介效应，即欠发达地区农村非正规金融通过抑制农户收入增长加剧了农户多维贫困的发生。

**表 5-16　Bootstrap 中介效应检验**

| 系数 | 系数值 | *Bootstrap* 标准误 | *Bootstrap LLCI* | *Bootstrap ULCI* |
|---|---|---|---|---|
| $a\times b$ | 0.024 0 | 0.005 9 | 0.013 2 | 0.036 2 |

## 五、本章小结

本章基于欠发达地区微观农户调查数据，从多维贫困的视角实证测度了欠发达地区农村金融减贫效应。首先，本研究以 A-F 指数为基础，综合运用聚类-粗糙集方法构建了欠发达地区农户多维贫困指数，并分析了现阶段欠发达地区农户的多维贫困现状。其次，在此基础上，运用 Probit 模型、IV-Probit 模型以及零膨胀负二项回归法分析了欠发达地区农村金融对农户多维贫困影响的整体效应及结构差异。同时，考虑到贫困农户摆脱多维贫困的根本落脚点在于如何降低农户的剥夺得分，因此本研究以两阶段最小二乘法（2SLS）及工具变量分位数回归法（IVQR）对比分析了欠发达地区农村金融在不同剥夺得分群体中的减贫效应差异，从而有利于我们更详细地观察群体之间的异质性。最后，为了进一步厘清欠发达地区农村金融对农户多维贫困的影响机制，本研究运用 Bootstrap 中介效应模型，以农户收入作为中介变量，检验了欠发达地区农村金融影响农户多维贫困的中介效应。通过以上实证分析，本章的主要研究结论如下：

（1）总体而言，欠发达地区农村正规金融能够有效减缓农户的多维贫困，而农村非正规金融反而加剧了多维贫困的发生，但这一作用对于不同贫困维度呈现出明显的结构差异。

现阶段，在政府主导下，我国农村正规金融资源不断地注入欠发达地区，这使得部分贫困农户能够获取优惠性的金融资源，而欠发达地区农村正规金融资源的供给能够缓解农户的融资约束，提升农户的家庭福利水平，从而减缓了农户的多维贫困状态。相比较而言，欠发达地区农村非正规金融是贫困农户获取信贷资源的重要渠道，但贫困农户可能面临着较高的借贷资金使用成本。在缺乏自我发展能力的条件下，较高的资金使用成本直接制约了农村非正规金融的福利效应，甚至恶化农户的家庭福利水平，进而显著加剧农户多维贫困的发生。此外，本研究也发现，尽管欠发达地区农村正规金融能够有效缓解农户多维贫困状态，但主要局限于教育维度以及社会权利维度，对于其余贫困维度的作用尚不显著，而除了社会权利维度之外，农村非正规金融恶化了农户各个维度的贫困状态。由此可见，目前我国欠发达地区农村金融在改善农户多维贫困方面的减贫效应依然有待优化。

（2）欠发达地区农村正规金融有效降低了农户的剥夺得分，而农村非正规金融则提高了农户的剥夺得分，但这一作用对于不同剥夺得分层次的农户群体存在明显的异质性。

总体而言，欠发达地区农村正规金融有效降低了农户的剥夺得分，即有利于改善农户的家庭福利状况，但这一改善作用具有明显的异质性特征，具体表现为“精英农户”的改善作用远高于多维贫困户，尤其是对于极端多维贫困户而言，欠发达地区农村正规金融的作用尚不显著。这从侧面反映出了尽管农村正规金融能够有效降低农户的剥夺得分、提升贫困农户的家庭福利，但这一作用对于多维贫困户依然十分有限。同时，尽管欠发达地区农村非正规金融显著地提升了农户的剥夺得分，恶化了农户的福利状况，但这一作用集中表现在多维贫困户中。由此可见，欠发达地区农村金融多维减贫效应的发挥依然任重道远，尤其是极端多维贫困户不能仅依赖于金融资源的注入，更为重要的是通过财政、社会保障政策等途径实现金融扶贫政策的协同发展，从而真正有利于多维贫困户自身能力的可持续提升。

（3）欠发达地区农村金融对农户多维贫困的影响表现为完全中介效应。其中，农村正规金融通过促进农户收入增长来改善农户的多维贫困状态，而农村非正规金融则通过抑制农户收入增长恶化了农户的多维贫困状态。

通过 Bootstrap 中介效应检验模型发现，欠发达地区农村正规金融对农户多维贫困影响的中介效应是显著的，且表现为完全中介效应，这意味着：前文研究结论发现的欠发达地区农村正规金融的多维减贫效应完全是通过促进农户收入增长这一渠道实现的；相反地，欠发达地区农村非正规金融对农户多维贫困影响的完全中介效应则表现为，农村非正规金融通过抑制农户收入增长，间接地加剧了农户的多维贫困状态。由此可见，现阶段欠发达地区农村金融缓解农户多维贫困的根本落脚点在于其增收效应的有效发挥。此外，从理论上看，消费理应成为缓解农户多维贫困的重要途径，而农户收入增长途径的完全中介效应从侧面反映出，欠发达地区农村金融在作用于农户多维贫困的过程中还未能通过平滑农户消费有效实现贫困农户家庭福利水平的改善。

6

# 第六章 中国特色金融扶贫的政策协同效应测度

在第四章与第五章的实证分析中，本研究基于我国欠发达地区农户调查数据，从微观层面探讨了欠发达地区农村金融对农户收入贫困以及多维贫困的影响，并深入分析其偏差成因与传导路径。然而，不可否认的是，农村金融市场有效运行的关键在于构建一个良好的政策环境（Yaron et al.，1997）。尤其是金融扶贫是一项系统工程，金融减贫效应的充分发挥有赖于各类政策的协同发展。而在诸多扶贫政策当中，财政政策与产业政策是促进欠发达地区经济发展、困难人群增收能力提升的关键所在，这也是金融减贫功能有效发挥的基础性条件。有鉴于此，本章将基于县域面板数据，从全景视角重点考察财政政策与产业政策对欠发达地区农村金融减贫的协同效应，同时，为厘清欠发达地区与较发达地区农村金融减贫的要素配置效率差异，本研究将进一步对比分析贫困县与非贫困县的政策协同效应差异。

## 一、中国特色金融扶贫的财政投入协同效应测度

### （一）研究变量的选取与说明

本节的研究目的主要是基于我国县域层面的面板数据，分析欠发达地区农村金融减贫的财政投入协同效应。为此，本节设置了如下核心变量以及相关控制变量，并对研究所涉及的变量进行描述性统计分析。

**1. 研究变量的选择**

（1）被解释变量：县域农村贫困状态。

根据前文的定义可知，随着人类对贫困问题认识的不断加深，贫困的衡量既包含了收入贫困，也涵盖了多维贫困。然而，正如研究微观层面的实证研究结论所揭示，无论是收入贫困还是多维贫困，现阶段我国欠发达地区农户贫困状态的改善主要取决于农户收入水平的可持续增长，即促进农户增收是减缓贫困的重要落脚点。部分研究也指出了困难人群在教育、医疗等多个维度的剥夺状态在很大程度上都归结于收入水平的低下（Reinert，2007；张彬斌，2013；伍骏骞等，2017）。因此，本章将借鉴已有研究的做法（王小华等，2014a，2014b；朱一鸣等，2017），以县域农村居民人均收入衡量被解释变量——县

域农村贫困状态（*Pov*）。

（2）核心解释变量：金融资源注入。

囿于宏观层面统计数据的可得性，无法获取非正规金融维度的数据，因此，本章的实证研究将主要着眼于正规金融。具体而言，本章将以县域金融机构人均贷款余额（即贫困县的县域金融机构贷款余额与总人口的比值）来衡量欠发达地区金融资源注入（*Finan*）。同时，由于本节的研究目的在于探讨欠发达地区农村金融减贫过程中的财政政策协同效应，因此，本研究的核心解释变量也包含了反映欠发达地区财政、金融政策减贫的协同效应的交互项（$Fisc \times Finan$），其中财政政策（*Fisc*）主要以县域人均公共财政支出（即贫困县的县域公共财政支出与总人口的比值）衡量。

（3）控制变量。

由于影响农村贫困状态的因素十分复杂，如何有效控制其他因素的影响，对于准确测度欠发达地区农村金融减贫效应十分关键。因此，本节在借鉴已有研究思路的基础上，引入了部分控制变量，具体包括：基础设施建设（*Infra*），该指标以县域人均固定资产投入衡量；经济增长（*GDP*），该指标以县域人均 GDP 衡量；人力资本（*Edu*），该指标以县域每万人普通中学在校学生数衡量；产业结构（*Ind*），该指标以第二、第三产业增加值之和与第一产业增加值的比值衡量；收入差距（*Gap*），该指标以县域城镇居民可支配收入与农村居民纯收入之比衡量。本节实证分析涉及的各变量及衡量如表 6-1 所示，此外，为了有效消除截面数据的异方差问题，保证实证分析结论的可靠性，本研究所涉及的所有变量均采用对数化处理。

**表 6-1　各变量的选取及度量**

| 变量类型 | 变量名称 | 变量符号 | 变量的衡量说明及赋值 |
|---|---|---|---|
| 被解释变量 | 县域农村贫困状态 | *Pov* | 县域农村居民人均可支配收入（元） |
| 核心解释变量 | 金融资源注入 | *Finan* | 县域金融机构人均贷款余额（元） |
| | 交互项 | $Fisc \times Finan$ | 县域人均公共财政支出×县域金融机构人均贷款余额 |
| 控制变量 | 基础设施建设 | *Infra* | 县域人均固定资产投入（元） |
| | 经济增长 | *GDP* | 县域人均地区生产总值（元） |
| | 人力资本 | *Edu* | 县域每万人普通中学在校学生数 |
| | 产业结构 | *Ind* | 县域第二、第三产业增加值之和与第一产业增加值的比值 |
| | 收入差距 | *Gap* | 县域城镇居民可支配收入与农村居民纯收入之比 |

**2. 资料来源说明**

本章实证分析采用的是我国 2012—2015 年县域面板数据，所涉及相关变量的数据主要来源于历年《中国县域统计年鉴》（县市卷），该年鉴收录了我国 2 000 多个县域单位的社会经济发展状况，其中城镇居民可支配收入以及农村居民纯收入主要来源于各县（市）的《人民政府工作报告》《国民经济和社会发展统计公报》以及各省份的《统计年鉴》。在此基础上，为保证实证分析数据的可靠性与完整性，本研究对样本数据进行了清理，删除缺失数据、奇异数据，最终搜集得到我国 2012—2015 年 1 869 个县（市）的经济社会统计数据，样本总量达 7 476 个。本研究的对象主要是我国欠发达地区，2012 年 3 月，国务院扶贫开发领导小组办公室重新认定了第三批 592 个国家级贫困县。经上述数据清理后，本研究选取的贫困县为 486 个，贫困县样本量 1 944 个。同时，为充分反映欠发达地区与较发达地区之间的差异，本研究样本也涵盖了 1 383 个非贫困县，非贫困县样本为 5 532 个。

**3. 研究变量的描述性统计分析**

在定义本节实证分析所关注变量的基础之上，本研究在计算样本总体均值水平的基础上，比较分析了贫困县与非贫困县之间的差异，结果如表 6-2 所示。从表 6-2 的结果可以发现，贫困县与非贫困县之间的要素禀赋状态存在显著的差异。具体而言，非贫困县的农村居民收入以及金融资源的注入强度均显著地高于贫困县；在控制变量方面，除了人力资本不存在显著差异之外，非贫困县的基础设施建设、经济增长以及产业结构均显著地优于贫困县，但贫困县的收入差距反而显著地高于非贫困县。由此可见，相比非贫困县，贫困县的生产要素积累严重不足，同时，收入分配格局也不容乐观，这显然不利于其农村金融减贫效应的发挥。

**表 6-2　各变量的描述性统计分析**

| 变量类型 | 变量 | 变量符号 | 总体样本 | 非贫困县均值 | 贫困县均值 | 组间均值差异 |
|---|---|---|---|---|---|---|
| 被解释变量 | 县域农村贫困状态 | *Pov* | 8.638 | 8.770 | 8.263 | 0.507*** |
| 核心解释变量 | 金融资源注入 | *Finan* | 8.962 | 9.113 | 8.530 | 0.583*** |
| | 交互项 | $Fisc \times Finan$ | 17.17 | 17.331 | 16.718 | 0.613*** |
| 控制变量 | 基础设施建设 | *Infra* | 10.74 | 10.868 | 10.367 | 0.501*** |
| | 经济增长 | *GDP* | 9.752 | 9.934 | 9.235 | 0.699*** |
| | 人力资本 | *Edu* | −2.377 | −2.379 | −2.370 | −0.009 |
| | 产业结构 | *Ind* | 1.454 | 1.497 | 1.438 | 0.059*** |
| | 收入差距 | *Gap* | 8.638 | 1.097 | 1.494 | −0.397*** |

注：***代表 1%的显著性水平。

### （二）研究方法选择及计量模型构建

延续前文的实证分析思路，为了研究欠发达地区不同贫困状态的分布状况，从而分析不同的要素在不同贫困状态上的边际贡献率，本研究以 Koenker 等于 1978 年提出的分位数回归法（quantile regression）为主要研究方法。

当解释变量为内生变量时，普通的分位数回归法无法有效解决内生性问题，从而难以准确地估计计量模型的相关参数。就本节的实证研究而言，考虑到欠发达地区县域金融资源注入与其农村贫困状态之间可能存在一定的反向因果关系，这将导致内生性问题的发生。有鉴于此，在本节的实证分析中，综合运用两阶段最小二乘法（2SLS）、工具变量分位数回归法（IVQR）实证检验欠发达地区农村金融减贫的财政政策协同整体效应以及分层差异。其中，在使用工具变量分位数回归分析时，所采用的是 Efron（1979）提出的自助重复抽样（Bootstrap）法，该方法主要用于计算协方差矩阵。为了增强统计推断的可信度，本文在对每个分位点进行回归时，均使用了 400 次 Bootstrap 法。

基于以上研究方法，本节构建了以下计量模型：

$$Pov=\beta_0+\beta_1 Finan+\beta_2 Fisc\times Finan+\theta T+\mu \qquad (6\text{-}1)$$

式中，$Pov$ 为农户的家庭人均可支配收入水平；$Finan$ 为欠发达地区金融资源注入；$Fisc\times Finan$ 为反映欠发达地区财政、金融政策减贫的协同效应的交互项；$T$ 为控制变量，涵盖欠发达地区基础设施建设、经济增长、产业结构、人力资本、收入差距等一系列变量，如表 6-1 所示；$\beta_0$ 为常数项，$\beta_1$、$\beta_2$、$\theta$ 为待估计参数；$\mu$ 为随机扰动项。

此外，在进行实证分析时候，均采用了稳健标准误，从而有效地避免异方差所导致的估计偏误。

在式（6-1）中，交互项 $Fisc\times Finan$ 的作用主要用于反映欠发达地区财政、金融政策减贫的协同效应，这一点可以通过对欠发达地区金融资源注入求一阶偏导得出，即

$$\frac{\partial Pov}{\partial Finan}=\beta_1+\beta_2\times Fisc \qquad (6\text{-}2)$$

式中，系数 $\beta_1$ 反映欠发达地区金融资源注入对农村贫困的影响，系数 $\beta_2$ 反映欠发达地区财政、金融政策减贫的协同效应。

当系数 $\beta_2$ 显著为正时，则表明欠发达地区财政、金融政策在减贫过程中实现了协同效应；当系数 $\beta_2$ 显著为负时，则意味着欠发达地区财政政策不仅未与金融政策实现有效协同，反而抑制了欠发达地区金融减贫功能的发挥。那么，财政、金融政策的减贫表现究竟如何？这将是本节实证分析所要揭示的现象。

### （三）内生性讨论及工具变量选取

#### 1. 内生性问题分析

在第四章实证分析的内生性问题讨论中，本研究详细分析了微观层面农户贫困状态与其金融资源获取之间的反向因果关系。类似地，从宏观层面来看，县域农村贫困状态与县域金融资源注入也可能存在一定的反向因果关系。具体而言，两者之间的反向因果关系可能表现为，一般而言，农村贫困状态越严重的县域地区，其经济发展水平往往处于滞后状态，而金融机构天生具有“嫌贫爱富”的本性，较高的风险及较低的收益将导致各大金融机构不愿意向经济发展滞后的欠发达地区投入大量的金融资源。事实上，这一现象在现实经济中也得到了充分的印证，即长期以来欠发达地区存在金融机构网点覆盖率偏低、信贷投入量不足等问题。由此可见，当贫困县域的农村贫困状态可能会在一定程度上导致该地区受到信贷资源配给，从而影响其金融资源注入的力度，即存在反向因果关系。内生性问题的存在将导致实证研究难以准确估计计量模型的相关参数。鉴于此，本研究将通过引入工具变量，尽可能地解决计量模型的内生性问题。

#### 2. 工具变量的选取

基于以上分析，本研究将选取合适工具变量，以尽量避免内生性问题对计量分析结果的影响。根据前文阐述的工具变量选择准则，即相关性与正交性[①]，同时考虑到宏观指标衡量的数据可获取性，借鉴已有研究的主流做法，本节将以滞后一期的欠发达地区金融机构人均贷款余额为工具变量，从理论上来看，该指标能够较好地解决本研究所面临的内生性问题。首先，欠发达地区滞后一期的金融机构人均贷款余额一般与当期的人均贷款余额具有一定的相关性，即满足工具变量的相关性条件；其次，欠发达地区当期的农村贫困状态必然无法影响到该地区滞后一期的金融机构人均贷款余额。由此可见，在宏观统计指标有限的条件下，本研究所选取的工具变量是较为理想的指标。

### （四）农村金融减贫的财政投入协同：总体效应

从表 6-3 的实证分析结果可以发现，列（1）作为基础的 OLS 估计，其研究结论表明，我国县域地区金融资源的注入能够有效减缓农村贫困，但交互项的系数却显著为负，即县域财政、金融政策尚未形成协同效应，甚至抑制了县域金融减贫功能的发挥。进一步地，考虑到计量模型可能存在的内生性问题，本研究以滞后一期的县域金融机构人均贷款余额作为工具变量，运用两阶段最小二乘法（2SLS）考察财政、金融政策协同的总体效应。

同时，考虑到我国幅员辽阔，不同地区之间的经济发展状况可能存在较大

① 该准则已在第四章详细论述，本章不再赘述。

的差距，因此，回归模型均控制了地区固定效应[①]，由此得到的列（2）能够较为科学地揭示财政、金融政策协同的总体效应。实证分析结果表明，我国县域地区金融资源注入能够有效减缓农村贫困状态，但县域财政的投入尚未与金融资源注入形成协同效应，甚至抑制了金融减贫效应的发挥。就本研究的目的，更为关心的是欠发达地区的发展状况。因此，列（3）与列（4）以两阶段最小二乘法（2SLS）对比分析了贫困县与非贫困县的差异。回归结果显示，尽管贫困县金融资源注入能够有效减缓农村贫困（系数为0.112，在1%的水平上显著），但相比非贫困县（系数为0.260，1%的水平上显著），其减贫效应依然十分有限。究其根源，我国的贫困县主要集中分布在中西部地区，其地理位置偏远、交通基础设施落后，即使有些地区的自然资源较为丰富，但区位条件的不利限制了欠发达地区生产要素的有效流动，这就导致金融资源无法被有效激活，难以实现有效的市场对接。同时，产业基础的薄弱也使得其无法吸收有效的技术及人才，金融资源无法发挥出应有的优势。此外，欠发达地区剩余困难人群的内在发展能力也明显不足（方迎风等，2013），主要表现为困难人群可能受到有效劳动力不足、人力资本低等多方面因素制约（王瑜等，2016），缺乏符合市场要求的基本素质，难以得到发展；相反地，非贫困县拥有更好的经济产业发展基础，这为金融扶贫奠定了扎实的基础性条件，具体表现为良好的外部经济环境能够为困难人群充分运用金融资源、进而摆脱贫困创造可能，这将在一定程度上激励金融机构的信贷资源投入，从而形成困难人群脱贫增收与金融机构可持续发展的良性循环。然而，从交互项的系数估计结果来看，无论是贫困县还是非贫困县，交互项的系数均显著为负，这表明现阶段我国在实现金融减缓农村贫困的过程中，财政政策尚未与之形成协同效应。从理论上看，财政政策作为政府重要的宏观调控手段，具有实现收入再分配、完善基础产业设施以及公共服务体系等重要功能，这能够有效弥补金融政策的不足，从而更好地发挥金融的减贫功能。然而，在现实经济生活中，一方面，出于绩效的考虑，地方政府更加注重所在地区的经济增长效应，导致地方政府的财政投入重点发生了偏移，并未真正地投入民生领域当中；另一方面，尽管中央政府大力推动各类财政扶贫项目，但“精英俘获”问题的存在导致大量财政扶贫项目发生了“目标偏移”（邢成举等，2013），低收入群体难以真正享受到国家层面的“善意”。这显然难以有效改善低收入群体的发展状况。正如前文所言，金融减贫效应的实现在于困难人群是否

① 本研究将我国划分为东部、中部和西部三大地带。其中，东部地区包括12个省份，分别是辽宁、北京、天津、河北、山东、江苏、上海、浙江、福建、广东、广西、海南；中部地区包括山西、内蒙古、吉林、黑龙江、安徽、江西、河南、湖北、湖南9个省份；西部地区指陕西、甘肃、青海、宁夏、新疆、四川、重庆、云南、贵州、西藏10个省份。

能够有效运用金融资源、实现较高回报的生产性活动。因此，如何优化既有财政投入体系、切实改善低收入群体的发展状况，是实现财政、金融政策协同的关键所在。

从相关控制变量来看，基础设施建设的系数显著为正，即基础设施的完善有助于农村贫困的减缓；经济增长的系数显著为正，表明现阶段我国县域经济增长具备“涓滴效应”，即“益贫式”增长；收入差距显著为负，贫富差距的扩大必然不利于低收入群体的发展，进而加剧了农村贫困的发生；而贫困县产业结构的系数不显著，表明产业结构的高级化尚未有利于农村贫困的减缓，这可能是由于在供给侧结构性改革的背景下，产业结构升级对低收入群体的就业造成了一定的冲击。

**表 6-3 财政、金融政策协同的总体效应：贫困县与非贫困县的比较**

| 变量类型 | 变量 | (1)<br>OLS | (2)<br>2SLS | (3)<br>2SLS<br>(贫困县) | (4)<br>2SLS<br>(非贫困县) |
|---|---|---|---|---|---|
| 核心解释变量 | *Finan* | 0.183***<br>(0.010) | 0.293***<br>(0.034) | 0.112***<br>(0.042) | 0.260***<br>(0.013) |
| | *Fisc*×*Finan* | −0.076***<br>(0.008) | −0.149***<br>(0.018) | −0.050**<br>(0.022) | −0.099***<br>(0.005) |
| 控制变量 | *Infra* | 0.026***<br>(0.009) | 0.042<br>(0.029) | 0.056<br>(0.037) | 0.056***<br>(0.022) |
| | *GDP* | 0.222***<br>(0.010) | 0.208***<br>(0.018) | 0.177***<br>(0.036) | 0.130***<br>(0.016) |
| | *Edu* | 0.023**<br>(0.010) | 0.027***<br>(0.007) | 0.028*<br>(0.015) | −0.007<br>(0.008) |
| | *Ind* | 0.017***<br>(0.004) | 0.009***<br>(0.002) | 0.001<br>(0.004) | 0.005**<br>(0.003) |
| | *Gap* | −0.354***<br>(0.006) | −0.348***<br>(0.014) | −0.316***<br>(0.021) | −0.330***<br>(0.003) |
| 地区固定效应 | | YES | YES | YES | YES |
| 样本量 | | 7 476 | 7 476 | 1 944 | 5 532 |

注：***、**、*分别代表1%、5%、10%的显著性水平。

### （五）农村金融减贫的财政投入协同：分层差异

本节在研究欠发达地区农村金融减贫的财政政策协同的分层差异时，运用了工具变量分位数回归法（IVQR）。在所给出的分位数回归结果中，为了更为全面地刻画欠发达地区农村贫困减缓决定因素的分位数回归结果，我们选取了 IVQR _ 10、IVQR _ 25、IVQR _ 50、IVQR _ 75、IVQR _ 90 这 5 个比较具有代表性的分位点，分别代表了低收入组、中低收入组、中等收入组、中高收入组及高收入组，从而便于研究不同收入水平的贫困县域之间的异质性，回归结果如表 6-4 所示。

（1）金融资源注入。

对于贫困县而言，*Finan* 变量在 IVQR _ 10、IVQR _ 25、IVQR _ 75 这 3 个分位点上的弹性系数均显著为正，但在 IVQR _ 50、IVQR _ 90 分位点的系数并不显著。这意味着对于部分贫困县域而言，其金融资源注入尚未能有效减缓贫困，这可能是由于部分欠发达地区缺乏有效的经济产业基础，困难农户的增收渠道十分有限，更多地仅能依赖传统的小农式生产，加之贫困农户自身的要素禀赋积累长期处于低水平状态，因病、因残等致贫问题十分突出，这直接制约了贫困农户脱贫增收；同时，金融市场的“精英俘获”问题也使得困难农户难以获取优惠性的金融资源（刘西川，2012；胡联等，2015），贫困农户依然面临着较为严重的金融排斥问题（王小华等，2014b），这导致金融资源的注入难以有效减缓部分欠发达地区的农村贫困。相比而言，深度贫困县域的金融减贫效应却更为明显，这可能是由于现阶段随着脱贫攻坚战役的不断推进，欠发达地区（IVQR _ 10、IVQR _ 25）是实现全面脱贫目标的主战场，在政府各类特惠政策的扶持下，有利于具备自我发展能力的困难人群通过金融资源实现脱贫增收。对于非贫困县而言，*Finan* 变量在 IVQR _ 10、IVQR _ 25、IVQR _ 50、IVQR _ 75、IVQR _ 90 这 5 个分位点上的弹性系数均显著为正，且各分位点上的系数均大于贫困县，表明非贫困县金融资源注入充分发挥了减缓农村贫困的作用，这可能是由于非贫困县具有较好的经济产业发展基础，能够为困难人群发展生产提供有效的市场对接，从而创造良好的金融扶贫基础。从群体的内部异质性来看，除了高收入组（IVQR _ 90）之外，其余分位点随着分位数的条件分布不断提升，其影响系数也不断变大，这意味着县域的收入层次越高，金融的减贫增收效应越明显。究其根源，收入层次较高的县域往往分布在沿海经济实力较强的地区，无论是外部发展环境还是低收入群体的自我发展能力，均明显优于较低收入层次的县域地区，因而能够更好地运用金融资源实现脱贫增收。

（2）交互项。

从表 6-4 的回归结果可以发现，深度贫困县（IVQR _ 10、IVQR _ 25）的交互项系数的弹性系数均显著为负，这意味着深度贫困县在金融减贫过程中，财政政策尚未与金融政策形成协同效应。从群体的内部异质性来看，随着分位数的条件分布不断提升，交互项的系数由显著为负转变成显著为正，且影响系数不断增大，这意味着贫困程度越深的县域，财政政策对金融减贫效应的抑制作用越大。这可能是由于以下两个方面的原因所导致：

①对于贫困程度较深的县域，经济发展实力往往较弱，可支配的财政资金自然也就十分有限，在地方政府绩效考核的压力下，能力较高的地方干部往往倾向于选择更容易展示自我能力的“经济性支出”（张牧扬，2013）；对于教育、医疗等领域的人力资本投资，由于其所带来的经济增长效应弱于实物资本的投资，因而导致地方政府的投资意愿较弱（郭庆旺和贾俊雪，2006），这显然不利于改善低收入群体的人力资本状况，甚至恶化城乡之间的收入差距。

②目前我国正处于决胜全面建成小康社会的关键时期，贫困程度较深的县域是中央政府财政投入的重点，大量财政扶贫项目源源不断地输送到较为贫困的县域地区，然而，正如胡联等（2017）的研究所指出，“精英俘获”问题依然泛滥于精准扶贫政策的实施当中，大量扶贫资源被乡村精英所俘获；财政扶贫项目作为政府重要的扶贫手段，其经济利益十分可观，而“精英俘获”问题的存在导致财政扶贫项目发生严重的“目标偏移”（邢成举等，2013），即受益的并非困难人群，这可能导致村庄内部贫富差距的扩大与社会不平等结构的产生（邢成举，2015）。当政府的公共财政无法发挥其应有的作用时，金融借贷资金将被大量用于非生产性支出（谢平等，2006），如医疗、教育等方面，这直接挤占了金融资源的减贫增收效应，那么贷款质量低的问题也就难以避免。因此，政府应注重欠发达地区财政投入体系的优化以及制定合理的监督机制，从而有利于欠发达地区金融市场的可持续发展，实现财政、金融政策减贫的协同效应。此外，非贫困县的交互系数也显著为负。

**表 6-4　财政、金融政策协同的分层差异：贫困县与非贫困县的比较**

| 变量类型 | 变量 | 样本 | IVQR_10 | IVQR_25 | IVQR_50 | IVQR_75 | IVQR_90 |
|---|---|---|---|---|---|---|---|
| 核心解释变量 | *Finan* | 贫困县 | 0.060*** | 0.060*** | −0.038 | 0.018*** | −0.006 |
| | | | (0.023) | (0.012) | (0.033) | (0.005) | (0.012) |
| | | 非贫困县 | 0.186*** | 0.240*** | 0.252*** | 0.291*** | 0.266*** |
| | | | (0.042) | (0.006) | (0.019) | (0.015) | (0.013) |
| | *Fisc*×*Finan* | 贫困县 | −0.059*** | −0.091*** | 0.043** | 0.005 | 0.174*** |
| | | | (0.015) | (0.009) | (0.017) | (0.007) | (0.012) |
| | | 非贫困县 | −0.097** | −0.131*** | −0.121*** | −0.162*** | −0.006 |
| | | | (0.040) | (0.005) | (0.024) | (0.029) | (0.014) |

（续）

| 变量类型 | 变量 | 样本 | IVQR_10 | IVQR_25 | IVQR_50 | IVQR_75 | IVQR_90 |
|---|---|---|---|---|---|---|---|
| 控制变量 | *Infra* | 贫困县 | −0.043 | 0.116*** | −0.028*** | 0.033*** | −0.050* |
| | | | (0.028) | (0.005) | (0.009) | (0.009) | (0.028) |
| | | 非贫困县 | 0.116*** | 0.016*** | 0.064** | 0.057*** | −0.034 |
| | | | (0.032) | (0.001) | (0.030) | (0.010) | (0.021) |
| | *GDP* | 贫困县 | 0.456*** | 0.160*** | 0.173*** | 0.064*** | −0.142*** |
| | | | (0.043) | (0.008) | (0.012) | (0.011) | (0.027) |
| | | 非贫困县 | 0.277*** | 0.206*** | 0.147*** | 0.181*** | 0.148*** |
| | | | (0.009) | (0.015) | (0.020) | (0.026) | (0.021) |
| | *Edu* | 贫困县 | 0.046* | 0.105*** | 0.004 | 0.053*** | 0.055*** |
| | | | (0.026) | (0.006) | (0.007) | (0.007) | (0.017) |
| | | 非贫困县 | 0.072 | −0.000 | −0.015 | 0.031*** | 0.162*** |
| | | | (0.052) | (0.014) | (0.010) | (0.009) | (0.025) |
| | *Ind* | 贫困县 | 0.006 | 0.004 | 0.005** | 0.000 | −0.001 |
| | | | (0.004) | (0.003) | (0.002) | (0.003) | (0.003) |
| | | 非贫困县 | 0.017** | −0.012*** | 0.014*** | 0.017** | 0.066*** |
| | | | (0.008) | (0.001) | (0.003) | (0.008) | (0.010) |
| | *Gap* | 贫困县 | −0.110*** | −0.251*** | −0.336*** | −0.433*** | −0.533*** |
| | | | (0.017) | (0.003) | (0.014) | (0.005) | (0.006) |
| | | 非贫困县 | −0.249*** | −0.306*** | −0.331*** | −0.366*** | −0.485*** |
| | | | (0.012) | (0.003) | (0.006) | (0.009) | (0.011) |
| 地区固定效应 | | 全体样本 | YES | YES | YES | YES | YES |

注：***、**、* 分别代表1%、5%、10%的显著性水平。

（3）控制变量。

相比贫困县而言，非贫困县的基础设施建设更有利于农村贫困的减缓，这表明对于欠发达地区而言，在基础设施的完善过程中，应注重其“益贫性”；经济增长的估计系数在贫困县和非贫困县均显著为正，并且随着条件分布的不断提升，该系数呈现递减态势，表明经济增长对欠发达地区具备积极的减贫效应，能够有利于低收入群体实现脱贫增收；贫困县人力资本的系数基本都显著为正，这表明欠发达地区人力资本培育是减缓其农村贫困的有效渠道；贫困县的产业结构的估计系数并不显著，而非贫困县的产业结构的估计系数则显著为正，这可能是由于在较为贫困的县域地区，困难人群的发展能力十分有限，难以有效参与到较高层次的产业当中，加之外部经济环境的冲击，最终导致贫困县的产业结构不利于欠发达地区农村贫困的减缓；收入差距的估计系数在贫困县和非贫困县均显著为负，并且随着条件分布的不断提升，该抑制作用呈现逐渐增强的趋势，这表明贫富差距的扩大十分不利于困难人群的发展，尤其是对于欠发达地区而言，这一抑制作用更为明显。

## 二、中国特色金融扶贫的产业发展协同效应测度

前文从县域公共财政投入的视角研究了欠发达地区农村财政、金融政策减贫的协同效应，本研究结论表明，财政、金融政策尚未实现有效协同。接下来，本节将从三次产业发展的视角进一步分析欠发达地区农村金融减贫的产业发展协同效应。

### （一）研究变量的选取与说明

本节的研究目的主要是基于我国县域层面的面板数据，分析欠发达地区农村金融减贫的产业发展协同效应。为此，本节设置了如下核心变量以及相关控制变量，并对研究所涉及的变量进行描述性统计分析。

（1）被解释变量：县域农村贫困状态。

延续前文的实证分析思路，本节将借鉴已有研究的做法（王小华等，2014a，2014b；朱一鸣等，2017），以县域农村居民人均可支配收入来衡量县域农村贫困状态。

（2）门槛依赖变量：金融资源注入。

囿于宏观层面统计数据的可得性，无法获取非正规金融维度的数据，因此，本章的实证研究将主要着眼于正规金融。具体而言，本章将以贫困县的县域金融机构人均贷款余额来衡量欠发达地区金融资源的注入。

（3）门槛变量：产业结构。

不同类型的产业之间存在较大差距，为了深入剖析欠发达地区农村金融减贫的产业发展协同效应，本研究将分别考察三次产业的发展状况对欠发达地区农村金融减贫效应的影响。具体而言，门槛变量包括三个维度，即第一产业、第二产业以及第三产业，分别以贫困县的第一、第二、第三产业增加值占县域地区生产总值的比重衡量。

（4）控制变量。

由于影响农村贫困状态的因素十分复杂，如何有效控制其他因素的影响，对于准确测度欠发达地区农村金融减贫效应十分关键。因此，本节在借鉴已有研究思路的基础上，引入了部分控制变量，具体包括：基础设施建设（$Infra$），该指标以县域人均固定资产投入衡量；经济增长（$GDP$），该指标以县域人均 GDP 衡量；人力资本（$Edu$），该指标以县域每万人普通中学在校

学生数衡量；收入差距（*Gap*），该指标以县域城镇居民可支配收入与农村居民纯收入之比衡量；财政投入（*Fisc*），该指标以县域公共财政支出与总人口的比值衡量。本节实证分析涉及的各变量及衡量如表6-5所示，此外，本研究所涉及的所有变量均采用对数化处理。

**表6-5 各变量的选取及度量**

| 变量类型 | 变量名称 | 维度 | 变量符号 | 变量的衡量说明及赋值 |
| --- | --- | --- | --- | --- |
| 被解释变量 | 县域农村贫困状态 | | *Pov* | 县域农村居民人均可支配收入（元） |
| 门槛依赖变量 | 金融资源注入 | | *Finan* | 县域金融机构人均贷款余额（元） |
| 门槛变量 | 产业结构 | 第一产业 | $Thre_1$ | 县域第一产业增加值占县域地区生产总值的比重（%） |
| | | 第二产业 | $Thre_2$ | 县域第二产业增加值占县域地区生产总值的比重（%） |
| | | 第三产业 | $Thre_3$ | 县域第三产业增加值占县域地区生产总值的比重（%） |
| 控制变量 | 基础设施建设 | | *Infra* | 县域人均固定资产投入（元） |
| | 经济增长 | | *GDP* | 县域人均地区生产总值（元） |
| | 人力资本 | | *Edu* | 县域每万人普通中学在校学生数 |
| | 收入差距 | | *Gap* | 县域城镇居民可支配收入与农村居民纯收入之比 |
| | 财政投入 | | *Fisc* | 县域人均公共财政支出（元） |

## （二）研究方法选择及计量模型构建

在实证分析当中，我们通常关心的是所得到的系数估计值是否稳定，即当样本被划分为多个子样本时，对其分别进行回归，所得到的估计系数是否会发生变化。为了解决这一问题，一种简单的做法是采取分组检验法，即主观地确定某一门槛值，根据这一门槛值将样本划分为多个子样本。但这一方法的主要缺陷在于主观随意性太大，难以科学地确定划分标准，也未对门槛值的显著性进行统计检验。显然，这种方法所得到的估计结果并不可靠。基于已有研究方法的缺陷，Hansen（1999）提出了门槛回归（threshold regression），该方法基于渐进分布理论，建立了估计参数的置信区间，并通过Bootstrap法从统计上检验门槛值的显著性，能够有效弥补既有研究方法的不足。因此，本节将运用面板门槛回归方法来检验欠发达地区农村金融减贫的产业结构门槛效应。

基于截面门槛回归方法，本节建立了如下计量模型[①]：

① 该计量模型仅为简单的一重门槛回归模型，在本研究的实证分析中还会考虑双重门槛和三重门槛效应。

$$Pov = \beta_0 + \beta_1 Finan \cdot \boldsymbol{I}\ (Thre \leqslant \xi) + \beta_2 Finan \cdot \boldsymbol{I}\ (Thre > \xi) + \theta T + \mu \tag{6-3}$$

式中，$Thre$ 为门槛变量，即表 6－5 所列示的三次产业结构；$\xi$ 为待估算的门槛值；$\boldsymbol{I}$ 为示性函数，即当括号内的表达式为真时，赋值为 1，反之则赋值为 0。因此，接下来将以式（6-3）为基础计量模型，实证检验产业结构的门槛效应。

### （三）农村金融减贫的产业结构门槛效应：第一产业

在运用面板门槛回归模型之前，首先应检验门槛效应的存在性，从而确定门槛变量的门槛个数、门槛估计值及其所对应的计量模型的形式。为此，本节运用计量分析软件依次估计了门槛变量的各重门槛效应，并以 Bootstrap 法（300 次）获得 $F$ 统计量及其所对应的 $p$ 值，最终得到了欠发达地区第一产业的门槛效应检验结果。同时，延续上文研究思路，我们也对比分析了非贫困县的差异，具体如表 6-6 所示。

首先，从贫困县第一产业的门槛检验结果来看，第一产业变量在 1%的显著性水平上通过了单一门槛检验，所对应的第一重门槛估计值为 0.414，但未通过双重门槛检验（$p$ 值为 0.103），即贫困县第一产业的门槛效应为单重门槛；其次，从非贫困县第一产业的门槛检验结果来看，第一产业变量在 1%的显著性水平上通过了单一门槛检验，对应的第一重门槛估计值为 0.285，但未通过双重门槛检验（$p$ 值为 0.223），即非贫困县第一产业的门槛效应也为单重门槛。

此外，本文也使用了似然比函数图对第一产业的门槛效应检验结果进行说明。在图 6-1 中，贫困县第一产业的门槛估计值是当 $LR$ 值（似然比统计量）等于 0 时，所对应的门槛变量（$Thre_1$）的取值，其第一重门槛估计值为 0.414。类似地，从图 6-2 中可以发现，非贫困县第一产业的第一重门槛估计值为 0.285。

**表 6-6　第一产业的门槛效应检验结果**

| 门槛模型 | 贫困县 | | | 非贫困县 | | |
|---|---|---|---|---|---|---|
| | $F$ 值 | $p$ 值 | 门槛估计值 | $F$ 值 | $p$ 值 | 门槛估计值 |
| 单一门槛 | 27.31 | 0.006 | 0.414*** | 40.55 | 0.000 | 0.285*** |
| 双重门槛 | 17.40 | 0.103 | | 13.45 | 0.223 | |

注：***代表 1%的显著性水平。

接下来，本文将以式（6-3）为基础计量模型，运用面板门槛回归方法实证检验贫困县农村金融减贫的第一产业门的槛效应，实证分析结果如表 6-7 所示。从回归结果可以发现，在第一产业不同的发展条件下，欠发达地区农村金

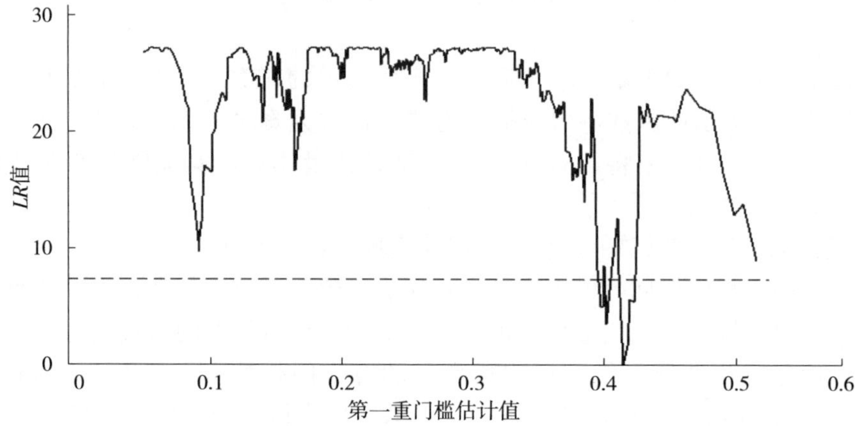


图 6-1　贫困县第一产业的门槛估计值

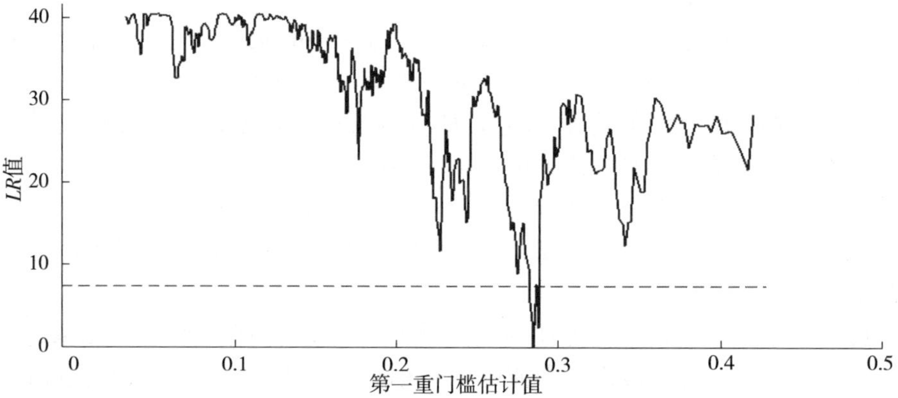


图 6-2　非贫困县第一产业的门槛估计值

融减贫效应呈现出复杂的非线性关系。具体而言，当第一产业的门槛估计值低于第一重门槛估计值 0.414 时，即第一产业增加值占地区生产总值的比重低于 41.4%时，欠发达地区农村金融的系数为 0.020，但不显著；当第一产业的门槛估计值高于第一重门槛估计值 0.414 时，即第一产业增加值占地区生产总值的比重高于 41.4%时，欠发达地区农村金融的系数下降为 0.018，但其减贫效应依然不显著。可见，随着第一产业增加值占地区生产总值比重的不断上升，欠发达地区农村金融越难以发挥出其减贫效应。究其根源，现阶段我国的欠发达地区主要集中分布在地理位置较为偏远的中西部山区，其农业发展依然处于传统的小农生产模式。一方面，欠发达地区农村优质劳动力的大量外流导致其农业生产缺乏有效的农业劳动力；另一方面，地理位置的偏远直接导致欠发达地区难以进行有效的市场对接。在这两方面因素的综合作用下，欠发达地区农业生产更多地处于自给自足的状态，因而第一产业占比越高的欠发达地区，其金融减贫效应越难以显现。该实证结果揭示了滞后的农业产业难以为欠发达地区金融减贫增收提供有效的产业基础，进而无法有效减缓农村贫困。

相比而言，非贫困县农村金融减贫的第一产业的门槛效应与贫困县存在显著差异。从表 6-7 的回归结果可以发现，当第一产业的门槛估计值低于第一重门槛估计值 0.285 时，即第一产业增加值占地区生产总值的比重低于 28.5%时，较发达地区农村金融显著地减缓了农村贫困的发生（0.023），且在 1%的水平上显著；当第一产业的门槛估计值高于第一重门槛估计值 0.285 时，即第一产业增加值占地区生产总值的比重高于 28.5%时，较发达地区农村金融减贫效应上升至 0.031，且在 1%的水平上显著。可见，随着第一产业增加值占地区生产总值比重的不断上升，较发达地区农村金融减贫效应得到了一定的提升。这可能是由于近年来随着新型农业经营主体的培育以及农村土地流转政策的推进，较发达地区的农业发展正逐步向现代化农业发展模式迈进，进而实现了农业发展与农村贫困减缓的协同。

通过以上欠发达地区与较发达地区的对比可以发现，两者的第一产业协同效应存在显著差异，即欠发达地区的第一产业发展不利于农村金融减贫效应的发挥，而较发达地区的第一产业发展则实现了有效协同。由此可以看出，欠发达地区农村金融减贫的第一产业发展协同效应尚未形成，亟待加快依托欠发达地区自身的特色资源禀赋，培育特色农业的发展，提高农业生产的附加值，形成特色农业效益，从而为金融减贫增收效应的发挥创造有效的第一产业基础。

**表 6-7　农村金融减贫的第一产业的门槛效应：贫困县与非贫困县的比较**

| 地区 | 门槛区间 | 估计系数 | 标准误差 | $p$ 值 | 控制变量 |
|---|---|---|---|---|---|
| 贫困县 | $Finan$（$Thre_1 \leq 0.414$） | 0.020 | 0.028 | 0.918 | YES |
| | $Finan$（$Thre_1 > 0.414$） | 0.018 | 0.029 | 0.530 | |
| 非贫困县 | $Finan$（$Thre_1 \leq 0.285$） | 0.023*** | 0.008 | 0.004 | YES |
| | $Finan$（$Thre_1 > 0.285$） | 0.031*** | 0.008 | 0.000 | |

注：***代表 1%的显著性水平。

### （四）农村金融减贫的产业结构门槛效应：第二产业

表 6-8 为第二产业的门槛效应的检验结果。从贫困县第二产业的门槛检验结果来看，第二产业在 1%的显著性水平上通过了单一门槛及双重门槛检验，所对应的第一重和第二重门槛估计值分别为 0.304 和 0.367，但未通过三重门槛检验（$p$ 值为 0.720），即贫困县第二产业的门槛效应为双重门槛。从非贫困县第二产业的门槛检验结果来看，非贫困县第二产业在 1%的显著性水平上

通过了单一门槛检验，对应的第一重门槛估计值为 0.190，但未通过双重门槛检验（$p$ 值为 0.113），即非贫困县第二产业的门槛效应为单一门槛。

**表 6-8　第二产业的门槛效应检验结果**

| 门槛模型 | 贫困县 | | | 非贫困县 | | |
|---|---|---|---|---|---|---|
| | $F$ 值 | $p$ 值 | 门槛估计值 | $F$ 值 | $p$ 值 | 门槛估计值 |
| 单一门槛 | 55.89 | 0.000 | 0.304*** | 46.94 | 0.000 | 0.190*** |
| 双重门槛 | 35.31 | 0.000 | 0.367*** | 15.63 | 0.113 | — |
| 三重门槛 | 11.96 | 0.720 | — | — | — | — |

注：***代表 1%的显著性水平。

此外，本文也使用了似然比函数图对第二产业的门槛效应检验结果进行说明。在图 6-3 中，贫困县第二产业的门槛估计值是当 $LR$ 值（似然比统计量）等于 0 时，所对应的门槛变量（$Thre_2$）的取值，其第一重门槛估计值为 0.304，第二重门槛估计值为 0.367。类似地，从图 6-4 中可以发现，非贫困县第二产业的第一重门槛估计值为 0.190。

贫困县金融减贫的第二产业的门槛效应实证分析结果如表 6-9 所示。从回归结果可以发现，当第二产业的门槛估计值低于第一重门槛估计值 0.304 时，即第二产业增加值占地区生产总值的比重低于 30.4%时，欠发达地区农村金融的系数为 0.003，但不显著；当第二产业的门槛估计值高于第一重门槛估计值 0.304 且低于第二重门槛估计值 0.367 时，即第二产业增加值占地区生产总

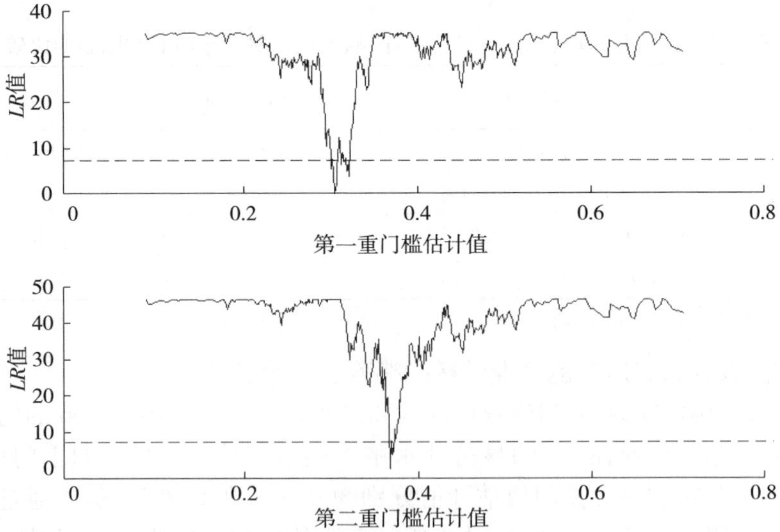


图 6-3　贫困县第二产业的门槛估计值

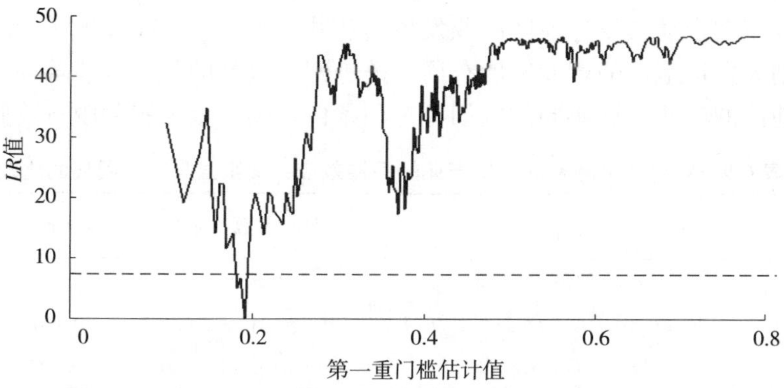


图 6-4　非贫困县第二产业的门槛估计值

值的比重高于 30.4%且低于 36.7%时，欠发达地区农村金融减贫效应的系数转变为负（−0.012），但不显著；当第二产业的门槛估计值大于第二重门槛估计值 0.367 时，此时农村金融的系数进一步下降为−0.029。可见，随着欠发达地区第二产业比重的不断上升，农村金融对农村贫困的减缓作用不断下降，甚至出现了微弱的加剧贫困的作用，这表明欠发达地区第二产业的发展不利于农村金融减贫效应的发挥。该现象的原因可能是由于受欠发达地区的内外部发展条件所限，例如经济发展条件较差，难以吸引资金、技术以及人才等生产要素，或者困难人群的人力资本积累不足等，导致欠发达地区产业发展质量较差，加之困难人群自身劳动技能的匮乏（韩佳丽等，2017），进而无法有效发挥欠发达地区农村金融减贫的第二产业发展协同效应。

从表 6-9 的回归结果可以发现，在第二产业不同的发展条件下，非贫困县农村金融减贫的第二产业的门槛效应表现为复杂的非线性关系。具体而言，当第二产业的门槛估计值低于第一重门槛估计值 0.190 时，即第二产业增加值占地区生产总值的比重低于 19.0%时，较发达地区农村金融有效地减缓了农村贫困；当第二产业的门槛估计值高于第一重门槛估计值 0.190 时，即第二产业增加值占地区生产总值的比重高于 19.0%时，较发达地区农村金融依然显著地减缓了农村贫困，但作用略微下降。由此可见，较发达地区第二产业发展有助于农村金融减贫效应的发挥，但随着第二产业增加值占地区生产总值比重的不断上升，较发达地区农村金融减贫效应略微下降。这可能是由于在供给侧结构性改革的推动下，第二产业的就业技能需求有所上升，导致部分困难人群难以适应就业市场需求的变化（韩佳丽等，2018）。

通过以上欠发达地区与较发达地区的对比可以发现，较发达地区第二产业的发展更有利于农村金融减贫效应的发挥，但应注重第二产业发展的合理化，实现产业发展的“益贫性”，充分发挥出第二产业发展与农村金融减贫的协同效应。而欠发达地区第二产业的发展则未能与农村金融减贫实现有效协同，这就需要政府在推动欠发达地区产业发展过程中，给予更多特惠性的政策措施，合理规划欠发达地区的产业发展布局，推进困难人群的就业技能培训，从而为欠发达地区的产业发展协同效应创造有利条件，助推金融服务脱贫攻坚。

**表 6-9　农村金融减贫的第二产业的门槛效应：贫困县与非贫困县的比较**

| 地区 | 门槛区间 | 估计系数 | 标准误差 | $p$ 值 | 控制变量 |
|---|---|---|---|---|---|
| 贫困县 | $Finan$（$Thre_2 \leqslant 0.304$） | 0.003 | 0.028 | 0.887 | YES |
| | $Finan$（$0.304 < Thre_2 \leqslant 0.367$） | −0.012 | 0.028 | 0.667 | |
| | $Finan$（$Thre_2 > 0.367$） | −0.029 | 0.028 | 0.297 | |
| 非贫困县 | $Finan$（$Thre_2 \leqslant 0.190$） | 0.038*** | 0.008 | 0.000 | YES |
| | $Finan$（$Thre_2 > 0.190$） | 0.025*** | 0.008 | 0.002 | |

注：***代表 1%的显著性水平。

## （五）农村金融减贫的产业结构门槛效应：第三产业

表 6-10 为第三产业的门槛效应检验结果。从贫困县第三产业的门槛检验结果来看，第三产业分别在 1%、5%的显著性水平上通过了单一门槛和双重门槛检验，所对应的第一重、第二重门槛估计值分别为 0.285 和 0.418，但未通过三重门槛检验（$p$ 值为 0.180），即贫困县第三产业的门槛效应为双重门槛。从非贫困县第三产业的门槛检验结果来看，其第三产业分别在 1%、5%的显著性水平上通过了单一门槛和双重门槛检验，对应的第一重、第二重门槛估计值分别为 0.283 和 0.535，但未通过三重门槛检验（$p$ 值为 0.143），即非贫困县第三产业的门槛效应也为双重门槛。

**表 6-10　第三产业的门槛效应检验结果**

| 门槛模型 | 贫困县 | | | 非贫困县 | | |
|---|---|---|---|---|---|---|
| | $F$ 值 | $p$ 值 | 门槛估计值 | $F$ 值 | $p$ 值 | 门槛估计值 |
| 单一门槛 | 25.70 | 0.010 | 0.285*** | 31.38 | 0.003 | 0.283*** |
| 双重门槛 | 20.27 | 0.023 | 0.418** | 23.34 | 0.013 | 0.535** |
| 三重门槛 | 15.95 | 0.180 | — | 12.18 | 0.143 | — |

注：***、**分别代表 1%、5%的显著性水平。

此外，本文也使用了似然比函数图对第三产业的门槛效应检验结果进行说明。在图 6-5 中，贫困县第三产业的门槛估计值是当 $LR$ 值（似然比统计量）等于 0 时，所对应的门槛变量（$Thre_3$）的取值，其第一重门槛估计值为 0.285，第二重门槛估计值为 0.418。类似地，从图 6-6 中可以发现，非贫困县第三产业的第一重、第二重门槛估计值分别为 0.283 与 0.535。

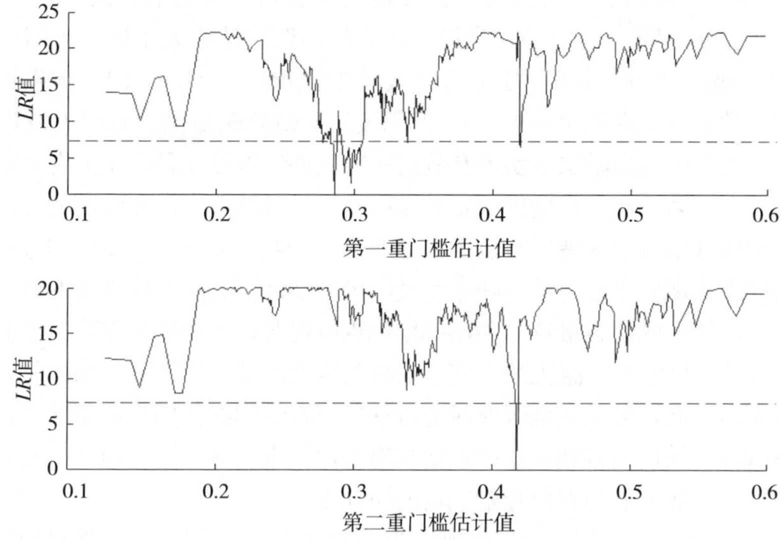


图 6-5　贫困县第三产业的门槛估计值

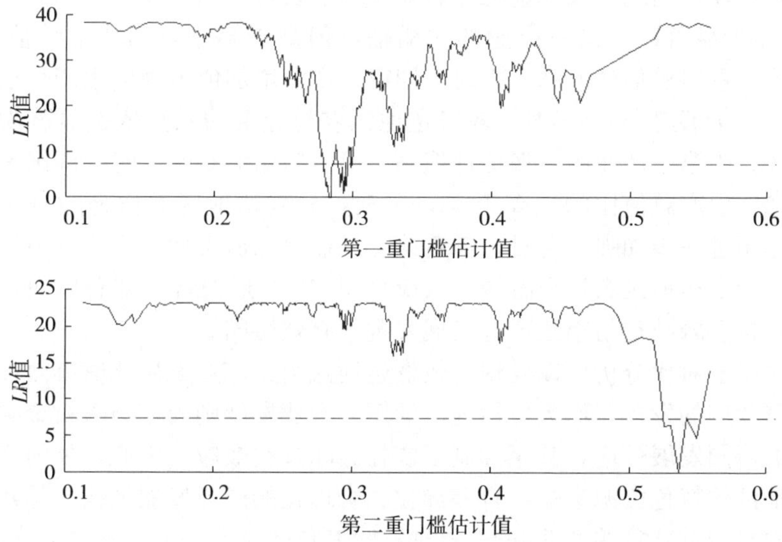


图 6-6　非贫困县第三产业的门槛估计值

贫困县农村金融减贫的第三产业的门槛效应实证分析结果如表 6-11 所示。当第三产业的门槛估计值低于第一重门槛估计值 0.285 时，即第三产业增加值占地区生产总值的比重低于 28.5%时，欠发达地区农村金融加剧了农村贫困的发生（−0.022)，但不显著；当第三产业的门槛估计值高于第一重门槛估计值 0.285，且低于第二重门槛估计值 0.418 时，即第三产业增加值占地区生产总值比重高于28.5%且低于41.8%时，欠发达地区农村金融对农村贫困的作用依然不显著，但系数下降为−0.013；当第三产业的门槛估计值大于第二重门槛估计值0.418时，即第三产业增加值占地区生产总值的比重高于41.8%时，欠发达地区农村金融的系数进一步降低至−0.003，但仍无法有效减缓贫困。为何欠发达地区第三产业的发展无法与金融扶贫实现有效的协同发展？这可能是由于欠发达地区经济发展实力较弱，第三产业长期处于发展滞后状态。虽然近年来在政府的推动下，许多欠发达地区开始着力发展以旅游为主导的第三产业，但是，在发展的过程中，产业发展的同质化现象十分严重，缺乏发展的可持续性，无法形成有效的第三产业发展规模，欠发达地区的金融资源利用效率也难以提升，进而导致在第三产业发展过程中，欠发达地区农村金融无法有利于农村贫困的减缓。但需要指出的是，随着第三产业的不断发展，欠发达地区农村金融加剧农村贫困的作用在不断减弱，即农村金融减贫效应开始逐渐显现，这就需要政府部门科学引导欠发达地区产业发展，充分发挥出第三产业发展与农村金融减贫的协同效应。

从表6-11的回归结果可以发现，当非贫困县第三产业的门槛估计值低于第一重门槛估计值0.283时，即第三产业增加值占地区生产总值的比重低于28.3%时，较发达地区农村金融显著地减缓了农村贫困的发生（0.030），且在1%的水平上显著；当第三产业的门槛估计值高于第一重门槛估计值0.283，且低于第二重门槛估计值0.535时，即第三产业增加值占地区生产总值的比重高于28.3%且低于53.5%时，较发达地区农村金融的系数依然显著为正，但略微下降；当第三产业的门槛估计值高于第二门槛值0.535时，即第三产业增加值占地区生产总值比的重高于53.5%时，较发达地区农村金融对农村贫困的减缓作用进一步加强。可见，随着第三产业增加值占地区生产总值比重的不断上升，较发达地区农村金融减贫效应呈现“U”形态势，即总体而言，较发达地区农村金融减贫与第三产业发展实现了有效协同。

通过以上对比分析可以发现，较发达地区第三产业发展能够有效促进农村金融减贫效应的发挥，而欠发达地区的第三产业发展则尚未与农村金融减贫形成有效的协同发展效应，甚至抑制了农村金融减贫效应。因此，如何充分运用欠发达地区的特色资源禀赋培育差异化、合理化的产业发展结构，是实现欠发达地区农村金融减贫的产业基础条件的关键所在。

**表6-11　农村金融减贫的第三产业的门槛效应：贫困县与非贫困县的比较**

| 地区 | 门槛区间 | 估计系数 | 标准误差 | $p$ 值 | 控制变量 |
|---|---|---|---|---|---|
| 贫困县 | $Finan$（$Thre_3 \leq 0.285$） | −0.022 | 0.028 | 0.426 | YES |
| | $Finan$（$0.285 < Thre_3 \leq 0.418$） | −0.013 | 0.028 | 0.631 | |
| | $Finan$（$Thre_3 > 0.418$） | −0.003 | 0.028 | 0.900 | |

（续）

| 地区 | 门槛区间 | 估计系数 | 标准误差 | $p$ 值 | 控制变量 |
| --- | --- | --- | --- | --- | --- |
| 非贫困县 | $Finan$（$Thre_3 \leqslant 0.283$） | 0.030*** | 0.008 | 0.000 | YES |
| | $Finan$（$0.283 < Thre_3 \leqslant 0.535$） | 0.024*** | 0.008 | 0.003 | |
| | $Finan$（$Thre_3 > 0.535$） | 0.034*** | 0.008 | 0.000 | |

注：***代表1%的显著性水平。

## 三、本章小结

本章基于我国欠发达地区县域面板数据，从政策协同效应的视角分析了欠发达地区农村金融减贫效应发挥的财政政策协同与产业发展协同。首先，本研究运用两阶段最小二乘法（2SLS）及工具变量分位数回归法（IVQR），通过交互项的形式分析了欠发达地区农村金融减贫的财政政策协同效应，能够充分考察财政政策协同效应的整体效应与分层差异；其次，本研究以面板门槛回归方法分析了欠发达地区农村金融减贫的产业协同发展效应，重点探讨了欠发达地区三次产业结构的门槛效应。同时，在以上的实证分析中，本研究也以比较分析的视角对比了欠发达地区与较发达地区之间政策协同效应的差异性，这有助于我们厘清不同要素禀赋的地区之间的区别。通过以上实证分析，本章的主要研究结论如下：

（1）现阶段农村金融减贫尚未与财政政策形成协同效应，且这一现象在不同贫困程度的欠发达地区呈现出明显的异质性特征。

财政政策作为政府重要的宏观调控手段，具有实现收入再分配、完善基础产业设施和公共服务体系等重要功能，这能够有效弥补金融政策的不足，从而更好地发挥金融的减贫功能。但由于地方政府财政支出结构不合理、财政扶贫项目的“精英俘获”等问题，低收入群体难以真正享受到国家层面的“善意”，进而导致财政、金融政策难以有效协同减贫。从内部异质性来看，随着分位数的条件分布不断提升，交互项的系数由显著为负转变成显著为正，且影响系数不断增大，即贫困程度越深的县域，财政政策对金融减贫效应的抑制作用越大。因此，在我国的脱贫攻坚决胜阶段，欠发达地区是未来的工作重点，必须注重欠发达地区财政投入体系的优化以及制定合理的监督机制，从而有利于欠发达地区金融市场的可持续发展，实现财政、金融政策减贫的协同效应。

（2）不同产业的发展与农村金融减贫之间的协同效应存在一定差异，但总体而言，两者之间的协同效应较弱，尚未充分发挥产业发展的协同优势。

毋庸置疑，欠发达地区农村金融减贫效应的发挥离不开有效的产业发展基础，这就需要充分实现欠发达地区产业发展与农村金融减贫之间的协同性。从欠发达地区的现状来看，首先，随着第一产业增加值占地区生产总值比重的不断上升，欠发达地区农村金融越来越难以发挥其减贫效应；其次，欠发达地区第二产业的发展不利于农村金融减贫效应的发挥；最后，欠发达地区的第三产业发展尚未与农村金融减贫形成有效的协同效应，但随着第三产业的发展，农村金融减贫效应在逐渐显现。可见，欠发达地区农村金融减贫的产业发展协同效应有待进一步提升。因此，必须充分运用欠发达地区的特色资源禀赋，加快培育差异化、合理化的产业发展结构。

（3）比较分析的结果表明，欠发达地区与较发达地区的政策协同效应存在一定差异。

首先，在金融减贫效应方面，无论是整体效应还是分层差异，较发达地区农村金融的减贫效应要明显高于欠发达地区；其次，在政策协同效应方面，与欠发达地区一样，较发达地区的财政政策尚未与农村金融减贫形成协同效应；最后，在产业发展协同方面，相比欠发达地区而言，较发达地区的产业发展与农村金融减贫实现了有效协同。

# 7

# 第七章

# 制度创新与政策保障

基于既有文献与经典理论，本研究界定了欠发达地区、农村贫困、减贫效应的概念范畴，由此展开了农村金融减缓农村贫困的作用机理分析，并提出了欠发达地区农村金融减贫效应的测度框架与方法体系，这为欠发达地区农村金融减贫效应测度提供了扎实的理论基础与分析工具。本研究首先通过描述性统计分析方法研究了欠发达地区现有的各方面要素条件，厘清了欠发达地区农村金融减贫的现状与存在的问题。其次，在实证研究部分，以 IV-Probit 模型测度了欠发达地区农村金融的收入减贫效应，并运用工具变量分位数回归法、再中心化影响函数法分析了收入减贫效应偏差的根源所在；以聚类-粗糙集方法构建了涵盖生活水平、资产、健康、教育以及社会权利 5 个维度的农户多维贫困指标体系，基于 IV-Probit 模型测度了欠发达地区农村金融的多维减贫效应，并运用零膨胀负二项回归法、中介效应模型等方法分析了多维减贫效应的内在传导机制；以工具变量分位数回归法与面板门槛回归模型研究了欠发达地区农村金融减贫的政策协同效应。最后，以国内外成功经验为借鉴，提出了制度创新框架。本章将基于前文的理论、实证与政策研究结果，归纳出本研究的基本结论，并据此提出研究展望。

## 一、主要研究结论

(1) 理论研究表明，发展农村金融是减缓农村贫困的有效途径。要实现欠发达地区农村金融的减贫功能，应加快夯实金融减贫功能发挥的基础性条件。

理论分析的结果表明，欠发达地区农村金融减缓农村贫困的传导机制主要包括间接减贫机制与直接减贫机制，但无论是何种减贫机制，农村金融扶贫功能的发挥有赖于合理的收入分配格局、扎实的经济产业发展基础以及困难人群自身的发展能力等。因此，要实现欠发达地区农村金融的扶贫功能，应在夯实欠发达地区经济产业、完善农村金融体系的基础上，加快优化欠发达地区的收入分配格局、培育农村困难人群的内生发展动力，从而实现欠发达地区农村金融与困难人群的协同发展。

(2) 中国特色金融扶贫政策的适时调整保障了金融扶贫功能的有效发挥，

但新时期金融扶贫政策的实施面临着供需主体不匹配的现实困境。

改革开放以来，我国农村贫困特征经历了由“普遍贫困→区域贫困→边缘性贫困”的转变，在这一过程中，金融扶贫政策也经历了由“扶贫贴息贷款政策→小额信贷扶贫政策→金融精准扶贫政策”的演变，这为金融扶贫政策的有效实施提供了有效的制度保障。然而，新时期金融扶贫面临以下困境：在需求主体方面，欠发达地区经济产业发展滞后、困难人群发展能力不足是制约金融扶贫功能发挥的主要因素；在供给主体方面，“精英俘获”“目标偏移”等现象依然存在于欠发达地区农村金融市场当中，这对金融扶贫功能的发挥形成了巨大的挑战。

（3）尽管农村正规金融有效地减缓农户的收入贫困，但表现出了更加明显的“益富”特征。而农村非正规金融不仅无法有效减缓农户的收入贫困，反而扩大了农户内部收入差距。

一方面，欠发达地区农村正规金融能够有效减缓农户的收入贫困，但这一增收效应十分有限，远远落后于“精英农户”的增收效应；另一方面，由于欠发达地区农村基层治理的不完善与农村非正规金融发展的不规范，农村非正规金融不仅加剧了农户收入贫困的发生，而且扩大了农户的非农业收入差距与财产性收入差距。

（4）农村正规金融能够有效减缓农户的多维贫困，而农村非正规金融反而加剧了多维贫困的发生，且这一作用存在明显的结构差异及群体异质性。进一步分析表明，农村金融对农户多维贫困的影响主要通过收入增长这一传导路径。

欠发达地区农村正规金融能够减缓农户的多维贫困状态，而农村非正规金融则显著加剧农户多维贫困的发生。在结构差异方面，农村正规金融缓解农户多维贫困状态的作用主要局限于教育维度以及社会权利维度，而农村非正规金融恶化了农户各个维度的贫困状态；在群体异质性方面，农村正规金融对“精英农户”家庭福利的改善作用远高于多维贫困户，而农村非正规金融的福利抑制效应集中表现在多维贫困户中。进一步研究表明，农村正规金融通过促进农户收入增长来改善农户的多维贫困状态，而农村非正规金融则通过抑制农户收入增长恶化了农户的多维贫困状态。

（5）现阶段金融扶贫尚未与财政政策、产业发展形成有效协同，这不利于欠发达地区农村金融扶贫功能的发挥。

在财政政策协同方面，地方政府财政支出结构不合理、财政扶贫项目的“精英俘获”等问题导致财政、金融政策难以有效协同减贫。从内部异质性来看，贫困程度越深的贫困县域，财政政策对金融减贫效应的抑制作用越大。在产业发展协同方面，欠发达地区三次产业的发展均尚未与农村金融减贫实现有效协同，但随着第三产业发展，农村金融减贫效应在逐渐显现。可见，欠发达地区农村金融减贫的政策协同效应有待进一步提升。

基于以上理论研究与实证研究的结论，本研究将针对性地提出了具备可持续性、可操作性的欠发达地区农村金融扶贫政策体系。

## 二、制度创新与政策保障

### 1. 完善金融扶贫的顶层设计

理论分析与实证测度的结论均在一定程度上揭示了金融扶贫顶层设计的缺位是导致欠发达地区农村金融减贫效应偏差的制度根源。因此，要纠正金融减贫效应偏差问题，必须首先完善金融扶贫的顶层设计，由此展开的政策体系设计才真正具备可靠的制度保障。

首先，完善的法律制度是金融市场有效运转的重要保障，因此必须加快我国农村金融的立法进程，将其真正纳入法治轨道。在此基础上，为了有效应对现阶段困难人群分化问题，应考虑农业金融与扶贫金融的有效分割，实现农业金融立法与扶贫金融机构法律，为金融扶贫奠定坚实的法律基础。

其次，金融扶贫模式的调整应有助于建立健全“良治”与“善治”的行政法规体系，进而保障金融资源分配的精准性与金融市场成长的包容性。金融扶贫资源是在外部政策资源注入下持续运行的，中央政府及宏观政策提供的面向欠发达地区及困难人群的扶贫贴息、扶贫再贷款、再贴现、扶贫小额信贷是国家层面“善意”的体现。然而在“委托-代理”问题、乡村基层治理变迁的多重影响下，金融扶贫过程中频频出现“目标偏移”“精英俘获”等现象，金融扶贫资源分配的公平性与正义性遭受考验与挑战。这样的现象便对一系列倡导“良治”与“善治”的行政法规体系颁布实施和市场监管体系运行提出了现实要求。处理违规违法事件、淡化不公平现象是纠正劣化市场环境的基础，能够保障金融资源分配的精准性。在此基础上开展金融扶贫，才能长期、可持续地服务农村困难人群的脱贫增收。

### 2. 健全欠发达地区金融基础设施

现状统计分析结论表明极端困难人群依然面临着较为严重的金融排斥问题，导致其难以获取有效的金融资源，突破资本桎梏。事实上，这一现象不仅由于困难人群自身发展能力不足所致，更重要的是欠发达地区金融基础设施尚待健全，金融服务困难农户依然面临着高成本、高风险、低收益的问题。因此，政府应继续加快健全欠发达地区金融基础设施，提升金融机构参与扶贫的激励。

要实现欠发达地区农村金融扶贫功能提升机制的有效运行，离不开政府在金融扶贫领域的配套制度建设。尤其是欠发达地区的金融生态环境较差，金融服务供给主体面临严重的信息不对称问题，而金融服务需求主体则缺乏基本的金融能力。因此，这就需要政府建立健全欠发达地区金融基础设施建设，着力完善欠发达地区的金融生态，为金融扶贫创造良好的外部环境。

征信体系、担保体系和支付体系在欠发达地区的建设和完善是保障普惠金融体系能够安全、有效进行的基础，基础设施的建立健全能够防范金融扶贫的风险，同时降低金融服务的成本。具体而言，首先，征信体系能够有效减少金融扶贫过程中借贷双方的信息不对称问题，避免道德风险与逆向选择，从而有利于降低交易费用与信用风险，优化金融扶贫业务的资产质量。其次，担保体系的完善需要创新，既有的担保方式主要局限于机械、应收账款等，而困难人群缺乏金融机构认可的抵押物是致使其受金融排斥的主要原因，因此，在贯彻落实扶贫小额信贷的同时，挖掘农村产权抵押融资的潜力，有效满足欠发达地区的借贷需求。最后，完善的支付体系不仅能够提升清算效率，而且能够便捷、安全地进行交易，从而为欠发达地区农户提供高质量的现代金融服务。通过 ATM、POSE 机以及移动手机终端等设备，为欠发达地区农户破除地理障碍、获取高效的金融服务提供现实可能。

**3. 加强金融扶贫的主体培育**

现状统计分析结论表明，尽管在政府主导下，各类金融机构不同程度地参与到了金融扶贫当中，但金融扶贫主体的内生动力依然不足，直接导致“委托-代理”问题普遍存在于金融扶贫过程中，不利于金融扶贫功能的发挥。因此，必须加强金融扶贫的主体培育，逐步形成参与主体多样化、金融服务供给多样化，实现不同主体、不同服务之间的功能互补，为困难人群提供有效的金融资源供给。

仅以商业性金融为主导的金融扶贫模式容易导致金融机构的营利性与困难人群的弱质性之间的矛盾、冲突。因此，要保障金融扶贫的可持续性，必须形成“主体多元、分工明确”的金融扶贫资源供给体系。首先，在商业金融领域，应设立专门性的扶贫金融部门，从而加强金融产品创新，从农业生产、教育、医疗、创业创新等方面有针对性地服务困难人群，全面提升困难人群的金融服务体系；其次，合作金融领域，合作金融因其内源性特征而具有无与伦比的优势，应通过健全法律法规体系，规范欠发达地区农村合作金融的有序发展，降低农村合作金融体系风险，从而真正解决困难人群的小额借贷需求。最后，在政策性金融领域，培育重点则在于切实提升政策性金融资金的使用效率，应通过健全的金融扶贫资源投入监管体系，保障政策性金融资金的精准投入，并充分结合欠发达地区的发展优势，为其优势产业的形成提供充足的金融资金供给。

**4. 应对困难人群的分化问题**

微观层面的统计测度结论表明，尽管欠发达地区农村金融在减缓农村贫困的过程中能够发挥一定的积极作用，但群体异质性十分明显，尤其是对于极端困难人群而言，农村金融减贫效应十分有限，甚至恶化了极端困难人群的贫困状态。由此可见，在新时期贫困分化问题凸显的现实背景下，必须科学应对困难人群的分化问题，逐步培育其自我发展能力。

金融扶贫模式的适时调整，是保障金融扶贫功能的重要途径。就我国现阶段而言，随着扶贫事业的不断推进，困难人群发生了明显的分化现象。在早期普遍贫困时的可行模式，在困难人群出现分化以后，以往的金融扶贫模式不一定再有效，这就需要鼓励因地制宜创新，科学定位各类金融的扶贫功能。

首先，在宏观政策层面，应开始考虑农村金融与扶贫金融的切割，统计指标与口径也应相应地细化到涉农贷款、农村贷款、农业贷款、农户贷款、扶贫贷款等类别，从而为金融的分类施策提供基础。

其次，在具体的实施过程中，由于欠发达地区极端困难人群的发展能力与发展基础较弱，因此，应主要依靠财政及政策性金融，逐步改善其贫困状态。而对于那些具备一定发展能力的困难人群，应以商业性及合作性金融为主，辅之以一定的政策优惠与生产指导，并加快创新对困难人群的信贷支持模式，打造出以合作社或新型农业经营主体为核心的链式融资模式，例如“金融机构→专业合作社→农户”“金融机构→新型农业经营主体→农户”等融资模式，使信贷资金随产业、订单流动，从而有效降低金融机构的成本与风险。同时，微型金融作为我国金融扶贫的重要组成部分，其扶贫功能矫正有赖于完善资金自主定价权、信贷补贴、风险补偿、税收优惠、定向费用补贴、增量奖励以及健全有问题金融机构的退出机制等宏观制度建设，为金融扶贫提供连续的正向激励。

**5. 引导农村非正规金融的健康发展**

微观层面的统计测度结论表明欠发达地区农村非正规金融恶化了农户的收入贫困与多维贫困状态。农村非正规金融作为欠发达地区农村金融体系的重要组成部分，当农村正规金融缺位时，农村非正规金融自然成了困难人群获取金融资源的主要渠道。但由于长期缺乏科学的监督与引导，农村非正规金融未能发挥其减贫功能，甚至恶化了农户的贫困状态。因此，必须加强引导农村非正规金融的健康发展，使之有效地服务于脱贫攻坚。

首先，在当前大力推进乡村振兴战略的背景下，可适度引导农村非正规金融资源服务于欠发达地区的产业发展。这既能够满足欠发达地区产业振兴的资本要素需求，同时也能使欠发达地区农村非正规金融服务于高回报、高附加值的项目，进而通过欠发达地区产业的发展间接带动困难人群的脱贫致富。

其次，应通过法律法规体系坚决打击农村非正规金融的“黑色借贷”问题。当困难人群寻求农村非正规金融借贷时，往往面临高利率问题。在缺乏高回报项目的条件下，农村非正规借贷将演变为债务负担，这不仅恶化了困难人群的家庭福利状态，而且不利于欠发达地区农村社会稳定。因此，要充分发挥农村非正规金融的扶贫功能，必须以法律法规体系作为保障，完善农村非正规金融监管体系，使其农村非正规金融市场的资金价格回归到合理的水平。

**6. 发挥金融扶贫的政策协同**

宏观层面的统计测度结论表明，现阶段欠发达地区农村金融减贫尚未与财政政策、产业发展形成有效协同。农村金融市场有效运行的关键在于构建一个良好的政策环境，尤其是金融扶贫是一项系统工程，金融减贫效应的充分发挥有赖于各类宏观政策的协同发展。因此，必须重视金融扶贫过程中的政策协同效应，实现政策间的有效协同，助推脱贫攻坚目标的实现。

首先，在财政政策方面。财政政策作为政府重要的宏观调控手段，具有实现收入再分配、完善基础产业设施以及公共服务体系等重要功能，这能够有效弥补金融政策的不足，从而更好地发挥金融的减贫功能。因此，必须注重欠发达地区财政投入体系的优化。一方面，应着力提升欠发达地区的发展质量、培育极端困难人群的发展能力；另一方面，则应发挥财政撬动金融资源的杠杆作用。同时，制定严格的监督机制，对欠发达地区各类财政资金尤其是财政扶贫资金的使用实行问责制，确保欠发达地区财政资金的投入到位，切实提升财政资金的配置效率，从而有利于欠发达地区金融市场与困难人群的可持续发展，实现财政、金融政策减贫的协同效应。

其次，在产业政策方面。一方面，应注重欠发达地区产业结构的合理优化，政府应根据欠发达地区各自的发展优势，充分运用欠发达地区的特色资源禀赋，培育差异化的产业发展结构，从而活化欠发达地区金融资源，吸引更多的人才、资本等生产要素，实现金融扶贫的可持续发展；另一方面，实现金融扶贫与乡村振兴的有机结合。产业兴旺是乡村振兴的重要组成部分，在当前大力推进乡村振兴的背景下，应形成金融资源、乡村产业、困难人群三位一体的格局，突出产业发展的“益贫性”，使困难人群能够在乡村振兴的过程中协同发展。

**7. 实现供需主体的协同发展**

理论分析与统计测度一致表明，金融扶贫供需主体不匹配是制约欠发达地区农村金融减贫的重要因素。金融扶贫不同于“输血式”的财政扶贫，金融扶贫资源供给主体的核心在于保证金融资源的增值性，而金融扶贫资源需求主体的核心则在于通过金融资源实现脱贫增收。因此，要实现欠发达地区金融扶贫的可持续性，必须构建农村困难人群与农村金融机构的协同发展模式，使供需主体实现有机结合。

必须以贫困户脱贫增收能力可持续和金融自身财务可持续为核心，构建一个有助于二者共同成长的战略协同框架，既包含供给主体的适时调整，也包含需求主体自身实力的不断夯实，最终形成二者的良性互动循环。在需求主体层面，由于困难人群的经济生产水平长期处于低水平状态，这就导致其生产的技术能力受到了严格的限制。从理论的角度来看，金融资源仅仅是投入困难人群的生产要素之一，要使生产技术水平较为落后的困难人群实现脱贫增收，更重要的是构建合理的传导路径，传播生产管理经验，切实提升困难人群的发展能力。对于倾向自主经营的农户，应发挥合作社的指导作用，对困难人群进行产前、产中、产后指导与帮助，实现精准帮扶，提高其生产的成功率、降低市场风险；对于倾向合作经营的农户，则应发挥新型农业经营主体的示范作用，通过带动困难人群参与生产，指导其学习先进的生产技术，从而转变生产方式，提升金融扶贫的效益，进而实现困难人群脱贫增收。与此同时，欲扶贫，先扶志。加强困难人群的思想教育，引导其思想不断进步，消除等、靠、要的消极思想。在供给主体层面，政府应建立起严格的监管体系，对金融资源进行精细化部署，落实各类机构组织的金融扶贫责任，尤其是对于扶贫贴息这类具有优惠性质的金融资源，必须保证对接到户，确保支持对象准确；在困难人群监管层面，应避免"道德风险"的发生。因此，相关机构组织必须严格监控困难人群贷款的使用去向，确保专款专用，防止金融扶贫贷款被挪为他用。

## 三、研究展望

金融扶贫一直是世界各国关注的焦点问题，由于金融扶贫涵盖了农村经济社会的方方面面，因而也是政府政策实施过程中的难点。本研究系统地分析了欠发达地区农村金融减贫问题，初步构建了欠发达地区农村金融减贫的理论分析框架，并对其进行了实证检验，提出了优化欠发达地区金融扶贫政策体系的战略构思，能够在一定程度上丰富既有的研究，为决策部门的政策制定提供一定的现实依据。然而，欠发达地区农村金融扶贫是一项复杂的、动态的系统工程，本研究仅从整体层面上初步揭示了欠发达地区农村金融减贫效应，剩余研究空间依然十分广阔。在未来的研究过程中，可从以下几个方面进一步深化：

（1）追踪评估农村金融减贫效应。

由于研究经费及时间精力较为有限，本研究的微观研究数据仅局限于截面数据，难以有效追踪评估农村金融减贫效应。然而，农村金融在实现减贫增收的过程中既存在一定的时滞过程，也存在复杂的传导机制，尤其是随着困难人群自身要素禀赋积累的不断变化，金融减贫增收机制也必然发生相应的改变。因此，未来的研究可采用农户跟踪调查数据，根据农户借贷资金的不同使用途径，跟踪评估其减贫效应差异，从而有助于细化农村金融减贫的内在作用途径。

（2）进一步细化农村金融领域。

本研究主要将农村金融划分为农村正规金融与农村非正规金融，实证分析了其减贫效应。然而，从农村正规金融内部结构来看，可进一步细分为商业性金融、合作性金融、扶贫小额信贷等类别，不同类别的农村正规金融对农村困难人群的影响存在较大差异。例如，相较于商业性金融，合作性金融及扶贫小额信贷能够更好地满足农村困难人群的小额资金需求。因此，未来的研究可着眼于农村正规金融的内部结构差异，比较分析各类不同金融在农村困难人群减贫增收过程中的作用差异，从而有助于进一步厘清农村金融减贫的内在机理，为金融扶贫政策的制定提供更为翔实的依据。

（3）基于贫困脆弱性视角探讨农村金融减贫效应。

随着脱贫攻坚战役的不断推进，绝对贫困的消除指日可待，然而，尽管极端困难人群暂时脱离了贫困，但囿于其自身能力不足，返贫可能性较高，即他们的贫困脆弱性较强。如何巩固脱贫攻坚成果是未来研究的主要方向。因此，未来的研究可基于贫困脆弱性视角，探讨农村金融在改善农户贫困脆弱性当中的作用，从而使政策的制定更具前瞻性。

# 参 考 文 献


曹凤岐，2010. 建立多层次农村普惠金融体系 [J]. 农村金融研究（10）：64-67.

陈传波，2005. 农户风险与脆弱性：一个分析框架及贫困地区的经验 [J]. 农业经济问题，26（8）：47-50.

陈强，2014. 高级计量经济学及 Stata 应用 [M]. 2 版 . 北京：高等教育出版社 .

陈清华，董晓林，朱敏杰，2017. 村级互助资金扶贫效果分析：基于宁夏地区的调查数据 [J]. 农业技术经济（2）：51-60.

谌孙武，米运生，肖湘雄，2015. 公共服务、金融联结与欠发达地区的金融普惠 [J]. 金融经济学研究（2）：85-96.

程名望，JinYanhong，盖庆恩，等，2016. 中国农户收入不平等及其决定因素：基于微观农户数据的回归分解 [J]. 经济学（季刊）(3)：1253-1274.

程名望，史清华，JinYanhong，等，2015. 农户收入差距及其根源：模型与实证 [J]. 管理世界（7）：17-28.

崔景华，李万甫，谢远涛，2018. 基层财政支出配置模式有利于农户脱贫吗：来自中国农村家庭追踪调查的证据 [J]. 财贸经济（2）：21-35.

崔艳娟，孙刚，2012. 金融发展是贫困减缓的原因吗?：来自中国的证据 [J]. 金融研究（11）：116-127.

杜晓山，2015. 发展农村普惠金融的思路和对策 [J]. 金融理论探索，161（3）：3-12.

樊胜根，张林秀，张晓波，2002. 中国农村公共投资在农村经济增长和反贫困中的作用 [J]. 华南农业大学学报（社会科学版），1（1）：1-13.

方迎风，邹薇，2013. 能力投资、健康冲击与贫困脆弱性 [J]. 经济学动态（7）：36-50.

高梦滔，姚洋，2006. 农户收入差距的微观基础：物质资本还是人力资本？[J]. 经济研究（12）：3-12.

高艳云，2012. 中国城乡多维贫困的测度及比较 [J]. 统计研究（11）：61-66.

高远东，温涛，王小华，2013. 中国财政金融支农政策减贫效应的空间计量研究 [J]. 经济科学，35（1）：36-46.

郭建宇，吴国宝，2012. 基于不同指标及权重选择的多维贫困测量：以山西省贫困县为例 [J]. 中国农村经济（2）：12-20.

郭庆旺，贾俊雪，2006. 政府公共资本投资的长期经济增长效应 [J]. 经济研究（7）：29-40.

郭熙保，周强，2016. 长期多维贫困，不平等与致贫因素 [J]. 经济研究，51（6）：143-156.

韩长赋，2018. 积极推进小农户和现代农业发展有机衔接 [J]. 求是（2）：26-28.

韩佳丽，王志章，王汉杰，2017. 贫困地区劳动力流动对农户多维贫困的影响 [J]. 经济科学（6）：87-101.

韩佳丽，王志章，王汉杰，2018. 新形势下贫困地区农村劳动力流动的减贫效应研究：基于连片特困地区的经验分析 [J]. 人口学刊 (5)：100-112.
韩俊，罗丹，程郁，2007. 农村金融现状调查 [J]. 农村金融研究 (9)：9-20.
何德旭，饶明，2008. 我国农村金融市场供求失衡的成因分析：金融排斥性视角 [J]. 经济社会体制比较 (2)：108-114.
何光辉，杨咸月，2011. 印度小额信贷危机的深层原因及教训 [J]. 经济科学 (4)：107-118.
何广文，1999. 从农村居民资金借贷行为看农村金融抑制与金融深化 [J]. 中国农村经济 (10)：42-48.
何广文，冯兴元，林万龙，等，2005. 农户信贷、农村中小企业融资与农村金融市场 [M]. 北京：中国财政经济出版社.
胡联，汪三贵，王娜，2015. 贫困村互助资金存在精英俘获吗：基于 5 省 30 个贫困村互助资金试点村的经验证据 [J]. 经济学家 (9)：78-85.
胡联，汪三贵，2017. 我国建档立卡面临精英俘获的挑战吗？[J]. 管理世界 (1)：89-98.
姜安印，张庆国，2016. 中国减贫经验在“一带一路”建设中的互鉴性 [J]. 中国流通经济，30 (11)：50-57.
蒋俊朋，田国强，郭沛，2011. 中国区域财政支农投入：地区差距的度量及分解 [J]. 中国农村经济 (8)：33-40.
库特 R D，谢弗 H B，2015. 所罗门之结：法律能为战胜贫困做些什么 [M]. 张巍，许可，译. 北京：北京大学出版社.
李焕彰，钱忠好，2004. 财政支农政策与中国农业增长：因果与结构分析 [J]. 中国农村经济 (8)：38-43.
李锐，朱喜，2007. 农户金融抑制及其福利损失的计量分析 [J]. 经济研究 (2)：130-138.
李似鸿，2010. 金融需求、金融供给与乡村自治：基于贫困地区农户金融行为的考察与分析 [J]. 管理世界 (1)：74-87.
李小云，于乐荣，齐顾波，2010. 2000—2008 年中国经济增长对贫困减少的作用：一个全国和分区域的实证分析 [J]. 中国农村经济 (4)：4-11.
李小云，2017. 东西部扶贫协作和对口支援的四维考量 [J]. 改革 (8)：61-64.
李莹星，2015. 小额信贷能改善穷人福利吗?：微观影响评估研究综述 [J]. 农业经济问题 (10)：86-95.
李周，2017. 全面建成小康社会决胜阶段农村发展的突出问题及对策研究 [J]. 中国农村经济 (9)：17-25.
李周，乔召旗，2009. 西部农村减缓贫困的进展 [J]. 中国农村观察 (1)：2-13.
梁晓敏，汪三贵，2015. 农村低保对农户家庭支出的影响分析 [J]. 农业技术经济 (11)：24-36.
林伯强，2003. 中国的经济增长，贫困减少与政策选择 [J]. 经济研究 (12)：15-25.
林伯强，2005. 中国的政府公共支出与减贫政策 [J]. 经济研究 (1)：27-37.
刘贯春，刘媛媛，2016. 金融结构影响收入不平等的边际效应演化分析 [J]. 经济学动态 (5)：49-61.
刘文璞，1999. 农业发展与贫困的缓解 [J]. 中国社会科学院研究生院学报 (5)：15-25.
刘西川，陈立辉，杨奇明，2014a. 农户正规信贷需求与利率：基于 Tobit Ⅲ模型的经验考察［J］. 管理世界（3）：75-91.
刘西川，杨奇明，陈立辉，2014b. 农户信贷市场的正规部门与非正规部门：替代还是互补？［J］. 经济研究（11）：145-158.
刘西川，2012. 村级发展互助资金的目标瞄准、还款机制及供给成本：以四川省小金县四个样本村为例［J］. 农业经济问题（8）：65-72.
刘彦随，李进涛，2017. 中国县域农村贫困化分异机制的地理探测与优化决策［J］. 地理学报，72（1）：161-173.
刘彦随，周扬，刘继来，2016. 中国农村贫困化地域分异特征及其精准扶贫策略［J］. 中国科学院院刊（3）：269-278.
刘玉春，修长柏，2013. 农村金融发展、农业科技进步与农民收入增长［J］. 农业技术经济（9）：92-100.
刘玉光，杨新铭，王博，2013. 金融发展与中国城乡收入差距形成：基于分省面板数据的实证检验［J］. 南开经济研究（5）：50-59.
罗斯丹，陈晓，姚悦欣，2016. 我国普惠金融发展的减贫效应研究［J］. 当代经济研究（12）：84-93.
马光荣，郭庆旺，刘畅，2016. 财政转移支付结构与地区经济增长［J］. 中国社会科学（9）：105-125，207-208.
马九杰，吴本健，2012. 利率浮动政策、差别定价策略与金融机构对农户的信贷配给［J］. 金融研究（4）：155-168.
马勇，陈雨露，2009. 农村金融中的政府角色：理论诠释与中国的选择［J］. 经济体制改革（4）：86-91.
潘功胜，2017. 聚焦深度贫困地区脱贫攻坚 做好新时期金融精准扶贫工作［N］. 金融时报，08-25（001）.
蒲鲁东，1998. 贫困的哲学［M］. 余叔通，王雪华，译. 北京：商务印书馆.
乔治 H，1995. 进步与贫困［M］. 吴良健，王翼龙，译. 北京：商务印书馆.
沈冰清，郭忠兴，2018. 新农保改善了农村低收入家庭的脆弱性吗?：基于分阶段的分析［J］. 中国农村经济（1）：90-107.
沈坤荣，张璟，2007. 中国农村公共支出及其绩效分析：基于农民收入增长和城乡收入差距的经验研究［J］. 管理世界（1）：30-40.
史清华，2009. 中国农家行为研究［M］. 北京：中国农业出版社.
帅传敏，李文静，程欣，等，2016. 联合国 IFAD 中国项目减贫效率测度：基于 7 省份 1356 农户的面板数据［J］. 管理世界（3）：73-86.
宋洪远，2016. 关于农业供给侧结构性改革若干问题的思考和建议［J］. 中国农村经济（10）：18-21.
宋洪远，赵海，徐雪高，2012. 从积贫积弱到全面小康：百年以来中国农业农村发展回顾与展望［J］. 中国农村经济（1）：4-15.
苏静，胡宗义，唐李伟，等，2013. 农村非正规金融发展减贫效应的门槛特征与地区差异：基于面板平滑转换模型的分析［J］. 中国农村经济（7）：58-71.
孙永强，2012. 金融发展、城市化与城乡居民收入差距研究［J］. 金融研究（4）：98-109.
孙玉奎，冯乾，2014. 我国农村金融发展与农民收入差距关系研究：基于农村正规金融与非正规金融整体的视角［J］. 农业技术经济（11）：65-74.

檀学文，李静，2017. 习近平精准扶贫思想的实践深化研究［J］. 中国农村经济（9）：23-35.
谭燕芝，张子豪，2017. 社会网络、非正规金融与农户多维贫困［J］. 财经研究，43（3）：43-56.
汤敏，姚先斌，1996. 孟加拉“乡村银行”的小额信贷扶贫模式［J］. 改革（1）：51-58.
汪三贵，2008. 在发展中战胜贫困：对中国30年大规模减贫经验的总结与评价［J］. 管理世界（11）：78-88.
汪三贵，郭子豪，2015. 论中国的精准扶贫［J］. 贵州社会科学（5）：147-150.
汪三贵，梁晓敏，2017. 我国资产收益扶贫的实践与机制创新［J］. 农业经济问题（9）：28-37.
汪三贵，PARK A，CHAUDHURI S，等，2007. 中国新时期农村扶贫与村级贫困瞄准［J］. 管理世界（1）：56-64.
汪三贵，朴之水，吴国宝，1999. 中国反贫困政策评价［M］//中国农业科学院农业经济与发展研究所．农业经济与科技发展研究 1999. 北京：中国农业出版社．
王春超，叶琴，2014. 中国农民工多维贫困的演进：基于收入与教育维度的考察［J］. 经济研究（12）：159-174.
王定祥，田庆刚，李伶俐，等，2011. 贫困型农户信贷需求与信贷行为实证研究［J］. 金融研究（5）：124-138.
王汉杰，温涛，韩佳丽，2018a. 贫困地区农村金融减贫的产业结构门槛效应［J］. 财经科学（9）：26-37.
王汉杰，温涛，韩佳丽，2018b. 深度贫困地区农村金融能够有效缓解农户内部收入差距吗［J］. 金融经济学研究，33（5）：119-130.
王汉杰，温涛，韩佳丽，2018c. 深度贫困地区农村金融与农户收入增长：益贫还是益富?［J］. 当代财经，408（11）：46-57.
王汉杰，温涛，韩佳丽，2019. 贫困地区政府主导的农贷资源注入能够有效减贫吗?：基于连片特困地区微观农户调查［J］. 经济科学（1）：108-119.
王宁，王丽娜，赵建玲，2014. 普惠金融发展与贫困减缓的内在逻辑［J］. 河北大学学报（哲学社会科学版）（2）：127-131.
王绍仪，1996. 财政与农村金融［M］. 北京：中国农业出版社．
王曙光，2018. 微型金融发展与深度贫困地区减贫机制创新［J］. 学术前沿（14）：20-25.
王小华，王定祥，温涛，2014a. 中国农贷的减贫增收效应：贫困县与非贫困县的分层比较［J］. 数量经济技术经济研究（9）：40-55.
王小华，温涛，王定祥，2014b. 县域农村金融抑制与农民收入内部不平等［J］. 经济科学，Vol. 36（2）：44-54.
王小林，ALKIRE S，2009. 中国多维贫困测量：估计和政策含义［J］. 中国农村经济（12）：4-10.
王修华，2009. 新农村建设中的金融排斥与破解思路［J］. 农业经济问题，30（7）：42-48.
王修华，关键，2014. 中国农村金融包容水平测度与收入分配效应［J］. 中国软科学（8）：150-161.
王瑜，汪三贵，2016. 特殊类型贫困地区农户的贫困决定与收入增长［J］. 贵州社会科学（5）：145-155.

王煜宇，2011. 农村金融法制化：国际经验与启示［J］. 农业经济问题（8）：102-109，80，112.

王煜宇，2017. 农村金融法制化的他国镜鉴［J］. 改革（4）：150-159.

王志章，韩佳丽，2015. 农业转移人口市民化的公共服务成本测算及分摊机制研究［J］. 中国软科学（10）：101-110.

王志章，韩佳丽，2017. 贫困地区多元化精准扶贫政策能够有效减贫吗？［J］. 中国软科学（12）：11-20.

王志章，刘天元，贾煜，2015. 印度包容性增长的扶贫开发实践及启示［J］. 西南大学学报（社会科学版），41（4）：71-80.

温涛，2014. 农村金融可持续发展的服务创新与动态竞争战略研究［M］. 北京：北京师范大学出版社.

温涛，2017. 中国农贷市场的“精英俘获”与包容性成长研究［M］. 北京：科学出版社.

温涛，刘达，王小华，2017a. “双重底线”视角下微型金融机构经营效率的国际比较研究［J］. 中国软科学（4）：25-40.

温涛，冉光和，熊德平，2005. 中国金融发展与农民收入增长［J］. 经济研究（9）：30-43.

温涛，王汉杰，韩佳丽，2017b. 城镇化有效驱动了居民消费吗?：兼论人口城镇化与空间城镇化效应［J］. 中国行政管理（10）：94-101.

温涛，王汉杰，王小华，等，2018. “一带一路”沿线国家的金融扶贫：模式比较、经验共享与中国选择［J］. 农业经济问题（5）：114-129.

温涛，王汉杰，王小华，2015. 发达国家农民增收经济政策的经验比较及启示［J］. 江西财经大学学报（6）：84-94.

温涛，王小华，董文杰，2014. 金融发展、人力资本投入与缩小城乡收入差距：基于中国西部地区 40 个区县的经验研究［J］. 吉林大学社会科学学报（2）：27-36.

温涛，王煜宇，2005. 政府主导的农业信贷、财政支农模式的经济效应：基于中国 1952—2002 年的经验验证［J］. 中国农村经济（10）：18-27.

温涛，王煜宇，2018. 改革开放 40 周年中国农村金融制度的演进逻辑与未来展望［J］. 农业技术经济（1）：24-31.

温涛，朱炯，王小华，2016. 中国农贷的“精英俘获”机制：贫困县与非贫困县的分层比较［J］. 经济研究（2）：111-125.

温忠麟，叶宝娟，2014. 中介效应分析：方法和模型发展［J］. 心理科学进展，22（5）：731-745.

温忠麟，张雷，侯杰泰，等，2004. 中介效应检验程序及其应用［J］. 心理学报，36（05）：614-620.

吴本健，马九杰，丁冬，2014. 扶贫贴息制度改革与“贫困瞄准”：理论框架和经验证据［J］. 财经研究，40（8）：106-118.

吴国宝，1996. 对中国扶贫战略的简评［J］. 中国农村经济（8）：26-30.

吴国宝，1997. 扶贫贴息贷款政策讨论［J］. 中国农村观察（4）：9-15.

吴国宝，1998. 农村小额信贷扶贫试验及其启示［J］. 改革（4）：87-94.

伍骏骞，阮建青，徐广彤，2017. 经济集聚、经济距离与农民增收：直接影响与空间溢出效应［J］. 经济学（季刊）（1）：297-320.

武翔宇，高凌云，2009. 印度的小额信贷：自助小组—银行联结［J］. 农业经济问题，30

(1)：104-109.

谢平，徐忠，2006. 公共财政、金融支农与农村金融改革：基于贵州省及其样本县的调查分析 [J]. 经济研究 (4)：106-114.

谢玉梅，徐玮，程恩江，等，2016. 精准扶贫与目标群小额信贷：基于协同创新视角的个案研究 [J]. 农业经济问题 (9)：79-88.

邢成举，李小云，2013. 精英俘获与财政扶贫项目目标偏离的研究 [J]. 中国行政管理 (9)：111-115.

邢成举，2015. 村庄视角的扶贫项目目标偏离与"内卷化"分析 [J]. 江汉学术，34 (5)：18-26.

邢成举，2017. 产业扶贫与扶贫"产业化"：基于广西产业扶贫的案例研究 [J]. 西南大学学报（社会科学版）(5)：63-70，190.

熊德平，2007. 农村金融与农村金融发展：基于交易视角的概念重构 [J]. 财经理论与实践，28 (2)：8-13.

熊德平，2009. 农村金融与农村经济协调发展的机制与模式研究 [M]. 北京：社会科学文献出版社.

徐丽鹤，袁燕，2013. 收入阶层、社会资本与农户私人借贷利率 [J]. 金融研究 (9)：150-164.

徐月宾，刘凤芹，张秀兰，2007. 中国农村反贫困政策的反思：从社会救助向社会保护转变 [J]. 中国社会科学 (3)：40-53.

徐志刚，宁可，朱哲毅，等，2017. 市场化改革、要素流动与我国农村内部收入差距变化 [J]. 中国软科学 (9)：38-49.

闫啸，牛荣，2017. 农户借贷对收入增长的影响：1771 个农户样本 [J]. 改革 (10)：105-113.

杨虎锋，何广文，2014. 治理机制对小额贷款公司绩效的影响：基于 169 家小额贷款公司的实证分析 [J]. 中国农村经济 (6)：74-82.

杨俊，王燕，张宗益，2008. 中国金融发展与贫困减少的经验分析 [J]. 世界经济，31 (8)：62-76.

杨楠，马绰欣，2014. 我国金融发展对城乡收入差距影响的动态倒 U 演化及下降点预测 [J]. 金融研究 (11)：175-190.

余新平，熊皛白，熊德平，2010. 中国农村金融发展与农民收入增长 [J]. 中国农村经济 (6)：77-86.

张彬斌，2013. 新时期政策扶贫：目标选择和农民增收 [J]. 经济学：季刊，12 (2)：959-982.

张兵，刘丹，郑斌，2013. 农村金融发展缓解了农村居民内部收入差距吗?：基于中国省级数据的面板门槛回归模型分析 [J]. 中国农村观察 (3)：19-29.

张兵，翁辰，2015. 农村金融发展的减贫效应：空间溢出和门槛特征 [J]. 农业技术经济 (9)：37-47.

张兵，张宁，2012. 农村非正规金融是否提高了农户的信贷可获性?：基于江苏 1202 户农户的调查 [J]. 中国农村经济 (10)：58-68.

张川川，GILES J，赵耀辉，2014. 新型农村社会养老保险政策效果评估：收入、贫困、消费、主观福利和劳动供给 [J]. 经济学（季刊）(4)：203-230.

张栋浩，尹志超，2018. 金融普惠、风险应对与农村家庭贫困脆弱性［J］. 中国农村经济（4）：54-73.
张杰，2003. 中国农村金融制度：结构、变迁与政策［M］. 北京：中国人民大学出版社.
张杰，2004. 解读中国农贷制度［J］. 金融研究（2）：1-8.
张立军，湛泳，2006. 金融发展与降低贫困：基于中国1994—2004年小额信贷的分析［J］. 当代经济科学，28（6）：36-42.
张龙耀，杨军，张海宁，2013. 金融发展、家庭创业与城乡居民收入：基于微观视角的经验分析［J］. 中国农村经济（7）：47-57.
张牧扬，2013. 晋升锦标赛下的地方官员与财政支出结构［J］. 世界经济文汇（1）：86-103.
张宁，张兵，2015. 农村非正规金融、农户内部收入差距与贫困［J］. 经济科学，37（1）：53-65.
张全红，周强，2014. 中国多维贫困的测度及分解：1989—2009年［J］. 数量经济技术经济研究，31（6）：88-101.
张莎，2016. 贫困地区实现金融扶贫有效治理的路径探析［J］. 理论观察（2）：38-40.
张晓山，何安耐，2002. 关于农村金融体制改革的几点思考［J］. 农业经济问题，23（9）：41-45.
章元，丁绎镤，2008. 一个"农业大国"的反贫困之战：中国农村扶贫政策分析［J］. 南方经济（3）：3-17.
章元，许庆，邬璟璟，2012. 一个农业人口大国的工业化之路：中国降低农村贫困的经验［J］. 经济研究（11）：76-87.
钟少颖，何则，2016. 基于DEA与ESDA的中国国家级贫困县发展效率的测度与时空演化研究［J］. 中国人口·资源与环境，26（10）：130-136.
朱一鸣，王伟，2017. 普惠金融如何实现精准扶贫？［J］. 财经研究，43（10）：43-5.
ADAMS M，HILLIER D，2000. The effect of captive insurer formation on stock returns：an empirical test from the UK［J］. Journal of banking & finance，24（11）：1787-1807.
ADDAE-KORANKYE A，2012. Microfinance：a tool for poverty reduction in developing countries［J］. Journal of business and retail management research，7（10）：138-149.
ADELMAN I，ROBINSON S，1989. Income distribution and development［J］. Handbook of development economics，2：949-1003.
AGHION P，BOLTON P，1997. A theory of trickle-down growth and development［J］. The review of economic studies，64（2）：151-172.
AKHTER S，DALY K J，2009. Finance and poverty：Evidence from fixed effect vector decomposition［J］. Emerging markets review，10（3）：191-206.
ALAMGIR M，1974. Some analysis of distribution of income，consumption，saving and poverty in Bangladesh［J］. The Bangladesh development studies，2（4）：737-818.
ALKIRE S，FOSTER J，2007. Counting and multidimensional poverty measurement［J］. Journal of public economics，95（7）：476-487.
ARGENT N M，ROLLEY F，2000. Financial exclusion in rural and remote New South Wales，Australia：a geography of bank branch rationalisation，1981 - 98［J］. Australian geographical studies，38（2）：182-203.

ASHRAF N, KARLAN D, YIN W, 2006. Tying Odysseus to the mast: Evidence from a commitment savings product in the Philippines [J]. The quarterly journal of economics, 121 (2): 635-672.

AUGSBURG B, HAAS R D, HARMGARTH, et al, 2013. Microfinance and poverty alleviation: discussion paper: 2013-075 [R]. Tilburg, NL: Tilburg University, Center for Economic Research.

AWOJOBI O, BEIN M A, 2011. Microfinancing for poverty reduction and economic development: a case for Nigeria [J], International research journal of finance and economics, (72): 159-168.

AYUUB S, 2013. Impact of microfinance on poverty alleviation: a case study of NRSP in Bahawalpur of Pakistan [J]. International journal of academic research in accounting finance & management sciences, 3 (1): 119-135.

BAKHTIARI S, 2006. Microfinance and poverty reduction: some international evidence [J]. International business and economics research journal, 5 (12): 65.

BANERJEE S B, JACKSON L, 2017. Microfinance and the business of poverty reduction: critical perspectives from rural Bangladesh [J]. Human relations (the Tavistock Institute), 70 (1): 1-29.

BARON R M, KENNY D A, 1986. The moderator - mediator variable distinction in social psychologicalresearch: conceptual, strategic, and statistical considerations [J]. Journal of personality and social psychology, 51 (6): 1173.

BEATH A, BENYISHAY A, D'ADDA G, et al, 2014. Decentralization, elite capture, and private contributions: experimental evidence from the Solomon Islands [R]. Sydney: the University of New South Wales.

BECK T, DEMIRGÜÇ-KUNT A, LEVINE R, 2007. Finance, inequality and the poor [J]. Journal of economic growth, 12 (1): 27-49.

BECK T, LEVINE R, 2004. Stock markets, banks, and growth: panel evidence [J]. Journal of banking & finance, 28 (3): 423-442.

BENFICA R, CUNGUARA B, THURLOW J, 2018. Linking agricultural investments to growth and poverty: an economy wide approach applied to Mozambique [J]. Agricultural systems, 172: 91-100.

BESLEY T, BURGESS R, 2003. Halving global poverty [J]. Journal of economic perspectives, 17 (3): 3-22.

BINSWANGER H P, KHANDKER S R, 1995. The impact of formal finance on the rural economy of India [J]. The journal of development studies, 32 (2): 234-262.

BORGEN N T, 2016. Fixed effects in unconditional quantile regression [J]. Stata journal, 16: 403-415.

BOUCHER S R, BARHAM B L, CARTER M R, 2005. The impact of "market-friendly" reforms on credit and land markets in Honduras and Nicaragua [J]. World development, 33 (1): 107-128.

CÁMARA N, TUESTA D, 2015. Factors that matter for financial inclusion: evidence from Peru [J]. Aestimatio (10): 10-31.

CAMFIELD L，CRABTREE A，ROELEN K，2013. Editorial：poverty，vulnerability and resilience in a post-2015 World [J]. Social indicators research，113（2）：599-608.

CAMINADA K，GOUDSWAARD K，2009. Social Expenditure and poverty reduction in the Eu15 and Other OECD countries：MPRA paper：No 20138 [R]. Leiden，Netherlands：Department of Economics，Leiden University.

CEBULLA A，1999. A geography of insurance exclusion：perceptions of unemployment risk and actuarial risk assessment [J]. Area，31（2）：111-121.

CHAKRABORTY S，LAHIRI A，2007. Costly intermediation and the poverty of nations [J]. International economic review，48（1）：155-183.

CHERNOZHUKOV V，HANSEN C，2008. Instrumental variable quantile regression：a robust inference approach [J]. Journal of econometrics，142（1）：379-398.

CHIBBA M，2009. Financial inclusion，poverty reduction and the millennium development goals [J]. The European journal of development research，21（2）：213-230.

CHOWDHURY S，SQUIRE L，2006. Setting weights for aggregate indices：an application to the commitment to development index and human development index [J]. The journal of development studies，42（5）：761-771.

CLARKE G R G，ZOU H，XU L C，2003. Finance and income inequality：test of alternative theories：working paper：2984 [R]. Washington DC，USA：World Bank.

CORRADO G，CORRADO L，2017. Inclusive finance for inclusive growth and development [J]. Current opinion in environmental sustainability，24：19-23.

DATT G，RAVALLION M，1991. Growth and redistribution components of changes in poverty measures：a decomposition with applications to Brazil and India in the 1980s [J]. Journal of development economics，38（2）：275-295.

DAVIS B，HANDA S，ARRANZ M R，et al，2005. Agricultural subsidies，human capital development and poverty reduction：evidence from rural Mexico [R]. Chapel Hill，NC：University of North Carolina.

DEATON A，1991. Saving and liquidity constraints [J]. Econometrica，59（5）：1221-1248.

DEMIRGÜÇ-KUNT A，KLAPPER L F，2012. Measuring financial inclusion：the global Findex database：policy research working paper：6025 [R]. Washington DC，USA：World Bank.

DEVLIN J F，2005. A detailed study of financial exclusion in the UK [J]. Journal of consumer policy，28（1）：75-108.

D'EXELLE B，RIEDL A，2008. Elite capture，political voice and exclusion from aid：an experimental study：IZA Discussion Paper No. 3673 [R]. Bonn，Germany：the Institute for the Study of Labor（IZA）.

DOLLAR D，KRAAY A，2001. Trade，growth，and poverty：working paper 2615 [R]. Washington DC，USA：World Bank，Development Research Group，Macroeconomics and Growth.

DOLLAR D，KRAAY A，2002. Growth is good for the poor [J]. Journal of economic growth，7（3）：195-225.

DUONG P B, IZUMIDA Y, 2002. Rural development finance in Vietnam: a microeconometric analysis of household surveys [J]. World development, 30 (2): 319-335.

DUPAS P, ROBINSON J, 2013. Savings constraints and microenterprise development: evidence from a field experiment in Kenya [J]. American economic journal: applied economics, 5 (1): 163-192.

EFRON B, 1979. Computers and the theory of statistics: thinking the unthinkable [J]. SIAM review, 21 (4): 460-480.

FEDER G, LAU L J, LIN J Y, et al, 1990. The Relationship between credit and productivity in Chinese agriculture: a microeconomic model of disequilibrium [J]. American journal of agricultural economics, 72: 1151-1157.

FERGUSON J, 2006. Global shadows: Africa in the neoliberal world order [M]. Durham, North Carolina: Duke University Press.

FIELDS G S, 2002. Distribution and development: a new look at the developing world [M]. Cambridge, Ma: MIT press.

FIELDS T D, LYS T Z, VINCENT L, 2001. Empirical research on accounting choice [J]. Journal of accounting and economics, 31 (1-3): 255-307.

FIRPO S, FORTIN N M, LEMIEUX T, 2009. Unconditionalquantile regressions [J]. Econometrica, 77 (3): 953-973.

GACHASSINM , NAJMAN B, RABALLAND G, 2010. The impact of roads on poverty reduction: a case study of Cameroon [J]. Policy research working paper, 111 (7): 895-901.

GALOR O, ZEIRA J, 1993. Income distribution and macroeconomics [J]. The review of economic studies, 60 (1): 35-52.

GAMBHIR S, 2017. Role of microfinance in alleviation of poverty: literature review [J]. International journal of research in economics and social sciences, 7 (1): 107-114.

GEDA A, 2008. Scoping Study on the Chinese relation with Sub Saharan Africa: the case of Ethiopia [R]. Nairobi: African Economic Research Consortium.

GHALIB A K, MALKI I, IMAI K S, 2015. Microfinance and household poverty reduction: Empirical evidence from rural Pakistan [J]. Oxford development studies, 43 (1): 84-104.

GHATAK M, 2000. Screening by the company you keep: Joint liability lending and the peer selection effect [J]. The economic journal, 110 (465): 601-631.

GINN J, 2003. Pensions and poverty traps: is saving worthwhile for women? [J]. Journal of financial services marketing, 7 (4): 319-329.

GOLDSMITH R W, 1969. Financial structure and development [M]. New Haven, USA: Yale University Press.

GREENWOOD J, JOVANOVIC B, 1990. Financial development, growth, and the distribution of income [J]. Journal of political economy, 98 (5): 1076-1107.

GREENWOOD J, SMITH B D, 1997. Financial markets in development, and the development of financial markets [J]. Journal of economic dynamics and control, 21 (1):

145-181.

HABER S E，2005. Mexico's experiments with bank privatization and liberalization，1991-2003 [J]. Journal of banking & finance，29 (8)：2325-2353.

HAGENAARS A J M，1987. A class of poverty indices [J]. International economic review，28 (3)：583-607.

HANNIG A，JANSEN S，2010. Financial inclusion and financial stability：current policy issues：Asian Development Bank Institute working paper：No 259 [R]. TYKYO：Asian Development Bank Institute.

HANSEN B E，1999. Threshold effects in non-dynamic panels：estimation，testing，and inference [J]. Journal of econometrics，93 (2)：345-368.

HARPER M，2005. SHG-Bank linkage：a tool for reforms in cooperatives? [J]. Economic & political weekly，40 (17)：1720-1725.

HASHEMI S，ROSENBERG R，2006. Graduating the poorest into microfinance：linking safety nets and financial services [R]. Washington DC，USA：World Bank.

HAYES A F，2009. Beyond Baron and Kenny：statistical mediation analysis in the new millennium [J]. Communication monographs，76 (4)：408-420.

HAYES A F，SCHARKOW M，2013. The relative trustworthiness of inferential tests of the indirect effect in statistical mediation analysis：does method really matter? [J]. Psychological science，24 (10)：1918-1927.

HENRY N，2015. Public administration and public affairs [M]. London：Routledge.

HENRY O I，2015. Reviving the debate on micro finance as a poverty reduction and development policy instrument：Edo State micro credit scheme revisited [J]. Developing country studies，5 (8)：37-45.

HÖLLINGER F，2011. Agricultural finance - trends，issues and challenges [R]. Bonn，Germany：Deutsche Gesellschaft für Internationale Zusammenarbeit (GIZ) GmbH.

HONOHAN P，2003. Financial development，growth and poverty：how close are [R]. Washington DC，USA：World Bank.

HUSSEIN M，HUSSAIN S，2003. The impact of micro finance on poverty and gender equity：approaches and evidence from Pakistan [R]. Islamabad：Pakistan Microfinance Network.

IACOBUCCI D，2012. Mediation analysis and categorical variables：the final frontier [J]. Journal of consumer psychology，22 (4)：582-594.

IMAI K S，ARUN T，ANNIM S K，2010a. Microfinance and household poverty reduction：new evidence from India [J]. World development，38 (12)：1760-1774.

IMAI K S，AZAM M D，SHAFIUL，2010b. Does microfinance reduce poverty in Bangladesh? New evidence from household panel data：economics discussion paper series：EDP-1019 [R]. Manchester，UK：the University of Manchester.

ISLAM T，2016. Microcredit and poverty alleviation [M]. London：Routledge.

IVATURY G，PICKENS M，2006. Mobile phone banking and low-income customers：evidence from South Africa [R]. Washington DC，USA：World Bank.

JALILIAN H，KIRKPATRICK C，2002. Financial development and poverty reduction in developing countries [J]. International journal of finance & economics, 7 (2): 97-108.

JALILIAN H, KIRKPATRICK C, 2005. Does financial development contribute to poverty reduction? [J]. Journal of development studies, 41 (4): 636-656.

JAPPELLI T, PAGANO M, 1999. The welfare effects of liquidity constraints [J]. Oxford economic papers, 51 (3): 410-430.

JAUCH S, WATZKA S, 2016. Financial development and income inequality: a panel data approach [J]. Empirical economics, 51 (1): 291-314.

JEANNENEY S G, KPODAR K, 2005. Financial development, financial instability and poverty [R]. London, UK: Centre for the Study of African Economies, University of Oxford.

JEANNENEY S G, KPODAR K, 2011. Financial development, financial instability and poverty: working papers from HAL [R] Paris, FR: HAL.

JENSEN G A, MORRISEY M A, 2001. Endogenous fringe benefits, compensating wage differentials and older workers. [J]. International journal of health care finance & economics, 1 (3/4): 203-226.

KAKWANI N, 2000. On measuring growth and inequality components of poverty with application to Thailand [J]. Journal of quantitative economics, 16 (1): 67-80.

KAKWANI N, PERNIA E M, 2000. What is pro-poor growth? [J]. Asian development review, 18 (1): 1-16.

KAKWANI N, SUBBARAO K, 1990. Rural poverty and its alleviation in India [J]. Economic and political weekly, 25 (13): A2-A16.

KANBUR S M R, LUSTIG N, 1999. Why is inequality back on the agenda?: paper prepared for the Annual Bank Conference on Development Economics, April 28-30 [R]. Washington DC: World Bank.

KASEKENDE L, 2014. What role does financial inclusion play in the policy agenda for inclusive growth in sub-Saharan Africa? [J]. Development, 57 (3-4): 481-487.

KEMPSON E, MCKAY S, COLLARD S, 2005. Incentives to save: encouraging saving among low-income households [R]. London: HM Treasury.

KHANDKER S R, 2003. Microfinance and poverty: evidence using panel data from Bangladesh [J]. World Bank economic review, 19 (2): 263-286.

KHANDKER S R, KOOLWAL G B, 2016. How has microcredit supported agriculture? Evidence using panel data from Bangladesh [J]. Agricultural economics, 47 (2): 157-168.

KHANDKER S R, SAMAD H A, KHAN Z H, 1998. Income and employment effects of micro-credit programs: village-level evidence from Bangladesh [J]. The journal of development studies, 35 (2): 96-124.

KLASEN S, GRIMM M, MCKAY A, 2007. Determinants of pro-poor growth: analytical issues and findings from country cases [M]. Houndmills: Palgrave Macmillan.

KOENKER R, BASSETT G JR, 1978. Regression quantiles [J]. Econometrica, 46 (1): 33-50.

KOESTER U, 2001. Agricultural finance and institutional reforms in transition economies:

the 1990s and challenges ahead [J]. Quarterly journal of international agriculture, 40 (4): 301-324.

KRAAY A, 2006. When is growth pro-poor? Evidence from a panel of countries [J]. Journal of development economics, 80 (1): 198-227.

KUZNETS M, 1955. Economy growth and income inequality [J]. American Economic Review, 45: 1-28.

LEVINE R, 1997. Financial development and economic growth: views and agenda [J]. Journal of economic literature, 35 (2): 688-726.

LEWIS W A, 1954. Economic development with unlimited supplies of labour [J]. The Manchester school, 22 (2): 139-191.

LEYSHON A, THRIFT N J, 1997. Money/space: geographies of monetary transformation [M]. BRANDON, VT: Psychology Press.

MACKINNON D P, FRITZ M S, WILLIAMS J, et al, 2007. Distribution of the product confidence limits for the indirect effect: Program PRODCLIN [J]. Behavior research methods, 39 (3): 384-389.

MACKINNON D P, LUECKEN L J, 2008. How and for whom? Mediation and moderation in health psychology [J]. Health psychology, 27 (2S): S99.

MADESTAM A, 2014. Informal finance: a theory of moneylenders [J]. Journal of development economics, 107: 157-174.

MARTIN K D, HILL R P, 2015. Saving and well-being at the base of the pyramid: implications for transformative financial services delivery [J]. Journal of service research, 18 (3): 405-421.

MCKINNON R I, 1973. Money and capital in economic development [R]. Washington, DC: the Brookings Institution.

MOAV AND O, NEEMAN Z, 2012. Saving rates and poverty: the role of conspicuous consumption and human capital [J]. The economic journal, 122 (563): 933-956.

MORDUCH J, 2000. The microfinance schism [J]. World Development, 28 (4): 617-629.

MORRIS J N, 1979. Social inequalities undiminished [J]. The Lancet, 313 (8107): 87-90.

MYRDAL G, 1956. Development and underdevelopment [R]. Cairo: National Bank of Egypt.

MYRDAL G, 1968. Asian drama: an inquiry into the poverty of nations [R]. New York: Twentieth Century Fund.

NARDO M, SAISANA M, SALTELLI A, et al, 2008. Handbook on constructing composite indicators: methodology and user guide [M]. Brussels: European Commission's Joint Research Centre.

NELSON R R, 1956. A theory of the low-level equilibrium trap in underdeveloped economies [J]. The American economic review, 46 (5): 894-908.

NEWEY W K, 1987. Efficient estimation of limited dependent variable models with endogenous explanatory variables [J]. Journal of econometrics, 36 (3): 231-250.

NICHOLAS N O, 2010. Is financial development a spur to poverty reduction? Kenya's experience [J]. Journal of economic studies, 37 (9): 343-353.

NURKSE R, 1953. Problems of capital formation in underdeveloped countries [J]. International journal of economics & management, 6 (3): 413-420.

ODEDOKUN M O, 1992. Supply-leading and demand-following relationship between economic activities and development banking in developing countries: an international evidence [J]. Singapore Economic Review, (37): 46-58.

ODHIAMBO N M, 2011. Growth, employment and poverty in South Africa: in search of a trickle-down effect [J]. Journal of income distribution, 20 (1): 49-62.

ORSHANSKY M, 1963. Children of the poor [J]. Social security bulletin, 26 (7): 3-13.

PARENTE S L, 1995. A model of technology adoption and growth [J]. Economic theory, 6 (3): 405-420.

PITT M M, KHANDKER S R, 1998. The impact of group-based credit programs on poor households in Bangladesh: does the gender of participants matter? [J]. Journal of political economy, 106 (5): 958-996.

POLLARD J S, 1996. Banking at the margins: a geography of financial exclusion in Los Angeles [J]. Environment and Planning A, 28 (7): 1209-1232.

PRETE A L, 2013. Economic literacy, inequality, and financial development [J]. Economics letters, 118 (1): 74-76.

QIAN M, HUANG Y, 2016. Political institutions, entrenchments, and the sustainability of economic development: a lesson from rural finance [J]. China economic review, 40: 152-178.

RAJAN R G, ZINGALES L, 1998. Which capitalism? Lessons from the east Asian crisis [J]. Journal of applied corporate finance, 11 (3): 40-48.

RAM R, 1999. Financial development and economic growth: additional evidence [J]. Journal of development studies, 34 (5): 164-174.

RAVALLION M, 1997. Good and bad growth: The human development reports [J]. World development, 25 (5): 631-638.

RAVALLION M, DATT G, WALLE D, 1991. Quantifying absolute poverty in the developing world [J]. Review of income and wealth, 37 (4): 345-361.

REINERT E S, 2007. How rich countries got rich and why poor countries stay poor [M]. New York : Carroll & Graf.

RIVERS D, VUONG Q H, 1988. Limited information estimators and exogeneity tests for simultaneous probit models [J]. Journal of econometrics, 39 (3): 347-366.

ROE M J, SIEGEL J I, 2011. Political instability: effects on financial development, roots in the severity of economic inequality [J]. Journal of comparative economics, 39 (3): 279-309.

ROWNTREE B S, 1901. Poverty: a study of town life [M]. London: Macmillan.

ROZELLE S, PARK A, BENZIGERV, et al, 1998. Targeted poverty investments and economic growth in China [J]. World development, 26 (12): 2137-2151.

SARMA M, 2015. Measuring financial inclusion [J]. Economics bulletin, 35 (1): 604-611.

SARMA M, PAIS J, 2008. Financial inclusion and development: a cross country analysis: report in Annual Conference of the Human Development and Capability Association [R]. New Delhi: 2008 HDCA conference.

SARMA M, PAIS J, 2011. Financial inclusion and development [J]. Journal of International Development, 23 (5): 613-628.

SCHELL O, DELURY J, 2013. Wealth and power: China's Long March to the twenty-first century [M]. New York: Random House.

SEHRAWAT M, GIRI A K, 2016. Financial development, poverty and rural-urban income inequality: evidence from South Asian countries [J]. Quality and quantity, 50 (2): 577-590.

SEN A, 1999. Development as freedom [M]. Oxford: Oxford University Press.

SHAHBAZ M, ISLAM F, 2011. Financial development and income inequality in Pakistan: an application of ARDL approach [J]. Journal of economic development, 36 (1): 35.

SHAW E S, 1973. Financial deepening in economic development [M]. Oxford: Oxford University Press.

SOBEL M E, 1982. Asymptotic confidence intervals for indirect effects in structural equation models [J]. Sociological methodology, 13: 290-312.

SON H H, 2004. A note on pro-poor growth [J]. Economics letters, 82 (3): 307-314.

STAIGER D, STOCK J H, 1997. Instrumental Variables Regression with Weak Instruments [J]. Econometrica, 65 (3): 557-586.

STIGLITZ J E, 1992. Capital markets and economic fluctuations in capitalist economies [J]. European economic review, 36 (2-3): 269-306.

SWAIN R B, FLORO M, 2008. Effect of microfinance on vulnerability, poverty and risk in low income households: working paper: No 2008-02 [R]. Washington DC, USA: Department of Economics, American University.

SWAMY M R K, 2014. Techno-economic globalization of the Chinese economy: financial management strategies [J]. Journal of financial management and analysis (1): 27.

TODARO M P, 1969. A Model of labor migration and urban unemployment in less developed countries [J]. American economic review, 59 (1): 138-148.

TOWNSEND P, 1979. Poverty in the United Kingdom: a survey of household resources and standards of living [M]. Berkeley: University of California Press.

TOWNSEND P, 2006. What is poverty? : an historical perspective [J]. Poverty in focus, 9: 5-6.

TOWNSEND R M, UEDA K, 2003. Financial deepening, inequality, and growth: a model-based quantitative evaluation [M]. Washington DC, USA: International Monetary Fund.

TOWNSEND R M, UEDA K, 2006. Financial deepening, inequality, and growth: a model-based quantitative evaluation [J]. The review of economic studies, 73 (1): 251-293.

TOWNSEND R M, YARON J, 2001. The credit risk-contingency system of an Asian development bank [J]. Economic perspectives (Federal Reserve Bank of Chicago), 25

(3): 31-48.

UDDIN G S, SHAHBAZ M, AROURIM, et al, 2014. Financial development and poverty reduction nexus: a cointegration and causality analysis in Bangladesh [J]. Economic modelling, 36: 405-412.

UDRY C, 1994. Risk and insurance in a rural credit market: an empirical investigation in Northern Nigeria [J]. Review of economic studies, 61 (3): 495-526.

VOGEL H L, 2010. Financial market bubbles and crashes [M]. NY, USA: Cambridge University Press.

WANG X, FENG H, XIAQ, et al, 2016. On the relationship between income poverty and multidimensional poverty in China: OPHI working paper: No 101 [R]. Oxford: Oxford Poverty and Human Development Initiative.

WOLLER G M, DUNFORD C, WOODWORTH W, 1999. Where to microfinance [J]. International journal of economic development, 1 (1): 29-64.

WOLLER G, 2002. The promise and peril of microfinance commercialization [J]. Small enterprise development, 13 (4): 12-21.

YARON J, BENJAMIN M D P, PIPREK G L, 1997. Rural finance: Issues, design, and best practices [R]. Washington DC, USA: World Bank.

ZHANG T, ZOU H, 1998. Fiscaldecentralization, public spending, and economic growth in China [J]. Journal of public economics, 67 (2): 221-240.

ZHAO X, LYNCH JR J G, CHEN Q, 2010. Reconsidering Baron and Kenny: Myths and truths about mediation analysis [J]. Journal of consumer research, 37 (2): 197-20.